DROEMER

Über das Buch

Wir leben in Zeiten, in denen rechtsextreme Kräfte sich nicht länger nur am gesellschaftlichen Rand, sondern in der Mitte der politischen Landschaft etablieren. Die Umfragewerte der AfD steigen, antidemokratische Positionen gewinnen in der Breite der Gesellschaft stetig an Zustimmung. Das ist nicht nur beunruhigend, sondern eine echte Gefahr für unsere Demokratie.

In seinem brandaktuellen Buch zeigt Arne Semsrott, was passiert, wenn Rechtsextremisten regieren. Und er liefert konkrete Strategien dafür, wie wir unsere demokratische Gesellschaft verteidigen können. Schnell zeigt sich: Unsere Institutionen sind angreifbar, Bürokratie und Verwaltung scheinen fragiler denn je. Schulen, Finanzämter, Ministerien, Polizei, Justiz und der öffentlich-rechtliche Rundfunk bilden das demokratische Fundament unserer Gesellschaft – doch was geschieht, wenn sie fallen? Und wie lassen sich Verfassung und Gewaltenteilung verteidigen, wenn Rechte beginnen, den Staat umzubauen, um ihre Macht langfristig zu festigen?

Semsrott zeigt ganz konkret, welche Mittel Gewerkschaften, Beamte, Justiz, Medien, Unternehmen und die Zivilgesellschaft nutzen können, um einer rechten Machtübernahme zu begegnen. Er diskutiert u.a., was Whistleblowing, Transparenzinitiativen, Generalstreiks, Remonstration, Wahlrechtsänderungen und Demokratiefördergesetze bewirken können und wie solidarisches Prepping aussehen kann.

Rechtsextremisten stehen kurz davor, Verantwortung in der Regierung zu übernehmen – wir sollten uns darauf vorbereiten, mit allen demokratischen Mitteln Widerstand zu leisten.

Über den Autor

Arne Semsrott, geboren 1988 in Hamburg, ist Politikwissenschaftler und Aktivist. Er leitet das Recherche- und Transparenzportal *FragDenStaat*, mit dem er u.a. für die Veröffentlichung der »NSU-Akten« sorgte. Zudem war er Mitinitiator von *Hochschulwatch* und *OpenSCHUFA* und gründete den *Freiheitsfonds*. Semsrott ist zweifacher Träger des Otto Brenner Preises für kritischen Journalismus.

ARNE SEMSROTT

MACHT ÜBERNAHME

Was passiert, wenn Rechtsextremisten regieren

Eine Anleitung zum Widerstand

DROEMER

Pro verkauftem Buch geht ein Euro an Demokratieförderinitiativen. Weitere Infos unter: fragdenstaat.de/buch

In diesem Buch werden immer wieder Szenarien durchgespielt, die die Konsequenzen einer rechtsextremistischen Machtübernahme behandeln. Diese stellen keine Tatsachenbehauptungen dar, sondern skizzieren als Meinung und stilistisches Mittel einen möglichen Verlauf der Zukunft. Es sagt sehr viel über unsere Gegenwart aus, dass wir beim Lesen oft nicht sagen können, ob es sich hier um die Realität oder ein Szenario handelt. Dieser Effekt würde verloren gehen, wäre jede dieser Stellen markiert. Grundsätzlich gilt: Überall, wo Quellen angegeben sind, wird auf reale Ereignisse verwiesen.

Besuchen Sie uns im Internet:
www.droemer-knaur.de

MIX
Papier | Fördert gute Waldnutzung
FSC® C014496

Originalausgabe Juni 2024

Ein Imprint der Verlagsgruppe Droemer Knaur GmbH & Co. KG
Maria-Luiko-Straße 54, 80636 München

Covergestaltung: Hauptmann und Kompanie Werbeagentur, Zürich
Coverabbildung: © Shutterstock.com
Satz und Layout: Adobe InDesign im Verlag
Druck und Bindung: GGP Media GmbH, Pößneck
ISBN 978-3-426-65984-7

Kontaktadresse nach EU-Produktsicherheitsverordnung:
produktsicherheit@droemer-knaur.de

6 8 9 7 5

INHALT

Und jetzt?

VORWORT

WAHLNACHT

Es ist Sonntag, 18:03 Uhr. Wahlnacht. In Erfurt, Dresden und Berlin knallen die Sektkorken. Die AfD hat bei den Wahlen so viele Stimmen wie noch nie geholt. 31 Prozent, stärkste Kraft. Die Fernsehkameras fangen in den Parteizentralen von SPD und Grünen geschockte Blicke ein, aber wirklich überrascht ist niemand. Der Erfolg der AfD hatte sich angekündigt. In den Umfragen vor der Wahl war die rechtsextreme Partei teilweise sogar noch stärker gewesen. Ihre rassistischen Wahlplakate schreckten die Wähler nicht ab und schienen auch im Wahlkampf nicht hinderlich zu sein. Im Gegenteil.

Dass die Regierung kurz vor der Wahl noch ein Law-and-Order-Programm beschlossen hatte, das Abschiebungen weiter erleichtern und das Gendern auch an Hochschulen verbieten sollte, kam der rechten Oppositionspartei gelegen: Ihre Themen dominierten den Wahlkampf, ihre Leerstellen in den Bereichen Soziales und Bildungspolitik spielten kaum eine Rolle. Jetzt ist sie klare Wahlsiegerin.

Kurz nach der Verkündung der ersten Prognosen tritt die Parteispitze vor ihre jubelnden Anhänger. Ihr Vorsitzender schreit freudetrunken ins Mikrofon: »Jetzt holen wir uns das Land zurück!« Gleichzeitig fordert er von der Union, den Wählerwillen zu respektieren und gemeinsam mit der AfD eine Koalition fürs Vaterland einzugehen. Beatrix von Storch steht auch auf der Bühne. Sie trägt eine Mütze mit der Aufschrift »Make Germany Great Again«.

Als die Hochrechnungen bestätigen, dass eine Regierung ohne Beteiligung der AfD kaum möglich sein wird, weil einige Parteien an der Fünfprozenthürde scheitern und die CDU nicht mit der Linkspartei zusammenarbeiten will, werden in der ARD die Parteivorsitzenden interviewt. Der CDU-Vorsitzende, der noch während des Wahlkampfs ausgeschlossen hatte, mit der AfD zu koalieren, spricht jetzt die Möglichkeit an, eine AfD-Minderheitsregierung zu tolerieren. Das Wichtigste sei, so der Vorsitzende, »das Land vor dem Chaos zu bewahren«. Er betont die »staatspolitische Verantwortung« der Union.

Als die ARD-Moderatorin dem AfD-Vorsitzenden in der »Elefantenrunde« kritische Fragen zu seinen frauenfeindlichen Aussagen im Wahlkampf stellt, ergießt sich in den sozialen Medien eine Flut aus Hass und Hetze über sie. So dürfe man nicht mit einem Wahlsieger sprechen, kommentiert ein Kolumnist der *Welt* in einem hastig geschriebenen Online-Text, der auf X vielfach geteilt wird. Immerhin sei die AfD »demokratisch gewählt«. Dass die Partei »demokratisch« sei, behauptet niemand.

Im Laufe des Abends wird deutlich, dass die CDU in manchen Bundesländern engere informelle Kanäle zur AfD unterhalten hat als allgemein bekannt. Man bereite sich an verschiedenen Orten schon seit geraumer Zeit auf eine gemeinsame Regierung vor, notfalls mit einem neuen CDU-Chef. Die AfD dürfe man nicht ausgrenzen. Durch eine Regierungsbeteiligung könne man sie sicherlich entzaubern.

Gleichzeitig gibt es Spontan-Demos vor den Parteizentralen von CDU und AfD. Vor dem Konrad-Adenauer-Haus in Berlin kommen einige Tausend Menschen zusammen und protestieren gegen den Fall der Brandmauer gegen rechts außen.

Derweil brennen in der Wahlnacht an zahlreichen Orten Unterkünfte für Geflüchtete. 17 insgesamt. Dutzende Menschen werden dabei verletzt. Die Landeskriminalämter ermitteln, ein

Fremdverschulden könne nicht ausgeschlossen werden. Am nächsten Morgen bleibt die Meldung über die Anschläge aber nur eine Randnotiz. Die anstehenden Koalitionsverhandlungen zwischen AfD und CDU bestimmen die Nachrichten.

Und jetzt?

1.
EINLEITUNG

Noch gab es keine solche albtraumhafte Wahlnacht, nach der die AfD in die Regierung kommt. Aber es ist nicht schwer sich auszumalen, wie der weitere Aufstieg der Partei aussehen könnte.

Die AfD wird nicht entzaubert. Kommt die AfD an die Regierung – sei es in einer Kommune, in einem Bundesland oder im Bund –, werden Parteimitglieder versuchen, ihre Gewaltfantasien in staatliche Gewalt zu verwandeln. Die AfD ist im Kern eine rechtsextreme, eine menschenfeindliche, eine verfassungsfeindliche Partei. Bausteine ihrer Ideologie basieren auf der Annahme, dass manche Menschen mehr wert sind als andere. Ihre Vorstellungen sind durchzogen von Rassismus, von Queer- und Frauenfeindlichkeit, von Ableismus und Klassismus. Die AfD ist dominiert von Menschen, die autoritäre und national-völkische Ideen verwirklichen wollen. Viele Parteimitglieder fordern die Abschaffung wichtiger Grundsätze der Demokratie und die Deportation von großen Bevölkerungsgruppen, zentrale Figuren in den Reihen der Partei wollen ihre Gegner »ausschwitzen«, andere entwerfen Pläne für Putsche und Hinrichtungen.

Versucht man die AfD durch eine Regierungsbeteiligung zu entzaubern, geraten dadurch Menschen in akute Gefahr. Sie würden unmittelbar durch die Politik der AfD verletzt und mittelbar durch das menschenfeindliche gesellschaftliche Klima, das die AfD anheizt. Wer denkt, man könne die AfD durch eine Regierungsbeteiligung einhegen, ist bereit, Mitmenschen für diesen Versuch zu opfern. Und die deutschen Erfahrungen aus dem Jahr 1933 lehren: Es würde noch nicht einmal funktionieren. Schon die NSDAP sollte sich über eine Regierungsbeteiligung selbst entlarven und nutzte die Chance zur Etablierung einer Diktatur.

Die AfD kann aber auch nicht zaubern. Die Partei und ihre Anhänger können gestoppt werden, auch dann noch, wenn sie an der Regierung sind. Die beeindruckenden zivilgesellschaftlichen Proteste für die Stärkung der Demokratie Anfang 2024 haben gezeigt: Millionen Menschen in Deutschland wollen eine rechtsextremistische Machtübernahme nicht akzeptieren. Und trotzdem könnte sie eintreten, wenn die viel beschworene »Brandmauer« der demokratischen Parteien zur AfD fällt und sie eingeladen wird, Teil einer Regierungskoalition zu werden.

Im Umfeld der Proteste machte in den sozialen Medien ein Zitat des Schriftstellers Erich Kästner die Runde. Kästner sagte in einer Rede anlässlich des 25. Jahrestages der Bücherverbrennung: »Die Ereignisse von 1933 bis 1945 hätten spätestens 1928 bekämpft werden müssen. Später war es zu spät. Man darf nicht warten, bis der Freiheitskampf Landesverrat genannt wird. Man darf nicht warten, bis aus dem Schneeball eine Lawine geworden ist. Man muss den rollenden Schneeball zertreten. Die Lawine hält keiner mehr auf.«[1]

So nachvollziehbar und unterstützenswert Kästners Position auch ist – man muss den Rechtsextremismus frühzeitig bekämpfen –, so falsch ist die dahinterliegende Annahme, es wäre irgendwann »zu spät«. Natürlich wird Widerstand mit der Zeit immer herausfordernder, wenn Rechtsextremisten mächtiger werden. Aber selbst wenn es zu spät ist, ist es nicht zu spät. Der Rechtsextremismus ist kein unaufhaltsames Ereignis wie eine Lawine, er ist eine von Menschen angetriebene Gefahr, die jederzeit auch von Menschen gestoppt werden kann. Der Nationalsozialismus hätte 1928 aufgehalten werden können, aber auch 1930, erst recht 1933 und auch später noch.

Dazu hatten viele Menschen aber nicht den Mut. Im Gegenteil: Die meisten Menschen liefen mit, profitierten gar von der Machtübergabe an die Nazis, nahmen sie nicht ernst oder fühlten sich zu ohnmächtig, um Widerstand zu leisten. Viele wollten sich in ihrem Alltag nicht stören lassen.

Um die AfD heute zu stoppen, ist es notwendig, sich auf eine mögliche Regierung dieser rechtextremistischen Partei vorzubereiten. Dafür müssen wir uns zunächst einmal vor Augen führen, welche Regierungspläne sie verfolgt. Von diesen Plänen erfährt die Öffentlichkeit zum einen durch investigative Recherchen und zum anderen durch die Veröffentlichungen der Partei selbst. Außerdem können wir, wenn wir auf historische und gegenwärtige Beispiele blicken, ableiten, wie sich die AfD verhalten würde, wenn sie an die Macht kommt.

Darauf basierend soll es in diesem Buch zunächst darum gehen zu zeigen, wie Rechtsextremisten vorgehen könnten, wenn sie in Regierungsverantwortung kommen. Ein solches Szenario ist zum Glück noch Spekulation, aber keineswegs unrealistisch, wie das nächste Kapitel zeigt.

Daran anschließend sollen die brennendsten Fragen diskutiert werden, die sich in der Auseinandersetzung mit diesem Szenario stellen: Was können wir dann tun? Welche Handlungsspielräume haben wir als Beamte, Gewerkschaften, Justiz, Zivilgesellschaft, Unternehmen und Medien? Welche Verantwortung ergibt sich vielleicht aus unserer besonderen Position? Und wie können wir aus den bisherigen – erfolgreichen und gescheiterten – Versuchen, Rechtsextremisten in ihre Schranken zu weisen, lernen?

Als Leiter des Transparenzprojekts *FragDenStaat* habe ich über viele Jahre Einblicke in die Arbeit von Behörden, Gerichten, Medien und zivilgesellschaftlichen Organisationen erhalten. Dieses Wissen erweist sich für das Nachdenken über effektive Strategien gegen eine rechtsextremistische Regierung als äußerst hilfreich. *FragDenStaat* versucht, Spielräume für die Zivilgesellschaft zu erweitern, hat staatliche Stellen mehr als 150 Mal verklagt, um den Zugang zu Informationen durchzusetzen, Dokumente wie die »NSU-Akten« veröffentlicht und durch Recherchen unter anderem dazu beigetragen, dass die AfD-nahe Desiderius-Erasmus-Stiftung vorerst keine staatliche Förderung erhält. Für dieses Buch habe ich zudem über 70 Interviews mit Expert*innen aus Verwaltung, Justiz, Gewerkschaften, Medien und der Zivilgesellschaft geführt.

Sicher ist: Der Aufstieg der AfD in den vergangenen Jahren fand nicht im luftleeren Raum statt. Er wurde befeuert durch rassistische Debatten und durch die fehlende Abgrenzung der etablierten Parteien von den Inhalten der AfD. Es brennt auf beiden Seiten der Brandmauer.

Eigentlich kommt dieses Buch zu spät. Denn die Gefahren von rechts sind schon lange bekannt. Die Mehrheitsgesellschaft hat nur nicht zugehört. Die Politikwissenschaftlerin Naika Foroutan warnte schon 2018, dass wir in präfaschistischen Zeiten leben. Die Publizistin Mely Kiyak fragte in einem ihrer Essays: »Werden sie uns mit FlixBus deportieren?«[2] Menschen, die von der hasserfüllten Agenda der AfD besonders betroffen sind, überlegen schon seit vielen Jahren, ob sie das Land verlassen sollen. Sie schmieden Fluchtpläne, um für eine AfD-Regierungsübernahme gewappnet zu sein.

Dieses Buch soll bewirken, dass wir nicht länger nur reagieren, beobachten und kommentieren, sondern selbst anfangen zu handeln, uns vorzubereiten und zu planen. Nicht nur darüber sprechen, was wir nicht wollen, sondern darüber, was wir wollen. Wir sollten wissen, was die demokratische Gesellschaft tun kann, um die autoritäre Wende zu verhindern oder sie, wenn nötig, rückgängig zu machen.[3]

2. SZENARIO

»NIE WIEDER« WAR GESTERN

Nehmen wir an, Rechtsextremisten kommen an die Macht. Dass die AfD mit einer absoluten Mehrheit in einem Bundesland oder auf Bundesebene durchregieren kann, ist nicht ausgeschlossen, aber unwahrscheinlich. Viel wahrscheinlicher ist, dass sie es schafft, in eine Regierungskoalition einzutreten. In einem solchen Fall muss sie zwangsläufig mit anderen Parteien zusammenarbeiten.

Die AfD kann dann nicht im Alleingang eigene Gesetze durchdrücken, sondern braucht dafür das Einverständnis ihres Koalitionspartners. Wie geht sie damit um? Sie pocht zunächst auf Einhaltung des »Ressortprinzips«. Dann kann sie in den ihr unterstehenden Ministerien und den dazugehörigen Behörden unabhängig von anderen Parteien durchregieren. Hat die AfD ein Ministerium in der Hand, kann ihr Minister ohne Einmischung des Parlaments die praktische Ausgestaltung von Gesetzen bestimmen, Verordnungen und interne Weisungen erlassen und zentrale Regierungsposten besetzen. Entscheidend für den größten Impact der AfD ist also, welche Ministerien sie erhält.

Welche Behörden bieten sich dafür an, welche würde sie gerne auswählen? Bei dieser Planung kann die AfD auf ein Vorbild zurückgreifen, das ideologisch und geografisch nicht weit von ihr entfernt ist: Ihre Schwesterpartei in Österreich, die rechtsextreme FPÖ.[1] Als die FPÖ 2017 unter dem ÖVP-Kanzler Sebastian Kurz in die Regierung eintrat, erhielt sie die

Leitung von sechs Ministerien, darunter das Innen-, das Außen- und das Verteidigungsministerium. Insbesondere für das Innenministerium versprach sich die FPÖ Gestaltungsmacht: Sie konnte dadurch nicht nur markige Forderungen in der Migrationspolitik stellen, sondern über die Kontrolle des ihm unterstehenden Inlandsgeheimdiensts auch Druck auf politische Gegner ausüben. Die vollständige Umsetzung dieser Pläne wurde allerdings von Zivilgesellschaft und Medien vereitelt. Und von einem Ereignis auf der Mittelmeerinsel Ibiza.[2]

Je nachdem, über welche Behörden sie frei verfügt, kann die AfD direkte und konkrete Änderungen erreichen. Viele der von den Rechtsextremisten geplanten Maßnahmen haben vergleichbare Bewegungen in anderen Ländern bereits durchgesetzt. Die Ex-Regierungspartei PiS in Polen, die italienische Premierministerin Giorgia Meloni, der autoritäre Machthaber Viktor Orbán in Ungarn, die FPÖ in Österreich und auch Recep Tayyip Erdoğan in der Türkei haben vorgemacht: Die autoritäre Wende vollzieht sich nicht von einem Tag auf den anderen, sondern Schritt für Schritt. Nicht nur im Parlament, sondern in Behörden, in der Justiz und im öffentlichen Diskurs.

Werden wir also konkret: Was wird eine regierende AfD in den Kommunen, Ländern und im Bund durchzusetzen versuchen? Welche Maßnahmen ergreift sie, um ihre Ziele in einer Regierung schnell und reibungslos zu verwirklichen?

SCHRITT 1: PERSONAL AUSWECHSELN

In seinem ersten Interview nach seiner Wahl zum Pirnaer Oberbürgermeister 2023 sagte der AfD-Kandidat Tim Lochner: »Ich werde die Mitarbeiter im Rathaus versuchen, möglichst einzeln kennenzulernen – und auf Loyalität prüfen.«[3]

Das nehmen sich AfD-Führungskräfte in allen Behörden vor, die sie leiten. Sie besetzen sie, wo möglich, mit loyalen Gefolgsleuten. Während in vielen Ländern wie den USA bei einem Amtswechsel in den Behörden erst mal Tabula rasa gemacht und ein großer Teil der Mitarbeiter*innen ausgetauscht wird, geht das in Deutschland aber nicht so leicht, auch wenn AfD-Politiker dies vielleicht gern anders hätten. Beamte sind nur bei krassem Fehlverhalten zu entlassen.

Ausgetauscht werden von der AfD deswegen zunächst die sogenannten politischen Beamten, also diejenigen, die eine Regierung ohne Probleme ersetzen darf: In Ministerien zählen dazu die Leitungsebene sowie Staatssekretär*innen und Abteilungsleiter*innen. In einer großen Behörde wie dem Bundesinnenministerium geht es dabei zunächst um lediglich rund 20 von 1700 Stellen, die allerdings besonders wichtig sind. Je nach Ebene sind teilweise auch die Leitungen der nachgeordneten Behörden wie Bundes- und Landesämter für Verfassungsschutz politische Beamte, im Bund unter anderem die Botschafter*innen und der Generalbundesanwalt, in Hessen seit 2021 zudem der Chef des Landeskriminalamts.[4] Werden außerdem Stellen am Landes- oder Bundesverfassungsgericht frei, kann die AfD auch darüber mitbestimmen und so die wichtigsten Orte mitgestalten, die eine rechtsstaatliche Kontrolle der Regierung versprechen. In Bayern sind bereits jetzt zwei AfD-Kandidaten Verfassungsrichter, weil dort die Opposition eigene Vorschläge machen kann.[5]

Die AfD stellt mit dem Einsatz eigener politischer Beamten die Linientreue der Behördenspitzen sicher. Auf den unteren Behördenebenen sind die Beamten allerdings nicht so leicht austauschbar. Sind sie loyal und arbeiten einfach weiter wie bisher, ist das Funktionieren der AfD-Regierung gesichert.

Leisten sie allerdings ernsthaften Widerstand, hat die Partei ein Problem. Sie muss versuchen, die Verwaltung auf Linie zu bringen – oder alte Strukturen zu umgehen. Dazu kann sie in

Behörden je nach Budget neue Abteilungen oder gleich komplett neue Unterbehörden einrichten. Der ehemalige Bundesinnenminister Horst Seehofer hat vorgemacht, wie es geht: Unter seiner Leitung wurde die Zuständigkeit des Ministeriums 2018 um den Bereich »Heimat« erweitert. Damit schuf er nicht nur Dutzende neue Stellen im mächtigsten deutschen Ministerium, sondern verschaffte der CSU-Spitze auch den direkten Einfluss auf deren Neubesetzung.

Zudem schielt die AfD von Anfang an auf frei werdende Stellen im Beamtenapparat. Durch den demografischen Wandel werden in den kommenden Jahren in Bund und Ländern unzählige Posten in deutschen Behörden frei. Wer sie besetzen kann, kann eine Verbeamtung auf Lebenszeit für Verbindungsleute durchsetzen.

Das interessiert nicht nur die AfD: Als die Ampel-Parteien 2021 ihre Koalition im Bund verhandelten, ging es neben dem Wortlaut des Koalitionsvertrags von Anfang an auch um die Aufteilung der Ministerien. Dazu brachten einige Parteien im Vorfeld der Verhandlungsrunden in Erfahrung, bei welchen Ressorts während der anstehenden Legislaturperiode besonders viele Stellen aufgrund von Pensionierungen frei würden – und wo man dementsprechend besonders viel Spielraum hätte, um die Beamtenschaft nach den eigenen Vorstellungen zu formen. Ein FDP-Bundestagsabgeordneter forderte 2023 in einem Schreiben an einen Staatssekretär des Bundesfinanzministeriums, offene Stellen so zu besetzen, dass »die Vorstellungen und Ideale der Freien Demokraten auch in dieser wichtigen Bundesbehörde noch fester« verankert würden.[6] Die Verbeamtung loyaler Gefolgsleute aus dem ministerialen Umfeld zum Ende einer Amtszeit ist in Bund und Ländern zu solch einer Tradition geworden, dass es dafür sogar einen eigenen Ausdruck gibt: »Operation Abendsonne«.[7] Union und SPD schafften vor der Bundestagswahl 2021 beispielsweise noch hastig 71 hoch bezahlte neue Stellen in ihren Ministerien, die sie besetzen konnten.[8] Ausgerechnet in Thüringen übte der Landesrechnungshof 2023 in einem Sonderbericht scharfe Kritik an der Verbeamtungspraxis der vorherigen Landesregierungen von Rot-Rot-Grün und CDU. Er fand 34 Fälle, in denen scheidende Regierungen nicht das Prinzip der Bestenauslese befolgt hatten, in zwei Fällen war sogar explizit das Parteibuch der Grund einer Verbeamtung.[9]

Die AfD frohlockt über den nach dem Sonderbericht eingesetzten parlamentarischen Untersuchungsausschuss zur »Postenaffäre« – und kann die Verbeamtungspraxis der Vorgängerregierungen mit Verweis auf diese recht einfach übernehmen, wenn sie selbst an die Macht kommt.[10]

Ein zentrales Problem hat sie allerdings: Sie kann zwar auf zahlreiche Karrieristen in ihren Reihen zählen, die nur darauf warten, Spitzenposten für die AfD zu erobern. Aber die Personaldecke der Partei ist trotzdem vergleichsweise dünn. Sie ist händeringend auf der Suche nach passendem Fachpersonal, das bereit ist, für sie zu arbeiten.[11] Björn Höcke rechnet etwa damit, im Falle einer absoluten Mehrheit in Thüringen 150 Stellen von politischen Beamten besetzen zu können.[12] Ohne Mithilfe altgedienter Beamten wird das schwierig.[13] Das führt uns zu Schritt 2.

SCHRITT 2: PERSONAL ANWEISEN

Um das Leben schlechter zu machen, braucht die frisch im Amt angekommene AfD-Regierung keine neuen Gesetze. Sie kann die bestehenden ausnutzen, die ihre Vorgängerregierungen verabschiedet haben. Viele Rechtsnormen lassen Beamten Ermessens- und Beurteilungsspielräume offen, die ein Verschieben nach rechts möglich machen. Bestes Beispiel dafür ist die Asyl- und Migrationsgesetzgebung: Sie ermöglicht schon jetzt umfangreiche Eingriffe in die Grundrechte von Betroffenen, von der Überwachung bis hin zu Abschiebungen. Diese Maßnahmen werden bisher zwar oft eingesetzt, aber nicht immer voll ausgenutzt. Hinter vorgehaltener Hand erklärt ein dafür verantwortlicher Beamter in einem großen Bundesministerium: »Mit den bestehenden Gesetzen kann jetzt noch viel mehr Menschen das Leben zur Hölle gemacht werden, dafür braucht man keine neuen Regelungen.«

Eine Behördenleitung kann in bestimmten Bereichen ohne die Zustimmung eines Parlaments Verordnungen erlassen und über interne Verwaltungsvorschriften Beamte lenken und auf Linie bringen. Die Beamten können angewiesen werden, innerhalb bestehender Gesetze anders zu arbeiten als bisher. Besonders deutlich wird das am Beispiel der Ministerien, die für die AfD am wichtigsten sind: den Innenministerien. Gelingt es der AfD, diese auf Bundes- oder Länderebene zu übernehmen, erhält sie unter anderem die Macht über Polizei, Geheimdienst und Asylbehörden.

Wie geht ein AfD-Politiker vor, der Innenminister wird? In einem Bundesland weist er beispielsweise die Polizei an, Kontrollen in Bezug auf bestimmte Delikte auszuweiten, die im Zusammenhang mit Drogenkriminalität stehen. Auch Bagatelldelikte sollen konsequenter verfolgt werden als bisher. Offiziell erklärtes Ziel ist es, die Kriminalitätsrate zu senken – dafür sei es wichtig, entschieden aufzutreten. Die Polizisten sollen Razzien und Kontrollen in Shisha-Bars und Döner-Imbissen weiter verstärken. Unter dem Vorwand, »Clankriminalität« zu bekämpfen, sollen sie auch in bestimmten Regionen verstärkt Kontrollen von Personen auf der Straße durchführen, die einer »Clan-Struktur« zugehörig sein könnten. Dabei gilt die Vorgabe, stets auf die Sicherheit der Beamten zu achten und Provokationen mit Härte zu begegnen. Als Rechtfertigung für diese Verschärfung dienen der AfD die ausufernden Debatten zu dem Thema in zahlreichen Medien. Hinter den Kulissen heißt es, mit ausreichend Druck könnten mehr Menschen zu einer »freiwilligen Ausreise« aus Deutschland gedrängt werden.

Der Minister gibt der Polizei möglicherweise auch den Auftrag, nach dem Vorbild der Berliner Polizei einen Sonderbericht zu Kriminalität von Roma und Sinti anzufertigen und bei der Anfertigung von Statistiken ein besonderes Augenmerk darauf zu legen, welche Merkmale Tatverdächtige in diesem Sinne aufweisen.[14] Das alles führt die Linie vorheriger Innenminister fort, verstärkt dabei aber deren diskriminierende Elemente. Die Betroffenen merken es zuerst. Für Eliteeinheiten kündigt der Innenminister neue Ausrüstungen an, darunter nach dem Vorbild von Sachsen neue Polizeipanzer mit Maschinengewehren und neue Handgranaten, die die Kompromisslosigkeit der Polizeitruppe symbolisieren. Bestehende Überwachungsinstrumente, etwa das Installieren von Überwachungssoftware auf Smartphones von Verdächtigen, die Video-Überwachung in der Öffentlichkeit und das Abscannen von Auto-Kennzeichen sollen konsequenter eingesetzt werden, kündigt der Minister an. Sein Ministerium kauft weitere Lizenzen der »Pegasus«-Überwachungssoftware ein, die in den kommenden Monaten auch auf den Smartphones von regierungskritischen Journalisten und Oppositionspolitiker*innen gefunden wird. Mit dem Überwachungskonzern »Palantir« war die regierende AfD schon vor der Wahl im engen Austausch, das Engagement wird jetzt ausgebaut. Den neuen Präsidenten des Landesamts für Verfassungsschutz weist der Minister an zu prüfen, ob die Partei Bündnis 90/Die Grünen durch ihre »Verbindungen zu den linksextremen Aktivisten der Letzten Generation« möglicherweise als Verdachtsfall eingestuft werden könnte. Das Personal für die Prüfung wird aus dem »Phänomenbereich Rechtsextremismus« abgezogen.

Als es dagegen Protest gibt und interne Planungsdokumente aus dem Ministerium immer häufiger an die Öffentlichkeit gelangen, werden die internen Regelungen zur Verschwiegenheit verschärft. Es beginnt eine frenetische Suche nach »Maulwürfen« in den AfD-geführten Behörden. Gleichzeitig verfügt der Minister die Einstellung von Disziplinarverfahren gegen Beamte, die zuvor durch die Teilnahme an rechtsextremen Chatgruppen aufgefallen waren. Da das Ministerium gegenüber der Presse keine Auskünfte zu Disziplinarverfahren gibt, fällt dies aber öffentlich kaum auf.

Ist der Ton für die »volle Härte des Rechtsstaats« gesetzt, wie der AfD-Innenminister sein Vorgehen nennt, wendet er sich dem Thema Migration zu. Man müsse »wohltemperierte Grausamkeiten« aushalten lernen, verkündet er.

Zunächst einmal reformiert er die Einbürgerungstests, die seiner Partei zu lasch erscheinen. Die Tests sollen künftig auch die »patriotische Gesinnung« derjenigen abfragen, die eingebürgert werden wollen. Die Ämter für Ausländerangelegenheiten erhalten die Anweisung, Anträge genauer als bisher zu prüfen. Es sei seit 2015 vermehrt zu Betrug gekommen, deswegen sollen Bearbeitungszeit und Prüfintensität deutlich erhöht werden. Das erklärte Ziel ist, alles dafür zu tun, die Zahl der eingehenden Anträge zu drücken. Über den AfD-Arbeitsminister ergeht die Weisung, dass EU-Bürger bei der Stellenbesetzung stets vorrangig zu behandeln seien, zugleich wird verschiedenen Gruppen von Ausländern die Arbeitserlaubnis verweigert oder wieder entzogen. Das Geld für Deutschkurse, die Ausländern zur Verfügung stehen sollten, wird stark gekürzt. Die Erstaufnahmeeinrichtungen für Asylsuchende dürfen nicht mehr in der Nähe größerer Städte liegen. Nachdem seit 2024 Leistungen an Asylbewerber teilweise nur noch per Bezahlkarte herausgegeben werden, lässt der Minister prüfen, ob künftig auch andere Sozialleistungen auf diese Weise ausgegeben werden können, zum Beispiel das Bürgergeld (das die AfD mittelfristig aber in der jetzigen Form auch abschaffen will). Mit dem Außenminister einigt sich der Innenminister darauf, dass Abschlüsse und Arbeitszeugnisse von Personen aus bestimmten Herkunftsländern grundsätzlich nicht anerkannt werden.

Abschiebungen lässt der Minister noch konsequenter durchführen, deutlich mehr Menschen als bisher werden in Abschiebehaft genommen. Durch die 2024 von der Ampel-Koalition beschlossene Verschärfung der Abschieberegelungen, »Rückführungsverbesserungsgesetz« getauft, besteht die Möglichkeit, Menschen bis zu 28 Tage in Abschiebehaft zu halten. Betroffene können auch nachts ohne Ankündigung abgeschoben werden. In einer koordinierten Aktion lässt der Minister in einer Nacht 69 Familien abholen und abschieben, unter anderem in den Iran, nach Afghanistan und erstmals wieder nach Syrien. Am nächsten Morgen spricht er stolz auf einer Pressekonferenz und lobt die Arbeit der Einsatzkräfte. »So war das Gesetz nicht gedacht«, lässt sich ein Grünen-Politiker in der Presse zitieren. Später zeigen Urteile der Verwaltungsgerichte, dass viele der Abschiebungen rechtswidrig waren. Da jedoch bereits Abgeschobenen die erneute Einreise verboten ist, bleibt das Urteil folgenlos. Der Minister hatte ausreichend Zeit, sich auf einen solchen Fall vorzubereiten, er rechnete sogar fest damit, denn vergleichbare Urteile hatte es in der Vergangenheit bereits gegeben. Er kündigt weitere Abschiebungen von Familien an, »im allergrößten Stil«. Der große Aufschrei dagegen bleibt aus, zu ähnlich erscheinen die Forderungen aus den vergangenen Jahren. Die Zahl der Suizide von Menschen, die von einer Abschiebung bedroht sind, nimmt zu.

Der AfD-Justizminister weist unterdessen die Bundes- bzw. Generalstaatsanwaltschaft an, Straftaten mit Bezug zu Linksextremismus besonders zu verfolgen. Er lässt nach dem Vorbild der sächsischen Justiz Sondergruppen bilden, um für die Durchführung dieser Order ausreichend Personal zusammenzuziehen. Die Beamten werden dafür aus anderen Bereichen abgezogen, so liegen die Fallakten für die Verfolgung politisch motivierter Kriminalität von rechts bald außerordentlich lange unbearbeitet in der Schublade oder werden gar nicht erst angelegt. Zudem kommt es verstärkt zu Fällen, in denen Beweismaterial nicht mehr auffindbar ist. Viele der Fälle verjähren, rechte Täter kommen davon, auch schwerwiegende Straftaten bleiben ohne Konsequenz. Unter dem Vorwand, die Belastung der Gerichte verringern zu wollen, legt der Minister den Staatsanwaltschaften nahe, Verfahren wegen Diskriminierung schneller einzustellen, so soll die Benachteiligung von Menschen aufgrund ihrer Herkunft, Religion oder Weltanschauung, ihres Geschlechts, einer Behinderung oder ihrer sexuellen Identität weniger häufig geahndet werden.

Das AfD-geführte Gesundheitsministerium verkündet nach polnischem Vorbild eine Verordnung, die die Erfassung aller ärztlich bekannten Schwangerschaften in einem Zentralregister vorsieht. Die Realisierung einer solchen Datenbank scheitert allerdings vorerst an der technischen Umsetzbarkeit in den Gesundheitsämtern, deren Faxgeräte der Aufgabe nicht gewachsen sind. Die Finanzierung von Abteilungen in Krankenhäusern, die für Geschlechtsangleichungen und für Schwangerschaftsabbrüche zuständig sind, stellt der Minister infrage. Um besseren staatlichen Zugriff auf die Vergabe von Medikamenten zu erhalten, schlägt er neue Rahmenbedingungen für die medizinische Versorgung vor, die die Selbstverwaltung im Gesundheitswesen aufheben sollen.

Das Umweltministerium wird nach einem Beschluss der Regierung kurzerhand abgeschafft und dem Wirtschaftsministerium untergeordnet, Fördermittel für Umweltschutz werden stattdessen für die Förderung deutscher Unternehmen genutzt. Konzerne in der Fleischproduktion, der chemischen und der fossilen Industrie profitieren von zahlreichen neuen Verordnungen, die ihnen das Überwinden bürokratischer Hürden erleichtern sollen. Öffentliche Unternehmen müssen ihre Antidiskriminierungsrichtlinien neu verfassen und jetzt Präventionsangebote zu »Deutschfeindlichkeit« anbieten. Über Beiräte und Vorstände in Landes- und Kommunalunternehmen regelt die AfD, dass das Sozialticket für Bus und Bahn abgeschafft wird. Aus dem Deutschlandticket steigen die lokalen ÖPNV-Unternehmen aus.

Die Familienpolitik soll nach dem Willen der AfD stärker dem Leitbild der Kernfamilie aus Mann, Frau und Kindern entsprechen. Dazu stellt der AfD-Familienminister Konzepte für ein neues Betreuungs- und Scheidungsrecht vor. Die dadurch angeheizte Debatte über eine angebliche Benachteiligung von Vätern bei Scheidungen schlägt auf die Rechtsprechung durch. Die Anzahl der Verfahren, in denen Vätern trotz Gewalttaten gegen die Partnerin ein Umgangsrecht mit den Kindern zugesprochen wird, steigt weiter an. Gleichstellungsbeauftragte an Behörden erhalten die Anweisung, die Diskriminierung von Männern besonders unter die Lupe zu nehmen. Er weist die Bundeszentrale für Kinder- und Jugendmedienschutz an, bei Indizierungen Medien besonders gründlich unter die Lupe zu nehmen, deren Inhalte »außergewöhnliche Familienmodelle darstellen«.

In einem Bundesland erklärt der AfD-Bildungsminister, die Bildungsstandards der bundesweiten Kultusministerkonferenz seien nicht mehr zeitgemäß. Mit seinem Veto blockiert er die weitere Arbeit des Gremiums. Er lässt wie schon vor der Wahl angekündigt für alle Schulen seines Landes einen neuen Lehrplan erarbeiten, der die »Erfolge der deutschen Geschichte« besonders betonen soll und einen Schwerpunkt auf die Feststellung legen soll, dass es »nur zwei biologische Geschlechter gibt«. Parallel dazu wird das Gendern überall verboten, um einer »Frühsexualisierung« der Kinder entgegenzuwirken. Sollten Schüler gendern, müsse sich dies auf die Notenvergabe auswirken. Der »Gender-Forschung« an Hochschulen will er staatliche Gelder entziehen, Vorgaben zur Inklusion sollen überprüft werden. Sein Vorschlag, in Schulen morgens das Singen der Nationalhymne einzuführen, wird zunächst noch spöttisch abgetan. Nach Zuspruch aus der Union und Pro-Kontra-Artikeln in der *ZEIT* verfolgt der Minister das Vorhaben aber weiter und setzt eine Singpflicht durch. Die *Bild* startet daraufhin eine Kampagne und kritisiert, dass »Kinder von Migranten« die Nationalhymne nicht mitsingen wollen. Kindern aus Willkommensklassen wird nach einem Erlass des Ministeriums der Übergang in reguläre Klassen erschwert, um den »Lernfortschritt« der anderen Schüler*innen nicht zu gefährden. Bibliotheken werden über die Kommunen außerdem angewiesen, Bücher, in denen gegendert wird, auszusortieren.

Während die AfD-Minister in Bund und Ländern auf Polizei, Justiz und Bildungssystem Einfluss nehmen, weist der AfD-Landrat auf kommunaler Ebene die Jugendämter informell an, Familien mit einer bestimmten Herkunft besonderen Kontrollen zu unterziehen. Zudem sollen Wohngeldämter neue Richtlinien befolgen, die sie nicht nur verpflichten, zurückhaltender mit der Vergabe von Wohngeld umzugehen, sondern auch Verdachtsfälle stärker zu prüfen, sofern es Grund zu der Annahme gibt, dass es aufgrund bestimmter familiärer Strukturen verstärkt zu Betrug kommen könnte. Die Jobcenter in kommunaler Hand verpflichtet der Landrat per Weisung, Gelder nur noch auszuzahlen, wenn Kunden glaubhaft machen, dass sie tatsächlich bereit wären, Arbeit anzunehmen. Vom Instrument der Vollsanktionen solle beherzt Gebrauch gemacht werden. Die Betroffenen erhalten dann gar keine Sozialleistungen mehr. Grundlage dafür ist ein Gesetz der Ampel-Koalition aus dem Jahr 2024.[15] Außerdem führt der Landrat eine allgemeine Arbeitspflicht für Asylsuchende ein. Sie müssen jeden Tag für 80 Cent pro Stunde arbeiten. Weigern sie sich, werden ihnen Leistungen gekürzt. Eine solche Regelung wurde bisher kaum angewandt, ist aber seit der Asylrechtsverschärfung von 1993 möglich.

SCHRITT 3: AN DEN GELDHAHN

All diese Vorhaben geschehen, während die knappen Haushaltskassen kaum gefüllt sind. Die AfD muss Prioritäten setzen. Der AfD-Finanzminister kündigt deswegen eine Überprüfung insbesondere der Förderpraxis für zivilgesellschaftliche Organisationen an. Wer staatliche Gelder erhalte, müsse künftig das »Neutralitätsgebot« beachten und dürfe keine Aussagen zu parteipolitischen Angelegenheiten machen. Die Finanzämter werden dazu angewiesen, Schwerpunktprüfungen zur Gemeinnützigkeit bei Organisationen zu machen, auf die die AfD im Rahmen von Kleinen Anfragen im Parlament aufmerksam gemacht hatte.[16]

Schnell zeigt sich, dass die AfD aus dem Scheitern von Robert Sesselmann gelernt hat. Sesselmann hatte als AfD-Landrat in Sonneberg 2023 versucht, die Förderungen für Demokratieprojekte zu kürzen. Da er dafür aber auf die Zustimmung des Kreistags angewiesen war, wo es zu diesem Zeitpunkt keine AfD-Mehrheit gab, scheiterte sein Vorhaben. Einen neuen Förderantrag beim Bundesprogramm »Demokratie leben« wollte er nicht unterschreiben. Doch weil der Kreistag nicht klein beigab, strich Sesselmann zuletzt nicht die Mittel, sondern die Segel – und unterschrieb den Förderantrag.[17] Das passiert der AfD in Regierungsverantwortung nicht mehr. Sie begleitet die Mittelkürzungen mit umfangreichen Medienkampagnen, der Chefredakteur der *Welt* eilt ihr dabei regelmäßig in seinen Kolumnen zu Hilfe.

Das so frei werdende Geld nutzt die AfD, um gezielt zivilgesellschaftliche Organisationen zu fördern, die die Ziele der Regierung unterstützen. Der rechtsextremistische Verein »Ein Prozent« etwa erhält Gelder aus einer neuen vom AfD-Minister ins Leben gerufenen Förderrichtlinie zur »Bekämpfung irregulärer Migration«.

Bei der Förderpraxis des Finanzministeriums fällt schnell

auf, dass Ausschreibungen häufig in Landkreise gehen, in denen ebenfalls die AfD regiert. »Wir haben vom CSU-Verkehrsministerium gelernt«, scherzt ein AfD-Spitzenpolitiker. Das hatte Gelder für den Straßenbau jahrelang bevorzugt nach Bayern gelenkt.[18]

In der Sozialarbeit, der Kinder- und Jugendhilfe, im Gewaltschutz für Frauen und in Präventionsprogrammen fällt es dem AfD-Finanzminister leicht, Initiativen auszutrocknen, die sich in der Vergangenheit gegen Rechtsextremismus ausgesprochen hatten. Die staatlichen Finanzzusagen sind ohnehin nur auf ein Jahr befristet, damit ist ein Umlenken besonders schnell möglich. Förderungen laufen aus, frei werdende Stellen bei staatlichen Trägern werden einfach nicht nachbesetzt.[19] Die Fördermaßnahmen für Schwangerschaftsberatungsstellen werden ebenfalls vorerst eingefroren, bis man ausreichend geprüft habe, ob in einigen von ihnen »aktiv für Abtreibungen geworben« werde, heißt es vom Finanzminister. Da viele Beratungsstellen vorerst nicht weiterarbeiten können, ein Schwangerschaftsabbruch aber nur nach einer gesetzlich vorgeschriebenen Beratung möglich ist, werden zahlreiche Eingriffe unmöglich.[20] Auch vorgesehene Mittel für die KZ-Gedenkstätten streicht der Finanzminister erst einmal. Man werde über ein neues Konzept nachdenken, wie man Gelder an die Bildungseinrichtungen vergeben könne, heißt es aus dem Ministerium. Als es darüber zum Koalitionsstreit kommt, verhängt der Finanzminister eine Haushaltssperre. Die Kritik des Rechnungshofs daran verhallt ungehört.

SCHRITT 4: SKANDAL NACH SKANDAL

Zu Beginn der Legislaturperiode schafft es die AfD, ihre Politik vor allem durch die Anweisungen der Ministerien zu verschärfen, und muss dafür kaum neue Gesetze durchs Parlament bringen. »Nicht so schlimm wie erwartet«, ist das Fazit vieler Kommentatoren nach den ersten Regierungsmonaten. »Notwendige Maßnahmen« bescheinigen einige aus der Union der AfD, vor allem das Vorgehen gegen linke zivilgesellschaftliche Projekte gefällt vielen. Berichte von Migrant*innen und queeren Menschen über ein Leben in Angst kommen in den Medien inzwischen kaum noch vor.

Vor diesem Hintergrund zieht die AfD die Schrauben an: Als ein rechter Blog einen Skandal in einer Ausländerbehörde herbeischreit und schnell die *Welt* und dann der *Spiegel* in die Berichterstattung einsteigen, verkündet der zuständige Minister erst einmal einen Einbürgerungsstopp, um dem »Problem auf den Grund zu gehen«. Das ist zwar rechtswidrig, aber wenn Betroffene dagegen vorgehen wollen, müssen sie vor Gericht eine Untätigkeitsklage einreichen. Dafür braucht es Geld, Anwält*innen und vor allem Zeit, bis darüber überhaupt erst entschieden werden kann. Es entspannt sich ein monatelanger Marathon von *Spiegel*-TV-Sendungen zum »Einbürgerungsskandal«, in dessen Zuge es Anklagen gegen die Leitungen von verschiedenen Ausländerämtern gibt. Erinnerungen an den »BAMF-Skandal« unter Bundesinnenminister Horst Seehofer werden geweckt. Seehofer hatte den Skandal genutzt, um die Chefin des Bundesamts für Migration zu entlassen. Wie damals auch werden die Gerichtsverfahren nach einigen Jahren ergebnislos eingestellt, aber das interessiert dann kaum noch jemanden. Stattdessen nutzt der zuständige AfD-Minister den Skandal, um die Anzahl der Einbürgerungen grundsätzlich zu verringern und die Forderung nach Änderungen am Staatsangehörigkeitsrecht zu bekräftigen. Die Gutherzigkeit Deutschlands sei zu oft ausgenutzt worden. Vor allem nutzt der Minister den fabrizierten »Einbürgerungsskandal« wie unter Seehofer als Signal nach innen: Auch verbeamteten Personen kann es an den Kragen gehen, wenn sie nicht auf Linie sind.

Nach außen werden die AfD-Minister mit der Zeit mutiger. Kritische Journalist*innen sind ihnen ein besonderer Dorn im Auge. Spitzenpolitiker beginnen, bei unliebsamer Berichterstattung Strafanzeigen wegen angeblicher Verleumdungen und falscher Tatsachenbehauptungen zu stellen. Vorbereitet werden die Anzeigen von den Rechtsabteilungen der Ministerien. Selten führen diese Klagen zu Verurteilungen, trotzdem haben sie einen einschüchternden Effekt: Insbesondere freie Journalist*innen können es sich kaum noch leisten, Recherchen zur Arbeit der AfD-Regierung anzustellen, wenn sie ständig mit Klagen rechnen müssen. Auch wenn sie Fälle gewinnen, kostet die Verteidigung so viel Zeit und Geld, dass sie das Risiko nicht eingehen können. Zudem führen die Anzeigen zu einer öffentlichen Markierung und Hetzkampagnen aus dem AfD-Umfeld. Die Gewalt gegen Journalist*innen steigt sprunghaft an. Von offiziellen Veranstaltungen schließt die AfD Reporter*innen der »Mainstream-Medien« immer wieder aus. Große Medienhäuser erklagen sich den Zutritt zu den Veranstaltungen, kleinere können sich dies nicht leisten.

Das ermöglicht der AfD auch, ihre markigen und krawalligen Forderungen zunehmend unwidersprochen in den Medien zu platzieren. Dazu gehören offensichtlich nur sehr schwer umzusetzende Forderungen, etwa nach einem Bundeswehreinsatz innerhalb von Deutschland. Aber Hauptsache, man ist präsent in den Medien. In Talkshows sitzen AfD-Regierungsvertreter ohnehin schon jede Woche. Egal, ob die Forderungen eigentlich verfassungswidrig sind und die Menschenwürde verletzen: Viele Medienvertreter sind der Meinung, die Forderungen der regierenden Partei vermelden zu müssen.

Zugleich ermutigt die Krawallatmosphäre immer mehr

Menschen, diese Forderungen selbst umzusetzen. Hasskriminalität nimmt zu, Ermittlungen dazu kommen kaum voran. Die Öffentlichkeit gewöhnt sich allmählich an die AfD und die steigende Anzahl von Übergriffen auf Geflüchtete und Transpersonen. Auch Frauen, die sich für feministische Ziele starkmachen, sehen sich zunehmend Angriffen ausgesetzt.

Proteste werden mit der Zeit immer leiser. Denn zum einen üben die Versammlungsbehörden ihr Ermessen noch viel konsequenter aus als vor der Wahl. Sie haben einen großen Handlungsspielraum, um zu entscheiden, unter welchen Auflagen oder ob überhaupt Proteste stattfinden dürfen. Weil zu befürchten sei, dass bei Protesten gegen die AfD-Regierung linksextreme Parolen gerufen werden und es zu Sachbeschädigungen kommt, sprechen die Behörden mit der Zeit routiniert Pauschalverbote für Versammlungen aus. Manche Eilverfahren dagegen sind vor Gericht zwar erfolgreich, in den meisten Fällen gehen die Anmelder*innen aber nicht gegen die Verbote vor.

Kurz vor dem großen AfD-Parteitag nehmen die Behörden außerdem zahlreiche Aktivist*innen in Präventivgewahrsam. Die Gerichte bestätigen die Praxis, die durch die Polizeigesetze der Bundesländer möglich ist und zuletzt insbesondere im Zusammenhang mit Mitgliedern der Letzten Generation Schlagzeilen gemacht hat. Ohne eine Straftat begangen zu haben, müssen die Aktivist*innen während des Parteitags ins Gefängnis.

Unterdessen fördern Personen aus dem Umfeld der AfD informell die Aufstellung von »Bürgerwehren«, die nach eigener Aussage »Schutzzonen gegen Straftäter« schaffen wollen. Insbesondere in Brandenburg und Sachsen patrouillieren abends selbst ernannte Grenzschützer, zunächst an den Grenzen zu Polen und Tschechien, dann immer öfter auch im »freiwilligen Polizeidienst« in Innenstädten. Sie verstärken das Klima der Angst und Einschüchterung. Parallel dazu rufen die »Bürgerwehren« dazu auf, dass sich mehr »Deutsche für den Ernstfall« bewaffnen sollten. Nach dem Vorbild von Sachsen gibt es zudem Planungen, eine »Sicherheitswacht« einzurichten, mit der freiwillige Hilfspolizisten ungeliebte Polizeiaufgaben wie nächtliche Abschiebungen durchführen können.

Die neue gesellschaftliche Atmosphäre ist ein Fingerzeig für viele Angestellte im Öffentlichen Dienst. Viele von ihnen brauchen gar keine formelle Weisung, um zu verstehen, was die neue AfD-Regierung will. In vorauseilendem Gehorsam hängen die Angestellten in örtlichen Jugendclubs die Plakate gegen Diskriminierung ab. Auch vor der Wahl hatten die Beamten in der Polizeiverwaltung und in den Landesämtern schon Zurückhaltung gegenüber Anfragen aus der Zivilgesellschaft geübt, weil sie befürchteten, eine zu starke Kooperation würde sie unter einer AfD-Regierung schlecht dastehen lassen. Jetzt reagieren sie auf zivile Anfragen überhaupt nicht mehr.

Der AfD-Minister für Kunst und Kultur bemüht sich derweil besonders darum, deutsche Kunst zu fördern. Seine Forderung nach einer »Deutschquote« im Radio findet Zustimmung auch in anderen Parteien. Er kritisiert regelmäßig Kunstausstellungen für ihre »perversen« Inhalte, rechte Medienvertreter stürmen Vernissagen und skandalisieren die »Queer-Agenda« der Kunstwelt, die bisher von deutschen Steuergeldern finanziert würde. Eine AfD-Kampagne gegen Lesungen von Dragqueens in Bibliotheken erhitzt die Gemüter.[21] Die Verträge der Intendant*innen an Theatern und anderen Kulturinstitutionen verlängert der Minister nicht weiter, stattdessen besetzt er die so frei gewordenen Positionen mit seinen eigenen Leuten. Unter der Schirmherrschaft von Harald Martenstein soll ein neues staatlich gefördertes »Institut für die deutsche Sprache« geschaffen werden. Stadthallen verbieten regelmäßig Auftritte von Künstler*innen, die Petitionen gegen die AfD unterschrieben haben. Auch die Benutzungsordnungen städtischer Einrichtungen lässt der Minister ändern. So können Bibliotheken, Theater und Parks mit dem Verweis auf das Neutralitätsgebot nicht mehr für politische Zwecke genutzt werden, beispielsweise dürfen Kultureinrichtungen keine Veranstaltungen zum Asylrecht mehr anbieten.

SCHRITT 5: GESETZE ÄNDERN

In der Regierung ist die Zusammenarbeit der Koalitionspartner mit der AfD teilweise schwierig. Da die AfD keine Alleinregierung hat, kann sie vorerst nicht all ihre Vorhaben umsetzen. Hinzu kommt: Die AfD-Minister haben nur wenig Leitungserfahrung und machen viele strategische Fehler. Außerdem kommen bei den einen oder anderen Funktionären Details über ihre Nazi-Vergangenheit ans Licht. Irgendwann sind es aber so viele Skandale, dass die Öffentlichkeit sie nur noch schulterzuckend hinnimmt. Von ihrem Koalitionspartner fordert die AfD, bei strafrechtlichen Ermittlungen gegen ihre Abgeordneten anders als bisher nicht für die Aufhebung ihrer Immunität zu stimmen. Die Abgeordneten sollen weiter vor Ermittlungen geschützt sein.

Die Regierungskoalition zieht ihre Lehren aus den Erfahrungen auf kommunaler Ebene, wo die AfD vielerorts bereits vor der Wahl in den normalen Politikbetrieb eingegliedert wurde. Ob Lob für die AfD von der SPD-Fraktion im saarländischen Friedrichsthal,[22] gemeinsame Abstimmungen von Linken und AfD im brandenburgischen Forst, Kundgebungen von SPD, CDU und AfD gegen ein Flüchtlingsheim in Niedersachsen,[23] das koordinierte Vorgehen von CDU und AfD in zahlreichen thüringischen Kommunen,[24] das Streichen von Geldern für Demokratie-Initiativen durch CDU, AfD und den rechtsextremistischen »III. Weg« in Plauen[25] oder gleich gemeinsame Abstimmungen von AfD und CDU im Landtag von Thüringen – man kennt sich, in Sachfragen arbeitet man sowieso konstruktiv zusammen, die rassistische Agenda der AfD findet hier und da auch bei den anderen Parteien Anklang. Gelegentlich ist zu hören, die AfD-Leute seien »gute Typen, nur in der falschen Partei«. Man einigt sich darauf, die gemeinsamen Inhalte in den Vordergrund zu stellen und Streit aus der Koalition zu halten. Die Grünen in der Opposition eignen sich als gemeinsames Feindbild, um die Reihen geschlossen zu halten.

In der Regierungskoalition gilt die Vereinbarung, dass die AfD außerhalb ihrer Ressorts keine großen Gesetzespakete anschieben darf. Ausnahmen sind ihre Herzensthemen, bei denen es ohnehin Überschneidungen gibt. Die Koalition fängt mit dem Senken von Unternehmenssteuern an, dann legt sie einen Entwurf für das erste deutsche Streikgesetz vor, das die Dauer von Streiks beschneidet, um »Streik-Exzesse zu verhindern«.

Die Regierungsparteien schaffen zwar nicht – wie ursprünglich diskutiert – den öffentlich-rechtlichen Rundfunk ab. Allerdings wird der Medienstaatsvertrag vonseiten des Ministerpräsidenten aufgelöst, es kommt zu umfassenden Reformen, die der Politik Zugriff auf die Inhalte des Rundfunks sichert. Manche sprechen von einem »Staatsfunk«. Nachdem zu diesem Vorhaben investigative Recherchen Aufsehen erregen, diskutiert die Regierung eine Änderung des Pressegesetzes, das die gesetzlich definierten Aufgaben der Presse einschränken soll.

Das Selbstbestimmungsgesetz wird abgeschafft und § 219a StGB, der die Information über Schwangerschaftsabbrüche verboten hatte, wieder eingeführt. Zahlreiche Straftatbestände werden verschärft. Nur die Cannabis-Entkriminalisierung wird entgegen Versprechungen im Wahlkampf beibehalten. Zu viele Parteifunktionäre profitieren selbst davon.

Dass die AfD in Regierungsverantwortung bei all dieser Aktivität zunächst aber gar keine umfassenden »Deportationspläne« umsetzt, wie die Opposition es nach dem Bekanntwerden von Investigativ-Recherchen vermutet hatte, besänftigt die Gemüter. Die Regierungskoalition setzt ihr Vorhaben subtiler um. Sie bereitet eine umfassende Reform des Staatsangehörigkeitsrechts vor, nach der die »ethnisch-kulturelle Zugehörigkeit zum deutschen Volk« für die Staatsangehörigkeit eine größere Rolle einnehmen soll. Es soll außerdem geprüft werden, unter welchen Umständen Personen die deutsche Staatsangehörigkeit einfacher entzogen werden kann.

SCHRITT 6: WEITERE VERNETZUNG

Seit sie an der Macht ist, freut sich die AfD über eine große Anzahl von Neumitgliedern, insbesondere von Menschen, die in der Polizei und Verwaltung tätig sind. Mit dem Zugriff auf Behörden kann sich die AfD in der Regierung wertvolle Daten zunutze machen: Polizeidaten, Ausländerzentralregister, Melderegister, Sozialdaten. Der Datenschutz gilt weiterhin – aber technisch ist es möglich, über die großen staatlichen Datenbanken, die in den vergangenen Jahren massiv ausgebaut wurden, intime Details und sensible Daten aller Menschen in Deutschland einzusehen. So können über das Ausländerzentralregister seit einer Reform im Jahr 2024 knapp 7000 Behörden auf Daten zu Impfungen, Sozialleistungen, Sprachkursen und die Asylakten aller Ausländer in Deutschland zugreifen.

Schon in der Opposition nutzte die AfD ihre parlamentarischen Rechte, um gezielt ihre politischen Gegner auszuspähen. Anti-Antifa-Arbeit machen Rechtsextremisten schon lange – in Regierungsverantwortung sorgt die AfD jetzt dafür, dass private Daten regelmäßig an rechte Aktivisten und rechte Medien durchgestochen werden. An Hochschulen veranstalten AfD-Verbündete über Burschenschaften Kampagnen, die sich gezielt gegen linke Studierende und Lehrkräfte sowie migrantisierte Menschen richten. Daten dazu erhalten sie über ihre Mitgliedschaften in den Student*innenräten.

SCHRITT 7: GRENZEN AUSTESTEN

Der größte Feind im System der Gewalten ist für die AfD die Justiz. Die Partei versucht zwar, über die Richterwahlausschüsse Einfluss auf die Besetzung der Gerichtspräsidenten zu erhalten, allerdings ist die Justiz zu einem großen Teil unabhängig und schwerfällig. Schnell angreifbar ist sie vor allem von innen – durch rechte Jurist*innen.

Die AfD-Regierung weiß, dass viele ihrer neuen Regelungen vor Gericht angefochten werden. Sie weiß aber auch: Die meisten Maßnahmen landen nicht vor Gericht und bleiben bestehen, auch wenn sie rechtswidrig sind. Die Verwaltung hat meist den längeren Atem.

Das System ist so träge, dass auch verfassungswidrige Gesetze erst nach einigen Jahren gekippt werden. Ein gutes Beispiel dafür sind die Polizeigesetze der Bundesländer, die in den vergangenen Jahren in Kraft getreten waren. Ihre Verfassungswidrigkeit stand zumeist schon bei ihrer Ausarbeitung fest, beschlossen wurden sie trotzdem.

SCHRITT 8: WIEDERWAHL

Für die AfD ist es in der Regierung nicht entscheidend, ob sie ihre Wahlversprechen einhält. Viel wichtiger ist, dass sie wie in Oppositionszeiten weiter auf die Themen setzen kann, die in den Medien diskutiert werden. Deswegen bleibt es für sie unerlässlich, ohne Ende über Migration und den Kulturkampf zu sprechen, selbst wenn sie deren Ausgestaltung und Einschränkung gar nicht beeinflussen kann, weil dies der EU-Kompetenz unterliegt. Wo die AfD mit ihren Vorhaben scheitert, schiebt sie die Verantwortung auf andere.

Die AfD inszeniert sich auch in der Regierung als Opfer. Für sie ist Übeltäter, wer gerade passt – der Bund, die Grünen, das Bundesverfassungsgericht. Auf EU-Ebene ist diese Praxis nicht unbekannt, das zeigt das Beispiel des ungarischen Ministerpräsidenten Viktor Orbán. Obwohl er der dienstälteste Regierungschef in der EU ist, macht er nach wie vor die EU für Verfehlungen seiner Regierung wie die miserable Wirtschaftssituation verantwortlich.[26]

SCHRITT 9: GRÖSSERE PROJEKTE

Weitere umfassende Gesetzesprojekte kann die AfD in ihrer ersten Regierungsphase nicht umsetzen. Sie bereitet sich allerdings präzise darauf vor. Sie will in der darauffolgenden Legislaturperiode einen »Volkskanzler« installieren, der mit seiner Regierungsmehrheit Einfluss auf die Besetzung der Bundes- und Landesverfassungsgerichte nehmen und diese für seine politischen Ziele instrumentalisieren kann.[27]

Als Vorbild dient ihr die italienische Premierministerin Giorgia Meloni. Der rechtsextremen Politikerin gelingt es, sich als so gewöhnlich darzustellen, dass sie auch international von EU-Partnern wie Olaf Scholz und Emmanuel Macron als Gesprächspartnerin respektiert und geachtet wird. Kritik an ihrer frauenfeindlichen und rassistischen Politik gibt es international kaum. Auch dass sie die italienische Variante des Bürgergelds abschaffte, erzeugte keine große Resonanz in den Medien. Stattdessen war das Fazit der deutschen Presse zu ihrem ersten Regierungsjahr mehrheitlich, ihre Regierung sei »nicht so schlimm wie erwartet«. Was sie eigentlich im Schilde führte, wurde nach der ersten Normalisierungsphase klar: Mit einer Verfassungsreform versucht Meloni, die Grundregeln des italienischen Wahlsystems zu ändern. Diese Reform sieht unter anderem eine Direktwahl des Regierungschefs mit einfacher Mehrheit vor und würde ihr ermöglichen, künftig ohne demokratische Gegenwehr zu regieren.[28] Die AfD vernetzt sich international mit Meloni und anderen rechtsextremistischen Politiker*innen und baut im EU-Parlament die Zusammenarbeit aus.

SCHRITT 10: DRANBLEIBEN

Auch wenn die AfD nicht wiedergewählt wird, gibt sie ihren Kampf nicht auf. Im Gegenteil: Sie hat einen langen Atem und weiß, dass auch gescheiterte Machthaber wie Donald Trump in den USA, Viktor Orbán in Ungarn und die FPÖ in Österreich nach Wahlniederlagen Comebacks erzielt haben.

Die Schlüsselpositionen, die die AfD in ihrer ersten Regierungszeit im Verwaltungsapparat besetzt, bleiben über Jahre und Jahrzehnte bestehen. Dadurch kann sie auch künftig Einfluss auf die Exekutive nehmen – trotz Wahlniederlagen.

Ein eindrückliches Beispiel für diesen Mechanismus sind die Langzeitfolgen der kurzen Ära von Ronald Schill in Hamburg: Der Rechtspopulist war zwar nur von 2001 bis 2003 Zweiter Bürgermeister und Innensenator in Hamburg. Seine Personalentscheidungen wirkten aber weit über seine Amtszeit hinaus. So wurde Udo Nagel, den er zum Polizeipräsidenten ernannte, im Jahr darauf Innensenator. Den Polizisten Hartmut Dudde machte Schill zum Einsatzleiter der Hamburger Bereitschaftspolizei und damit zum Hardliner vom Dienst.

Dudde sollte unter Schill für die umstrittene Räumung des Bauwagenplatzes Bambule sorgen, was für monatelange Proteste und Krawalle in der Hansestadt sorgte. Danach stieg er die Karriereleiter weiter hinauf: Anstatt der harten Schill-Polizei-Linie eine Absage zu erteilen, beförderten die SPD-Nachfolger von Schill Dudde zum Einsatzleiter, der mit weiteren problematischen und teilweise rechtswidrigen Entscheidungen etwa bei Demos auffiel. Unter SPD-Bürgermeister Olaf Scholz war Dudde schließlich 2017 für den äußerst umstrittenen Polizeieinsatz beim G20-Gipfel in Hamburg verantwortlich. Anschließend wurde der Law-and-Order-Mann erneut befördert, bevor er 2022 in den Ruhestand ging. Ein leitender Polizist von Gnaden eines Rechtspopulisten – unterstützt und gebilligt von den Sozialdemokraten.[29]

Während Schills zweijährige Amtszeit zwei Jahrzehnte nachwirkte, ist die Regierungszeit der AfD noch ein Szenario in der nahen Zukunft. Bevor die Partei ihre Ziele in Regierungsbeteiligung verfolgen und Gefolgsleute in Behörden verankern kann, muss sie überhaupt erst mal an die Macht kommen. Geht das überhaupt gegen den Willen der Bevölkerungsmehrheit?

3. ZIVILGESELLSCHAFT

ICH WÄRE IM WIDERSTAND GEWESEN

Ende 2023 jährten sich die Frankfurter Auschwitz-Prozesse zum 60. Mal. Die ZDF-*heute*-Sendung interviewte dazu den 95-jährigen Gerhard Wiese, den letzten noch lebenden Staatsanwalt des Prozesses. Wiese wurde von den Journalisten nach der Bedeutung des Prozesses für die heutige Zeit gefragt. Er antwortete: »Ob die Menschheit wirklich gelernt hat aus den Dingen, die zurückliegen? Ich würde meine Hand dafür nicht ins Feuer legen. Nee, bestimmt nicht.«[1]

Ob im Geschichts-, Politik- oder Deutschunterricht – der Nationalsozialismus steht in Deutschland während der gesamten Schulzeit auf dem Lehrplan. Oft besuchen Schulklassen Mahnmale, auch meine Klasse war zweimal in der KZ-Gedenkstätte Neuengamme in Hamburg. Ich kann mich noch sehr gut daran erinnern, die Besuche haben sich mir für immer eingeprägt. Es ist kein Wunder, dass die AfD regelmäßig die Arbeit der Gedenkstätten und anderer Akteure der politischen Bildung in Deutschland behindert und angreift.

Wir lernen in der Schule über die unfassbaren Gräuel der Nazi-Herrschaft. Das alleine macht uns aber noch nicht automatisch zu Demokrat*innen. Große Teile der AfD-Mitglieder kennen die Geschichte sehr gut. Für sie dient sie nicht zur Abschreckung, sondern als Vorbild. Björn Höcke, Faschist an der Spitze der rechtsextremistischen Bewegung, ist immerhin Geschichtslehrer und bedient sich für seine Auftritte eifrig an den Reden der Nazis.

In der Oberstufe organisierten Mitschüler*innen und ich ein Konzert mit der Sängerin und Holocaust-Überlebenden Esther Bejarano, für die Schülerzeitung interviewten wir den Publizisten und Holocaust-Überlebenden Ralph Giordano zur Vergangenheitsbewältigung und zur Bekämpfung von Rechtsextremismus. Er sagte uns: »Ihr seid schuldlos, aber ihr tragt natürlich eine Verantwortung dafür, wie ihr euch diesem Thema gegenüber verhaltet. Wie ihr mit dieser Verantwortung umgeht, wird über euren Charakter entscheiden.«

Meine Mitschüler*innen und ich stellten uns immer wieder dieselben Fragen: Hätten wir damals gelebt, was hätten wir getan? Wären wir Mitläufer gewesen? Wer wäre Mittäter gewesen? Und wer wäre im Widerstand gewesen? Fast alle waren sich sicher: Sie wären mutig gewesen. Sie wären im Widerstand gewesen.

Unsere Antworten zeigen, wie stark wir von den großen Heldengeschichten geprägt waren, von Hollywood und der Geschichtsschreibung: Die junge, fast engelsgleich unschuldige Sophie Scholl hatte in München mit ihrem Bruder Flugblätter gegen die Nazis verteilt. Das Attentat vom 20. Juli 1944 war uns mit cineastischem Adelsglanz in Erinnerung geblieben. Figuren, die so heldenhaft erzählt wurden, dass sie unerreichbar schienen. Vom jüdischen und kommunistischen Widerstand erfuhren wir in der Schule nichts.

Später, außerhalb der Schule, lernte ich, dass der alltägliche Widerstand gegen die Nazis in der Regel nicht im Rampenlicht stattfand, sondern durch Angestellte, einfache Beamte oder Jugendliche, die ihren ganzen Mut zusammengenommen hatten. Durch Menschen wie das Ehepaar Elise und Otto Hampel, das durch die Erzählung »Jeder stirbt für sich allein« von Hans Fallada bekannt wurde. Die Geschichte der beiden ist keine reine Heldengeschichte. Otto Hampel war Mitglied des nationalistischen »Stahlhelm«-Verbunds, wie seine Frau war er zunächst kein Nazi-Gegner. Erst nachdem Elise Hampels Bruder im

Krieg starb, begann das Ehepaar, Postkarten gegen das Nazi-Regime zu schreiben und öffentlich zu verteilen. Als sie von der Gestapo gefasst und verhört wurden, verrieten die Eheleute einander. Am Ende wurden beide hingerichtet.

In jedem Ort in Deutschland gibt es Tätergeschichten, in manchen gibt es auch Widerstandsgeschichten. Zum Beispiel in Pirna, der ersten deutschen Stadt, die einen AfD-Kandidaten zum Oberbürgermeister wählte. Hier arbeitete Annemarie Köhler, die Frau, die die Tagebücher des Philologen und NS-Chronisten Victor Klemperer versteckte. Obwohl das Verstecken von ein paar Büchern auf den ersten Blick banal erscheint, riskierte Köhler dafür viel. Wären die Tagebücher entdeckt worden, hätte sie dafür die Todesstrafe erhalten können. Köhler war Ärztin, die Tagebücher versteckte sie in ihrer Praxis.[2]

Es gab vielerorts innovativen Widerstand gegen die Nazis, etwa durch die Republikanische Beschwerdestelle, die schon in den 1920er-Jahren strategische Klagen für die Demokratie entwickelte, oder die Eiserne Front, ein Bündnis aus SPD-nahen Organisationen wie dem Reichsbanner Schwarz-Rot-Gold, dem Arbeiter-Turn- und Sportbund und dem Allgemeinen Deutschen Gewerkschaftsbund, das Ende 1931 gegründet wurde. Die Eiserne Front versuchte, als Sammelbecken für Organisationen zu fungieren, die die Demokratie der Weimarer Republik schützen wollten. Sie scheiterte letztlich an den verkrusteten Strukturen der SPD. Dem Versuch einiger Mitglieder, in größeren Aktionen Hakenkreuze im Stadtbild vieler deutscher Städte zu übermalen, erteilte die SPD-Führung eine Absage – derlei Graffiti seien illegal und daher falsch.

Heute ist unsere Frage aus der Schulzeit brandaktuell: Aus »Wären wir im Widerstand gewesen?« wird »Werden wir im Widerstand sein?«.

Diese Frage beantwortet die Aktivistin und ehemalige Lehrerin Irmela Mensah-Schramm seit fast 40 Jahren auf ungewöhnliche und im Stadtbild sichtbare Weise. Seit 1986 ist sie mehrfach pro Woche auf der Straße, um rechtsextreme Propaganda im öffentlichen Raum zu entfernen und zu übermalen, nach eigenen Angaben hat sie seitdem mehr als 10 000 rechte Graffitis beseitigt.[3] Mensah-Schramm erntet für Engagement nicht nur Anerkennung, sie wird auch bedroht und strafrechtlich verfolgt. Weil sie in den vergangenen Jahren immer wieder wegen Sachbeschädigung verurteilt wurde, hält Mensah-Schramm Aufrufe aus der Politik, sich mehr gegen Rechtsextremismus zu engagieren, für heuchlerisch: »Die Appelle sind nutzlos«, sagte sie Anfang 2024. »Man fordert Bürger auf, lauter zu werden, und ignoriert oder kriminalisiert sie dann.«[4]

AUF DER STRASSE

Derartige Appelle waren Anfang 2024 in ganz Deutschland zu hören, nachdem *Correctiv* ein rechtsextremistisches »Geheimtreffen« in Potsdam aufdeckte, bei dem über Massenvertreibungen beraten wurde. Die darauf folgenden zahlreichen Großdemonstrationen für Demokratie und gegen Rechtsextremismus waren ein Befreiungsschlag für die Zivilgesellschaft in Deutschland. Nie zuvor in der Bundesrepublik hatte es an so vielen Orten so breiten demokratischen Protest gegeben, die letzten vergleichbar großen Proteste in Deutschland organisierten Aktivist*innen 1989 in der DDR. Viele Menschen, die zuvor noch nie auf einer Demo waren, gingen jetzt für die Demokratie auf die Straße. Ein Moment der Selbstvergewisserung der Mehrheitsgesellschaft und für die eigene politische Sichtbarkeit, das gemeinsame demokratische Wirken wurde erfahrbar. Die Protestbündnisse waren breit angelegt, man wollte möglichst viele Menschen erreichen. In Potsdam hieß es beispielsweise: »Es spielt keine Rolle, wie Sie zum Gendern stehen, ob Sie Diesel fahren, E-Auto oder Tram, ob Sie Wurst essen oder nur vegan, ob Sie gegen oder für Windkraft sind – hier geht es um mehr, es geht darum, unsere Demokratie zu verteidigen.«[5]

Nicht nur in den großen Städten, sondern auch in vielen kleinen Orten protestierten unterschiedliche Gruppen gemeinsam für ein AfD-Verbot. Darunter ostdeutsche Dörfer und Städte, die oft als AfD-Hochburgen abgeschrieben werden. Hier gingen mutige Menschen trotz der ungleich größeren Gefahren für ihre körperliche Unversehrtheit auf die Straße, auch weil Protest gerade in kleineren Orten nicht anonym ist und direkte Konsequenzen haben kann. Sie stellten so die Hegemonie der Rechten infrage, auch wenn sie die über Jahre aufgebauten rechten Dominanzräume nicht mit einigen Demonstrationen direkt dauerhaft durchbrechen konnten. Oft erhielten sie Unterstützung von lokalen Demokratie-Initiativen, von protesterfahrenen Fridays-For-Future-Gruppen und von der Kampagnen-Organisation *Campact*. Hunderttausende Menschen, die zuvor im öffentlichen Bild unsichtbar waren, wurden mit einem Mal sichtbar. Sie zeigten, dass der mediale und politische Diskurs der vergangenen Jahre sie nicht repräsentiert hatte. Während viele Zeitungen und Parteien die Deutungshoheit im Diskurs nach rechts abgegeben hatten und sich lange nur mit der Migrationsdebatte beschäftigten, ließen sie die Sorge um die Demokratie außer Acht.

Aus den Protesten lässt sich sehr gut ableiten, wie zivilgesellschaftlicher Protest im Falle eines AfD-Wahlsiegs aussehen sollte, damit er effektiv ist. Wir alle sollten uns darauf vorbereiten. Was tun am Wahlabend, wenn die AfD in den Hochrechnungen vorne ist?

1. Für andere da sein

Auch wenn man sich bei einem AfD-Wahlsieg eigentlich heulend verkriechen will, gilt das Motto: Lieber wütend als traurig – und lieber gemeinsam als allein! Überlegen Sie sich, wer in Ihrem Umfeld von einer AfD-Regierung besonders negativ betroffen wäre. Melden Sie sich bei der Person und bieten Sie Ihre Unterstützung an.

2. Protestieren

Protest kann funktionieren, wenn er sichtbar und spürbar ist. Als sich der FDP-Politiker Thomas Kemmerich im Februar 2020 mit den Stimmen der AfD zum Ministerpräsidenten wählen ließ, formierte sich ein spontaner Protest vor der FDP-Parteizentrale in Berlin und vor dem Thüringer Landtag. Die Tausenden Teilnehmer*innen waren für die Spitzenpolitiker der Partei direkt sichtbar, sie standen quasi direkt unter ihren Fenstern, und sie sendeten eine klare Botschaft an die FDP: Mit Widerstand ist zu rechnen. Dies trug dazu bei, dass FDP-Bundesparteichef Lindner Kemmerich zurückpfiff.

Eine AfD-Regierung sollte früh und dauerhaft Gegenwind bekommen. Je länger sie sich an der Regierung halten kann, desto schwerer wird es, sie wieder loszuwerden. Deswegen muss Protest schnell, intensiv und anhaltend sein.

3. Zeigen, wer die Mehrheit ist

Auch, wenn es angesichts eines Wahlsiegs nicht so scheinen mag: Rechtsextremisten sind nicht die Mehrheit. Es ist wichtig, das sichtbar zu machen – im eigenen Umfeld, in den sozialen Netzwerken, gegenüber den Medien in der Leserbriefsektion, auf der Straße.

4. Nicht vereinsamen

Es fällt einem viel leichter, zu protestieren, wenn man nicht allein ist. Gehen Sie gemeinsam mit Bekannten und Angehörigen auf die Straße, spenden Sie einander Trost, auch wenn es hoffnungslos erscheint.

Die Proteste führten dazu, dass das Problembewusstsein für die Gefahren einer autoritären Wende in vielen gesellschaftlichen Bereichen deutlich erhöht wurde. So flammte in der katholischen Kirche die große Abgrenzungsfrage neu auf: Wie stark sollte sich die Kirche gegen die AfD und für die Demokratie positionieren? Die Deutsche Bischofskonferenz erklärte erfrischend deutlich, dass die völkisch-nationalistische AfD für Christen nicht wählbar sei.[6] AfD-Vertreter riefen im Gegenzug zum Kirchenaustritt auf.

Auch an Hochschulen nahm die Auseinandersetzung mit der AfD durch die Proteste weiter zu. Unis sind ohnehin schon seit vielen Jahren im Visier von Rechtsextremisten, die versuchen, ihre Kulturkampf-Themen über die AfD-nahe Desiderius-Erasmus-Stiftung, Burschenschaften und andere Vorfeldorganisationen in den wissenschaftlichen Raum zu tragen. Sie versuchen, ihre menschenfeindlichen Ideen unter dem Mantel der freien Wissenschaft zu legitimieren, mehrheitsfähig zu machen und kulturelle Hegemonie zu erlangen. Umso stärker positionierten sich Studierendenschaften und der akademische Mittelbau gegen autoritäre Ideen.

Das alles führte aber nicht dazu, dass die Parteien im Bundestag verstanden, was die Demonstrierenden erreichen wollten. Sie begriffen auch nicht, dass derartige Proteste das Potenzial haben, rechtsextremistischen Parteien Wählerstimmen zu nehmen und demokratischen Vorhaben Rückenwind zu geben. Zahlreiche internationale Studien belegen einen Zusammenhang zwischen demokratischen Protesten und Wahlergebnissen. In den USA halfen liberale Proteste den Demokraten, in Italien führten Anti-Nazi-Proteste in Kommunen zu signifikanten Stimmverlusten für Rechtsaußen-Parteien.[7]

Stattdessen zeigte sich, wie groß die Kluft zwischen der demokratischen Zivilgesellschaft und den Parteien inzwischen geworden ist. Anschaulich führte dies die Aktuelle Stunde im Bundestag vor Augen, die auf die *Correctiv*-Enthüllungen folgte. Darin sagte Dirk Wiese, stellvertretender SPD-Vorsitzender, unter den 23,5 Millionen Menschen mit Migrationshintergrund in Deutschland seien »auch viele Cafébesitzer, Späti-Betreiber und Restaurantbesitzer. Und ich sage es Ihnen ganz offen: Pasta, Pizza und Risotto, das ist doch, was dieses Land vielfältiger gemacht hat. Doch nicht die braune Graupensuppe, die hier auf der rechten Seite sitzt.«[8]

Und ich sage es Ihnen ganz offen: Wenn das die intellektuelle Flughöhe ist, auf der die AfD aus dem Bundestag bekämpft wird, dürfen wir nicht darauf vertrauen, dass die Forderungen der Demonstrierenden angemessen repräsentiert werden. Denn natürlich geht es bei der Diskussion um Vertreibungspläne nicht um »Pasta, Pizza und Risotto«. Wenn Menschen mit familiärer Migrationsgeschichte in den Augen der SPD immer noch über Verdienste oder kulinarische Aspekte definiert werden statt über ihr Menschensein, ist das Teil des Problems.

Der SPD-Vorsitzende Lars Klingbeil forderte nach den ersten riesigen Protesten im Januar in einem Interview erst einmal in atemberaubender Manier die Bundesländer auf, schneller abzuschieben. Der CDU-Vorsitzende Friedrich Merz nahm AfD-Wähler in Schutz, indem er darauf verwies, dass sie nicht pauschal als Nazis bezeichnet werden dürften. Und *Deutschlandfunk* und ARD fragten in Interviews erst einmal AfD-Politiker, was sie denn von den Protesten gegen ihre Partei hielten – der AfD-Parteivorsitzende Tino Chrupalla durfte sich gar bei »Maischberger« ausführlich darüber auslassen. Ohne Not gaben Politik und Medien die Macht des Agenda-Settings, die die Proteste ja für die Demokrat*innen eingefordert hatten, wieder an die AfD ab. Anstatt über die Agenda der Proteste zu sprechen, konnte die AfD wieder ihren eigenen Spin der Ereignisse verbreiten.

Weder Politik noch Medien schafften es also, den Blick von den Rechtsextremisten abzuwenden und stattdessen darauf zu schauen, was eigentlich die demokratische Gesellschaft im Land wollte. Sie orientierten sich wie in den vergangenen Jahren weiter an der AfD, anstatt zu fragen, wie die Demokratie gestärkt und die Sorgen der Mehrheitsbevölkerung endlich ernst genommen werden könnten. Die Proteste verstanden sie nicht als Rückenwind und Auftrag, sondern als Beiwerk. Die Mechanismen des Rechtsdralls wirken fort. Das ist umso bedeutender, als die AfD in Regierungsverantwortung staatliche Mittel erhalten würde, um auf den Diskurs einzuwirken. Dann wird es noch viel schwerer, die Diskurshoheit über sie zu gewinnen.

Der Zuspruch der Ampel-Parteien für die Demonstrationen mutete dann auch eher wie ein Demokratie-Theater an: Denn auch wenn Politiker*innen von Olaf Scholz bis Annalena Baerbock einen »Aufstand der Anständigen« begrüßten, blieben sie die Antwort schuldig, wie sie mit den Forderungen der Protestwelle umzugehen gedachten – außer ihr zuzuwinken. Noch nicht einmal die immer lauter werdende Forderung nach einem AfD-Verbot schien in der Spitzenpolitik anzukommen.

Stattdessen verständigten sich führende Politiker der Ampel-Parteien auf Appelle, die nach dem performativen Abspielen einer Demokratie-Schallplatte klangen: Wir müssen uns für die Demokratie engagieren und alle zusammenstehen gegen Rechtsextremismus, vielen Dank. Viele von ihnen klangen dabei wie der Bundespräsident bei der Neujahrsansprache: erhaben, andächtig und inhaltsleer. Einen Höhepunkt dieses Demokratie-Theaters bildete ausgerechnet eine Aussage des Präsidenten des Bundesamts für Verfassungsschutz, Thomas Haldenwang, der in einem Interview forderte, dass sich »die schweigende Mehrheit unserer Bevölkerung klar gegen Extremismus und Antisemitismus« positionieren müsse – ganz so, als habe nicht ebendiese Bundesbehörde jahrelang unter dem Rechtsextremisten Hans-Georg Maaßen den Aufstieg der AfD geschehen lassen.[9]

Dabei fehlt in der Regel die Einsicht, dass gerade die Mitglieder der Bundesregierung nicht bloß »einfache Bürger« sind. Es ist ihre Aufgabe, die richtigen Rahmenbedingungen für Demokratiearbeit zu setzen. Die Zivilgesellschaft ist nicht für die Wohnungskrise zuständig, wird aber gerne bemüht, wenn es darum geht, ihre sozialen Auswirkungen zu bekämpfen. Vielen Dank auch von unserer Seite.

Daher hier ein Vorschlag: Die Bundesregierung und der Bundespräsident dürfen erst dann von der Bevölkerung Engagement für die Demokratie einfordern, wenn sie sich merkbar selbst dafür einsetzen, anstatt weiterzumachen wie bisher. Es würde ihnen gut anstehen, wenn sie von sich aus konkrete Maßnahmen umsetzen, wie die Demokratie gestärkt werden könnte. Dann können sie es auch von anderen fordern. Aufstand der Anständigen, schön und gut, aber wie wäre es mal mit einem Aufstand der Politiker?

DER AUFSTAND DER POLITIKER

In Deutschland gibt es eine vielfältige Zivilgesellschaft und im Vergleich zu einigen Nachbarländern zahlreiche Initiativen, die sich für die Demokratie einsetzen, darunter auch viele migrantische Selbstorganisationen. Sie werden bisher nur nicht ausreichend gefördert. Seit vielen Jahren vernachlässigt die Bundesregierung die demokratische Infrastruktur hierzulande. Wer in einer mobilen Beratung gegen Rechtsextremismus tätig ist, in einer Opferberatungsstelle arbeitet oder sich für ein Frauenhaus engagiert, kennt es: Jedes Jahr Ende Dezember ist auf einmal kein Geld mehr da für Demokratie.

Wenn es bei Haushaltsverhandlungen zum Streit zwischen Koalitionspartnern kommt, wird dieser immer auf dem Rücken unserer demokratischen Infrastruktur ausgetragen. Ende 2023 war es wieder so weit: SPD, Grüne und FDP konnten sich nach einem Urteil des Bundesverfassungsgerichts zum Klima- und Transformationsfonds nicht darüber einigen, wie der neue Haushalt für 2024 aufgestellt sein sollte. Bundesfinanzminister Christian Lindner verhängte erst einmal eine Haushaltssperre – und Hunderte Leiter*innen von Demokratieförderprojekten wussten auf einmal nicht, ob sie ihren Mitarbeiter*innen im darauffolgenden Monat noch ihre Gehälter zahlen würden können.[10]

Inmitten neuer Umfragerekorde für die AfD war das ein verheerendes Zeichen. Viele Initiativen nahmen den Ampel-Streit zum Anlass, um für eine schnelle Finanzierung zu kämpfen. Andere nahmen die Respektlosigkeit der Bundesregierung für ihr Engagement einfach nur schulterzuckend hin. Sie hatten über die Jahre gelernt, dass sie sich nicht auf den Staat verlassen können. »An der Bedrohung meiner Existenz ändert sich nicht viel, wenn die AfD an die Macht kommt«, sagt eine Aktivistin in Brandenburg. Die Politik im Land sei im Umgang mit der AfD weitgehend ratlos. Vorbereitungen für eine AfD-Regierung treffen vor allem die, die aus Erfahrung wissen, dass sie sich selbst schützen müssen, weil der Staat nicht für sie da ist.

Nach öffentlichen Appellen an die Bundesregierung hob diese kurz vor dem Jahreswechsel die Haushaltssperre wieder auf, sodass die Initiativen weitermachen können. Aber die Botschaft war einmal mehr angekommen: Demokratiearbeit scheint die Bundesregierung nicht als wichtig genug anzusehen, um sie von der politischen Konjunktur unabhängig zu machen.

Dabei wäre das gerade jetzt notwendig. Derzeit herrscht in zahlreichen staatlich finanzierten Demokratie-Initiativen eine hektische Betriebsamkeit. In Antizipation einer Regierungsbeteiligung der AfD versuchen die Teams von mehrjährig finanzierten Projekten, jetzt schon Zusagen für die Finanzierung in den kommenden Jahren zu erhalten. Gleichzeitig nehmen sie wahr, dass Behörden mancherorts in der Zusammenarbeit mit ihnen zurückhaltender werden, ebenfalls aus dem Grund, dass sie nicht auffallen wollen, sollte künftig die AfD in ihrem Ort regieren. Eine mögliche Machtübernahme der Rechtsextremisten zeigt also bereits jetzt Auswirkungen, obwohl es sie noch gar nicht gibt. Wenn es dazu kommt, sind die Auswirkungen für Demokratie-Initiativen fatal: Eine AfD in Regierungsverantwortung würde sehr wahrscheinlich ihre Gelder kürzen oder die kurzfristigen Förderungen auslaufen lassen, sie würde die Gemeinnützigkeit von zivilgesellschaftlichen Organisationen angreifen und mittelbar Gewalt gegen engagierte Aktivist*innen fördern.

Das trifft besonders für den ländlichen Raum in einigen ostdeutschen Bundesländern zu, in denen die AfD inzwischen die stärkste politische Kraft ist. Der Magdeburger Soziologe David Begrich beschreibt, dass die Proteste Anfang 2024 hier von der Bürgergesellschaft organisiert wurden, also jenen, »die den Zusammenhalt in einer kleinen Stadt organisieren: Fußballtrainer, Menschen aus der Nachbarschaftshilfe, der vor Ort tätige Wohlfahrtsverband, die Kirchengemeinde«.[11] Nicht politische Reden in Berlin seien ausschlaggebend für die Wahlentscheidungen vor Ort, sondern der vorpolitische Raum, also Garten- und Fußballvereine sowie Feuerwehren. In den Worten Begrichs: »Der wichtigste Ort der Politik im Osten ist das Grillfest. Und das gilt es zu gewinnen.«[12]

Im sächsischen Zittau arbeitet Dorothea Schneider im Verein »Augen auf«. Seit 20 Jahren beobachtet sie in ihrer Vereinsarbeit die tief verwurzelten rechtsextremen Netzwerke in der Region – und sie informiert darüber, organisiert Kulturveranstaltungen, Integrationsprojekte und antirassistische Fußballturniere.[13] Dafür wurde »Augen auf« mehrfach ausgezeichnet, unter anderem mit der Theodor-Heuss-Medaille. Diese Anerkennung führte auch vor Ort dazu, dass der Respekt für die Arbeit Schneiders und die ihrer Mitstreiter*innen stieg.

Und obwohl der Verein in seiner Region, die von vielen etablierten Parteien schon aufgegeben wurde, die Fahne der Demokratie hochhält und dafür massiv von rechts bedroht wird, ist die Finanzierung seiner Arbeit grundsätzlich unsicher. »Dauerhaft gute Arbeit vor Ort kann man nur machen, wenn Geld da ist«, sagt Schneider. Hauptamtliche Stellen kosten viel, aber weder von staatlicher Seite noch von privaten Geldgebern gibt es mehrjährige Strukturförderungen. Woher das Geld kommen soll, ist dem Verein eigentlich egal – Hauptsache, sie können ihre Arbeit machen.

Es ist eine absurde Situation: Da gibt es Menschen, die genau das umsetzen, was Politiker in ihren Sonntagsreden fordern. Sie halten zusammen, stehen für die Demokratie ein, engagieren sich, trotzen der Einschüchterung und den Drohungen. Und erhalten doch kaum konkrete Unterstützung, keine Rückendeckung, um ihre Arbeit sicher weiterführen zu können.

Das Problem der demokratischen zivilgesellschaftlichen Arbeit ist im Prinzip, dass die Engagierten sie aus Überzeugung machen – und die Arbeit für den Staat so wahnsinnig billig ist. Für das größte Demokratie-Leuchtturmprojekt der Bundesregierung »Demokratie Leben« stehen rund 200 Millionen Euro im Jahr zur Verfügung. Zum Vergleich: So viel gibt die Bundesregierung 2024 für drei neue Luxus-Hubschrauber der Flugbereitschaft aus. Die gescheiterte Rettung von Galeria Kaufhof kostete 590 Millionen Euro, der Cum-Ex-Skandal 32 Milliarden Euro.

200 Millionen Euro sind nicht genug. Es sollten 200 Milliar-

den Euro sein, die die Bundesregierung für »Demokratie Leben« ausgibt. Warum so viel? Wer vom Staat Millionen erhält, ist anerkannt. Wer Milliarden erhält, ist tatsächlich wichtig. Die Infrastruktur unserer Demokratie sollte es uns wert sein.

Wir brauchen die Milliarden für zivilgesellschaftliche Projekte. Der Unterschied zwischen Millionen und Milliarden ist für Menschen einfach nicht vorstellbar, dazwischen liegen Welten. Ein Beispiel: Eine Million Sekunden entsprechen 11 Tagen. Eine Milliarde Sekunden entsprechen 31,7 Jahren. Noch ein Beispiel gefällig? Eine Million Meter sind 1000 Kilometer, also ungefähr die Entfernung von Hamburg nach Wien. Eine Milliarde Meter sind 1 000 000 Kilometer, also ungefähr dreimal die Entfernung von Hamburg zum Mond.

Milliarden Euro für die Demokratie wären nicht nur ein klares Zeichen, sondern würden Demokratie-Initiativen auch endlich flächendeckend widerstandsfähiger machen. Ist das finanzierbar? Klar. Die Schuldenbremse im Bundeshaushalt mag ein Hindernis darstellen. Aber mit einem »Sondervermögen Demokratie« könnte der Staat Schulden aufnehmen. Was für die Bundeswehr möglich ist, sollte auch für Demokratieförderung drin sein. Sondervermögen können nur in Krisenzeiten aufgenommen werden – und die Demokratie ist in einer Krise. Sind Räume für die Demokratie schlecht finanziert, sind sie anfälliger für Attacken durch die AfD.

Daher ist es unbedingt notwendig, die staatliche Finanzierung von Demokratie-Projekten längerfristig sicherzustellen. Eine staatliche Finanzierung führt aber derzeit noch zu zwei Arten von Problemen. Erstens: In der Regel vergibt der Staat Geld nicht als Grundlagenförderung, sondern nur für Projekte, bei Demokratie-Initiativen erzeugt das dann quasi eine »Projektiritis«. Notgedrungen saugt man sich neue Projektideen aus den Fingern, um gefördert werden zu können, statt einfach weiter das zu machen, was man kann und was dringend notwendig ist.

Zweitens: Oft laufen Förderungen nur von Jahr zu Jahr, das ist viel zu kurzfristig. Demokratie-Initiativen haben so kaum Planungssicherheit, was auch ein Grund dafür ist, dass qualifiziertes Personal den Sektor oft mit Burnout verlässt. Initiativen müssen sich ständig darum bemühen, neue Gelder ausfindig zu machen und einzustreichen. »Wir kennen es nicht anders«, sagt Christoph Richter vom Verein »Soziale Bildung e.V.« in Rostock. Eigentlich wolle man sich auf die eigene Arbeit konzentrieren, aber einen großen Teil seiner Zeit müsse man damit verbringen, sich nach neuen Fördertöpfen umzusehen und bürokratische Anträge zu schreiben.

Diese Beschwerden sind der Politik schon lange bekannt. Und trotzdem hat sich die Ampel-Koalition noch immer nicht dazu durchgerungen, endlich ein Demokratiefördergesetz zu beschließen, das die Probleme in Angriff nehmen würde. Der FDP-Haushaltspolitiker Max Mordhorst sagte dazu, Demokratie könne man nicht »mit Geld zurecht fördern«.[14] Damit offenbart Mordhorst ein geradezu lächerliches Verständnis davon, wie die demokratische Infrastruktur funktioniert. Denn natürlich kann der Staat nicht Bürger*innen zur Demokratie verpflichten, aber er kann die Räume dafür schaffen, dass demokratisches Handeln ermöglicht und gefördert wird. Dabei macht Geld einen entscheidenden Unterschied. Es macht einen Unterschied, ob diejenigen, die sich gegen Rechtsextremismus engagieren, ihre Arbeit hauptamtlich machen können (es geht also auch um Arbeitsplätze!) oder nur am Wochenende. Mitglieder der AfD können währenddessen mit den 11 Millionen Euro an staatlichen Zuschüssen, die sie alleine 2021 erhalten hat, u. a. Vertreibungen planen. Hat sie in der Regierung Zugriff auf staatliche Gelder, wird es noch deutlich mehr.[15]

Eine nachhaltige staatliche Förderung der Demokratie sollte langfristig sein und Strukturen fördern statt Projekte. Und sie muss vor allem so gestaltet werden, dass Demokratie-Initiativen auch im Falle einer AfD-Regierung in der jeweiligen Kommune oder im jeweiligen Bundesland weiter gefördert werden können. Bisher sind beim Förderungsprozess in der Regel noch staatliche Stellen auf regionaler Ebene zwischengeschaltet. Zuständige Stellen werden, wenn sie in AfD-Hand sind, demokratischen Initiativen wahrscheinlich jegliche Unterstützung streichen. Förderung muss also auch unabhängig von ihnen möglich sein.

Für Initiativen ist es gut, zusätzlich private Förderer wie Einzelpersonen, Unternehmen oder Stiftungen an Bord zu haben, um unabhängiger vom Staat zu werden. Gerade im Osten ist das weiterhin eine große Herausforderung. Private Stiftungen sind dort deutlich weniger aktiv, die Kirche fällt in der Fläche anders als in Westdeutschland als Geldgeber weg, und wenn dann doch private Gelder eingeworben werden, nehmen geldknappe Verwaltungen dies gerne zum Anlass, ihnen die staatliche Förderung zu kürzen.

Auf den Staat können sich die Initiativen also nicht verlassen, schon gar nicht, wenn die AfD im Anmarsch ist. Der Sächsische Landesrechnungshof fuhr ihnen Ende 2023 zusätzlich mit einer falsch verstanden Neutralitätspflicht in die Parade. In einem ausführlichen Sonderbericht erklärten die Haushaltsprüfer sinngemäß, der Freistaat Sachsen dürfe keine zivilgesellschaftlichen Projekte fördern, die sich allzu politisch äußern. Dadurch mache sich der Staat nämlich angreifbar.[16] Dass sich geförderte Initiativen auf einer Asylkonferenz gegen die »sächsische Abschiebepraxis« stellten und sich zum »Umgang mit rechtspopulistischen Akteuren« berieten, stellt aus Sicht des Rechnungshofs einen Verstoß gegen das staatliche Neutralitätsgebot dar. Dass das Sozialministerium Initiativen Geld gebe, die dann »Behördenwillkür in Asylverfahren« kritisieren, sei rechtswidrig.

Das ist ein gefährlicher Präzedenzfall, führt der Rechnungshof doch letztlich damit nur aus, was die AfD sich seit Langem wünscht: eine Zivilgesellschaft, die den Mund nicht mehr aufmachen darf und deren Spielräume erheblich eingeschränkt sind. Die AfD hat es durch jahrelange Kampagnen geschafft, den Begriff der Neutralitätspflicht aufzuweichen und für sich zu nutzen, auch in Kampagnen um »Meldeportale« für Lehrer*innen, die die AfD unter Druck zu setzen versucht. Eine solche Pflicht gibt es tatsächlich, allerdings gilt sie nicht für die Zivilgesellschaft, sondern für staatliche Stellen: Der Staat soll sich gegenüber politischen Parteien neutral verhalten. Deswegen verbieten Gerichte regelmäßig negative Aussagen von Amtsinhabern gegenüber der AfD.[17]

Eine derartige Neutralitätspflicht besteht aber eigentlich nicht für zivilgesellschaftliche Akteure. Ganz im Gegenteil: Demokratische Organisationen sind dazu aufgerufen, wertebasiert und damit nicht neutral zu agieren.[18] Es gehört zur Aufgabe der Zivilgesellschaft in einer Demokratie, staatliche Maßnahmen zu kritisieren. Setzt sich der Rechnungshof mit seiner Auffassung durch, eine Neutralitätspflicht des Staates müsse zum Ausbleiben von Kritik gegenüber der Regierung führen, verkommt die Zivilgesellschaft zu einem verlängerten Arm der Behörden.

Organisationen der Zivilgesellschaft sollten sich dagegen wehren und in jedem Fall den Erhalt der Demokratie als Teil ihrer Aufgabe sehen. Egal ob Fußballclub, Umweltschutz- oder Datenschutzvereine. Ohne Demokratie ist das alles nix. Das bedeutet: Statt vorsichtiger bei Kritik und im Umgang mit der AfD und anderen rechtsextremistischen und illiberalen Bewegungen zu werden, müssen auch bisher »unpolitische« Kreisverbände beispielsweise des Deutschen Roten Kreuzes und der Arbeiterwohlfahrt wie auch die Freiwillige Feuerwehr intern diskutieren, was Demokratie und Antifaschismus für sie bedeuten und wie sie sich dafür engagieren können. Sie müssen ihr Selbstverständnis formulieren und deutlich machen, dass die AfD bei ihnen keinen Platz hat.

Bezieht eine Organisation nicht klar Stellung gegen Rechtsextremismus, hilft das der AfD. Ordnet eine Organisation den Erhalt ihrer Strukturen ihrer eigentlichen demokratischen Mission unter, hilft das der AfD. Stärkt sie Engagierten nicht den Rücken, hilft das der AfD. Gewöhnt sie sich an die AfD, hilft das der AfD.

Eindeutig *gegen* Rechtsextremismus und *für* die Demokratie Position zu beziehen, stellt für viele zivilgesellschaftliche Organisationen eine große Herausforderung dar, mancherorts sind interne Konflikte bereits vorprogrammiert.

Organisationen sind möglicherweise eingeschüchtert von der Rhetorik um die falsch verstandene »Neutralitätspflicht« oder haben Angst, ihre Gemeinnützigkeit durch eine klare Positionierung aufs Spiel zu setzen. Von ihrer Anerkennung als gemeinnützige Organisation hängt für die meisten Initiativen ihre finanzielle Stabilität ab. Sie ermöglicht den Zugriff auf Fördergelder, für Spenden können Bescheinigungen ausgestellt werden.

Nur: Wenn man nicht ganz eindeutig demokratisch agiert, wozu soll man sich dann überhaupt zivilgesellschaftlich engagieren? Gemeinnützigkeit muss auch beinhalten, dass man rechtsextremistisches Gedankengut ablehnt und dies offen äußert. Sollten einzelne Finanzämter, die die Gemeinnützigkeit von Initiativen feststellen müssen, dies anders sehen, braucht es eine Änderung des Gemeinnützigkeitsrechts. Und strategische Klagen durch alle Instanzen.

Denn gerade im Bereich der Gemeinnützigkeit gehen die meisten strittigen Fälle nicht vor Gericht. Sie werden stattdessen in der Regel vorher abgeräumt, weil Demokratie-Initiativen aus finanziellen Gründen im Zweifel Bedingungen von Finanzämtern akzeptieren. Hier ist es wichtig, dass größere zivilgesellschaftliche Organisationen geeignete Fälle suchen, in denen sie bestimmte Konstellationen gezielt vor Gericht bringen und Rechtskämpfe bestreiten, um damit Rechtssicherheit für andere Organisationen zu erreichen. Die *Gesellschaft für Freiheitsrechte* ist in diesem Bereich sehr aktiv.

DATENSCHUTZ GEGEN NEONAZIS

Mitglieder der AfD versuchen schon jetzt, missliebige Organisationen beim Finanzamt anzuschwärzen und ihre politischen Gegner auszuspähen. Anti-Antifa-Arbeit machen Rechtsextremisten schon lange – über die AfD können sie parlamentarische Auskunftsrechte im Bundestag und in den Landtagen nutzen, um Informationen über zivilgesellschaftliche Organisationen und Personen zu sammeln.

Bundesweit beschweren sich Beamte in Bezirks-, Landes- und Bundesbehörden über den Aufwand, den sie mit den sinnlos anmutenden Anfragen der AfD haben. Aber auch wenn ein AfD-Abgeordneter im Bundestag sage und schreibe 907 Anfragen zur angeblichen Steuerung und Kontrolle der Presse durch die Bundesregierung stellt: Behörden müssen den Parlamentsfraktionen Rede und Antwort stehen.[19]

Immer wieder startet die AfD auf diese Weise Kampagnen gegen unliebsame Organisationen, etwa gegen die Bildungsstätte Anne Frank in Frankfurt am Main, deren Mitarbeiter*innen schon häufiger Ziel von den Kleinen Anfragen der AfD-Landtagsfraktion waren. Das Umfeld der AfD versucht gezielt, die Gemeinnützigkeit von Organisationen zu unterminieren und einzelne Mitarbeiter*innen anzugreifen und sie bei den Geheimdiensten anzuschwärzen.[20]

Für politisch Engagierte ist es deshalb grundsätzlich sinnvoll, beim jeweiligen Melderegister an ihrem Wohnort eine Auskunftssperre zu beantragen. Ansonsten ist es möglich, dass rechte Aktivisten über eine Anfrage beim Einwohnermeldeamt die Adresse herausfinden – eine erstaunliche Sicherheitslücke in der eigentlich so datenschutzbedachten Bundesrepublik. Anträge auf Erteilung einer Auskunftssperre sollten eine Begründung enthalten, warum man möglicherweise einer Gefahr ausgesetzt ist. Dafür ist es sinnvoll, Nachweise für eine unmittelbare Einschüchterung oder Gefährdung mitzuliefern. Sollte es zu Problemen bei der Beantragung einer Auskunftssperre geben, kann *FragDenStaat* helfen.[21] Eine gute Anlaufstelle für Personen, die Bedrohungen von rechts erfahren, sind zudem die Mitgliedsorganisationen des Verbands der Beratungsstellen für Betroffene rechter, rassistischer und antisemitischer Gewalt (VBRG) sowie die Mobilen Beratungen gegen Rechtsextremismus, die in jedem Bundesland aktiv sind.[22] Zudem versammelt der Verband DaMOst alle Selbstorganisationen von Migrant*innen in Ostdeutschland.[23]

Während betroffene Organisationen häufig Profis im Zusammenhang mit Auskunftssperren sind, laufen die weiteren parlamentarischen Rechte der AfD weitgehend unter dem Radar der Öffentlichkeit. In den Verfassungen von Berlin und Brandenburg beispielsweise ist geregelt, dass Abgeordnete jederzeit das Recht haben, amtliche Unterlagen einzusehen. Ausnahmen gibt es nur in Einzelfällen.

So haben Abgeordnete der AfD im Berliner Abgeordnetenhaus schon jetzt die Möglichkeit, die Versammlungsbehörde nach den Namen von Demo-Anmelder*innen zu fragen oder in den Landes- und Bezirksämtern die Fördernachweise für zivilgesellschaftliche Initiativen zu prüfen. Die Dokumente geben den Abgeordneten nicht nur regelmäßig Einblick in die Finanzen von staatlich geförderten Initiativen, sondern liefern ihnen gleichzeitig auch Informationen über die Mitgliederstruktur oder gleich die Namen von Akteuren.

Die demokratische Zivilgesellschaft ist also schon jetzt in Gefahr. Ob der Verein, der ein Frauenhaus betreibt, eine Mitgliedsorganisation im Paritätischen Wohlfahrtsverband oder der Zusammenschluss demokratischer Initiativen gegen rechts:

Sie alle müssen damit rechnen, dass Details ihrer Arbeit und die Namen von Menschen, die bei ihnen arbeiten, aus der AfD in rechte Netzwerke weitergegeben werden. Die wiederum sind bestens organisiert, stellen Feindeslisten zusammen, bedrohen ihre politischen Gegner und greifen sie gezielt an.

Eine antifaschistische Berliner Initiative berichtet im Gespräch, dass sie erfolgreich gegen die Herausgabe von personenbezogenen Daten vorgegangen ist. Die Initiative steht besonders im Fokus von rechtsextremen Aktivisten. Hätte die AfD über parlamentarische Kontrollrechte ihre Abrechnungen komplett einsehen können, hätte sie einzelne Mitglieder der Organisation identifizieren und anschließend ihre Wohnorte herausfinden können. Bereits zuvor wurden Aktivist*innen an ihrer Wohnadresse von Neonazis bedroht. »Hätten wir nicht mitgekriegt, dass die AfD unsere Daten angefragt hat, wäre der Drops gelutscht gewesen«, sagt einer der Beteiligten. Doch der Initiative gelang es mithilfe eines Juristen, zu verhindern, dass die Verwaltung ihre Daten ungeschwärzt weitergibt. Der Anwalt drohte der Verwaltung mit einer Datenschutzklage, woraufhin diese die personenbezogenen Daten in den Abrechnungsdokumenten vor der Weitergabe an AfD-Abgeordnete unkenntlich machte.

Das Beispiel zeigt, welches Bedrohungspotenzial durch die AfD in Parlamenten entsteht. Es kann allerdings nicht die Lösung sein, parlamentarische Rechte einzuschränken, um sie vor dem Missbrauch durch die AfD zu schützen. Eine solche Einschränkung demokratischer Kontrollmechanismen ist ja gerade das, was Rechtsextreme wollen. Im Moment einer Regierungsbeteiligung wäre eine der ersten Maßnahmen einer AfD-Exekutive wohl, zu versuchen, sich der Rechenschaft durchs Parlament zu entziehen.

Stattdessen müssen Initiativen stärker darauf hinwirken, dass Behörden sie besser schützen – und idealerweise erst gar keine Daten über sie sammeln, die eine Gefahr für Mitarbeitende in zivilgesellschaftlichen Initiativen bedeuten können. Fördernachweise und Abrechnungen können in der Regel auch ohne Namensnennungen an Behörden abgegeben werden. Und da AfD-nahe Beamte auch Zugriff auf Archive von Daten haben, ist es wichtig, die Löschung veralteter Dokumente anzumahnen und das Recht auf Vergessen durchzusetzen.

Die Gefahr, dass sensible Daten in die falschen Hände geraten, ist keineswegs auf die Bundesländer begrenzt, in denen die AfD an einer Regierung beteiligt ist. Durch Verbunddateien von Polizeien und Geheimdiensten sowie riesige staatliche Datenbanken wie das Ausländerzentralregister können Tausende Behörden bundesweit auf besonders sensible Daten auch von besonders gefährdeten Personen zugreifen, die nicht in ihrem eigenen Wirkungskreis leben. Die Verfassungsschutzbehörden der Bundesländer diskutieren schon jetzt informell, ob sie ein Bundesland aus ihrem Nachrichtenverbund ausschließen müssten, wenn es unter Kontrolle der AfD steht.

Eine sensible Datenquelle soll durch eine Reform noch vergrößert werden: Bundesweit sind Beamte in fast 4000 Behörden berechtigt, auf das Ausländerzentralregister zuzugreifen, in dem Datensätze zu Ausländern gesammelt werden. Neben Ausländerbehörden, Polizeien und Geheimdiensten sollen nach einem Gesetzentwurf der Bundesregierung jetzt weitere 3000 Behörden Zugriff auf diese Daten erhalten, darunter Gefängnisse, Jobcenter, Gesundheitsämter und Gerichte. Dabei ist das Missbrauchspotenzial enorm hoch, gerade in Bezug auf marginalisierte Bevölkerungsgruppen.[24]

Der einzige Weg, die AfD von derartigen Datenquellen dauerhaft abzuschneiden, ist, die Zugriffsmöglichkeiten des Staats zu begrenzen. Wenn es darum geht, Institutionen vor Rechtsextremisten zu schützen, ist die wichtigste Devise: die Stärkung der Bürgerrechte.

Zu diesen Rechten gehört auch das Recht auf Informationen. Nach den Informationsfreiheitsgesetzen haben alle Menschen das Recht darauf, Informationen vom Staat zu erhalten. Will der Staat Bürger*innen gläsern machen, können die den Spieß umdrehen. Informationsfreiheitsgesetze gibt es in allen Bundesländern (bis auf Bayern und Niedersachsen), auf Bundes- und EU-Ebene sowie in allen EU-Staaten.

Es gibt bereits Initiativen, die bei der Umsetzung dieser Gesetze helfen. *FragDenStaat* beispielsweise ist eine Online-Plattform, über die alle Menschen ihr Recht auf Informationen durchsetzen können. Über 260 000 Anfragen haben Personen an deutsche und EU-Behörden mithilfe dieser Initiative schon gestellt. Ob Verträge, interne Mailkommunikation oder Weisungen – der Wissensschatz der Verwaltungen ist nur eine Anfrage entfernt.

Das Team von *FragDenStaat* besteht aus Investigativ-Journalist*innen, Software-Entwickler*innen, Anwält*innen und Campaigner*innen. Im Laufe der vergangenen Jahre konnten in Kooperation mit anderen Medien und zivilgesellschaftlichen Organisationen Zehntausende Dokumente an die Öffentlichkeit befördert werden, darunter die »NSU-Akten« des Hessischen Verfassungsschutzes, geheime Unterlagen zu Menschenrechtsverletzungen der EU-Grenzpolizei Frontex und interne Schulungsdokumente der Polizei zu Schmerzgriffen.

Dies zog oft direkte Konsequenzen nach sich: Die Veröffentlichungen zur AfD-nahen Desiderius-Erasmus-Stiftung trugen beispielsweise dazu bei, dass der Bundestag ein Stiftungsfinanzierungsgesetz beschloss, durch das der rechten Stiftung vorerst der Zugriff auf staatliche Mittel verwehrt bleibt. Die veröffentlichten Dokumente zur Klimastiftung Mecklenburg-Vorpommern bewiesen den engen Austausch der Stiftung mit russischen Staatskonzernen, was wiederum dazu führte, dass die Stiftung ihre Pforten schließen muss, auch wenn sie sich noch dagegen wehrt.

Die Verwaltung ist in der Regel nicht erfreut darüber, dass sie ihre Akten zugänglich machen muss, denn Transparenz gegenüber der Öffentlichkeit ist bisher nicht Teil der deutschen Behördenkultur. In einer Verhandlung vor dem Oberverwaltungsgericht Berlin-Brandenburg sagte ein Vertreter des Bundesinnenministeriums 2019: »Durch Portale wie *FragDenStaat* gelangen immer mehr Dinge an die Öffentlichkeit. Das ist eine Entwicklung, die für die Verwaltung nicht wünschenswert ist.«

Dementsprechend häufig stößt die Arbeit von *FragDenStaat* auf die juristische Gegenwehr des Staates. Werden Informationen nicht herausgegeben, ziehen wir vor Gericht, um unser Recht notfalls zu erklagen. Das funktioniert meistens ziemlich gut. Wenn wir Urteile zur Herausgabe von staatlichen Akten erreichen, setzen wir damit ein Zeichen für ähnliche Verfahren – also quasi ein Schneepflug, der den Weg für andere frei macht. Außerdem ist die Transparenzarbeit Präventionsarbeit. Es ist zu erwarten, dass die AfD in Regierungsverantwortung als Erstes versucht, sich ihrer Transparenzpflichten zu entledigen. Gibt es gute Urteile für Transparenz, wird ihr das zumindest erschwert.

Manchmal werden wir aber auch verklagt, etwa vom Bundesinnenministerium oder dem Bundesinstitut für Risikobewertung, die *FragDenStaat* angebliche Urheberrechtsverletzung vorwarfen. In beiden Fällen hatten wir amtliche Gutachten veröffentlicht, die Behörden waren jedoch der Ansicht, sie besäßen das Urheberrecht über diese steuerfinanzierten Dokumente. Sowohl das Ministerium als auch das Bundesinstitut scheiterten mit ihrer Argumentation vor Gericht. Das Bundesinstitut zog sogar bis vor den Bundesgerichtshof und unterlag in allen Instanzen.

Anfang 2024 erhob die Berliner Staatsanwaltschaft Anklage, weil ich einige Monate zuvor Dokumente aus dem laufenden

Strafverfahren gegen Mitglieder der »Letzten Generation« veröffentlicht hatte. Das ist nach § 353d des Strafgesetzbuchs eine Straftat, weil Dokumente aus derartigen Verfahren geheim bleiben sollen. Wir sind allerdings der Auffassung, dass dieser Straftatbestand gegen die Pressefreiheit verstößt, weil auch über laufende Strafverfahren frei berichtet werden können soll. Am Ende wird das Bundesverfassungsgericht über den Streit entscheiden müssen.

In einem unserer Klageverfahren urteilte das Berliner Verwaltungsgericht 2022, das Bundeskanzleramt müsse uns keine Presseauskünfte geben, da *FragDenStaat* lediglich ein Online-Medium sei und nicht in Print erscheine. Das Presserecht gelte nur für gedruckte Medien. Der Ausdruck »Presse« verweise immerhin auf die Herstellung in den Druckerpressen. Wir druckten daraufhin unsere eigene Zeitung »FragDenStaat DE« (das DE steht für Druckerzeugnis) und wurden daraufhin in der nächsten Instanz vor dem Oberverwaltungsgericht als Presse anerkannt.

Bei der Transparenzarbeit geht es nicht alleine darum, Informationen für die Berichterstattung zu erlangen und damit demokratische Arbeit zu leisten. Der Prozess, Informationen von Behörden anzufordern, ist auch ein Verdienst für mehr Transparenz und Partizipation. Er ist der Versuch, Bürger*innen auf Augenhöhe mit der Verwaltung zu bringen – was in Zeiten einer AfD-Regierungsbeteiligung noch wichtiger wird. Über die Zusammenarbeit mit anderen Initiativen ist der Kampf für Informationsfreiheit auch eine gute Übung, sich zu verbünden und zu organisieren.

Wir versuchen, unsere eigentlich recht dröge Arbeit – das Anfragen von Behördenakten – immer auch spielerisch zu verpacken, weil wir es als unsere Aufgabe sehen, Mut zu machen und Spielräume der Zivilgesellschaft zu verteidigen, zu stärken und zu vergrößern. Das ist die beste Vorbereitung auf eine mögliche AfD-Regierung.

WAS TUN?

1. Spenden

Demokratie-Initiativen müssen unabhängiger vom Staat werden. Sie brauchen Spenden. Das bringt nicht nur Geld, sondern auch Sichtbarkeit. Wenn Sie selbst etwas Geld übrig haben, spenden Sie zum Beispiel an den VBRG, an die Mobilen Beratungen oder auch ans Netzwerk Polylux, das in Ostdeutschland Vereine, Initiativen und Projekte der kritischen Zivilgesellschaft vor Ort unterstützt: https://www.polylux.network/

Mit dem Kauf dieses Buchs haben Sie dazu schon beigetragen, denn ich spende pro verkauftem Buch einen Euro an das Netzwerk Polylux. Wenn es Ihnen möglich ist, geben Sie bitte noch etwas dazu, ich würde mich freuen. Und wenn Sie die Arbeit einer Initiative gut finden, sagen Sie ihr gerne auch Danke.

2. Mithilfe anbieten

Gerade kleinere Initiativen können Mithilfe gebrauchen. Wenn Sie Spezialist*in auf einem Gebiet sind, fragen Sie Initiativen, ob Sie sie unterstützen können. Wenn keine Antwort kommt, seien Sie nicht böse.

3. Sondervermögen Demokratie

Was für die Bundeswehr möglich ist, sollte auch für Demokratieförderung möglich sein! Ein Sondervermögen von 200 Milliarden Euro für Demokratie-Initiativen in ganz Deutschland, ist das zu viel verlangt?

4. Private Finanzierungsstrukturen schaffen

Diversifizieren! Um Demokratie-Initiativen unabhängiger vom Staat zu machen, braucht es gerade in Ostdeutschland mehr Stiftungen, die sich engagieren. Ein Vorbild dafür könnte der Förderfonds »Gegenwind« für Ostdeutschland sein, der von der Amadeu Antonio Stiftung und *Campact* finanziert wird.

5. Demokratiefördergesetz statt Demokratiereden

Es braucht nicht nur den Aufstand der Anständigen, es braucht den Aufstand der Politiker. Sie können dafür sorgen, dass demokratische Strukturen gestärkt werden. Und zwar zuallererst mit langfristigen Förderungen und einem Demokratiefördergesetz. Das muss sicherstellen, dass die demokratische Infrastruktur auch dann und vor allem dann gefördert werden kann, wenn die AfD in einer Kommune oder einem Bundesland an die Regierung kommt.

6. Neutralitätspflicht vergessen

Eine Neutralitätspflicht gibt es für staatliche Stellen, nicht für zivilgesellschaftliche Organisationen. Im Gegenteil: Wer sich für die Demokratie einsetzt, darf nicht neutral bleiben. Eine kurze Handreichung dazu gibt es vom Aktionsbündnis Brandenburg: https://aktionsbuendnis-brandenburg.de/wp-content/uploads/2023/10/Handreichung_Neutral.pdf

Die Allianz »Rechtssicherheit für politische Willensbildung« hat Vorschläge gemacht, wie die Gemeinnützigkeit von Demokratie-Initiativen effektiver abgesichert werden kann. https://www.zivilgesellschaft-ist-gemeinnuetzig.de/

7. Antifa-Datenschutz

Um Rechtsextremisten den Zugriff auf private Daten zu erschweren, sollten politisch engagierte Menschen Auskunftssperren beim örtlichen Melderegister beantragen. Staatlich geförderte Demokratie-Initiativen sollten darauf achten, dass zuständige Behörden so wenig personenbezogene Daten von Mitarbeiter*innen wie möglich erheben (und sie ggf. schnell löschen).

8. Den Staat begrenzen

Das Grundgesetz ist bisher vor allem deshalb so solide, weil es nicht in erster Linie den Staat gegen seine Feinde schützt, sondern die Abwehrrechte der Bürger*innen gegenüber dem Staat festlegt. Wenn die Freiheit durch eine Regierungsbeteiligung der AfD gefährdet ist, sollte präventiv darüber nachgedacht werden, wie Bürger*innen effektiv geschützt werden können. Aus dieser Perspektive gilt: Je weniger Daten der Staat über die Bevölkerung sammelt, umso besser.

9. Anfragen stellen

Nach dem Informationsfreiheitsgesetz können alle Menschen Anfragen an den Staat stellen. Den Staat transparenter zu machen, ist beste Vorbereitung auf den Kampf gegen eine AfD-Regierung. *FragDenStaat.de* hilft dabei.

Aber selbst wenn die AfD an der Regierung ist, ist sie noch nicht an der Macht. Erst mal braucht sie Unterstützung aus dem Verwaltungsapparat. Die ist gar nicht so einfach zu bekommen, denn das deutsche Behördensystem ist weltweit einzigartig und traditionell träge. Kommt die AfD an die Regierung – würden die Beamten mitmachen? Oder würden sie Widerstand leisten? Um diese Frage zu beantworten, müssen wir zunächst einen Blick in die Geschichte der deutschen Verwaltung werfen.

4. BEAMTE

NETTER CHEF

In seiner »Geschichte eines Deutschen« beschrieb der Historiker Sebastian Haffner 1939 die öffentliche Apathie in den Wochen und Monaten der NSDAP-Machtübernahme. Die Nazis waren sechs Jahre zuvor, am 30. Januar 1933, an die Macht gekommen – nicht durch einen Putsch oder eine Alleinregierung, sondern als Teil einer rechten Regierungskoalition. Hitler wurde zum Reichskanzler ernannt, zwei weitere Personen im Reichskabinett gehörten wie er der NSDAP an. Die weiteren elf Kabinettsmitglieder waren Teil der nationalkonservativen DNVP oder anderer nationalistischer und konservativer Strömungen.

Haffner fängt in seinem Tagebuch die zu dieser Zeit vorherrschende Stimmung innerhalb der Bevölkerung ein. Er schreibt, insgesamt habe man den Eindruck gehabt, die bürgerliche Rechte hätte die Nazis durch die Regierungsbeteiligung »eingefangen«.[1] Zwar habe es nach der Regierungsbildung zunächst einen »eisigen Schrecken«[2] gespürt, so Haffner, doch gleichzeitig hätte man Entwarnung gegeben: Man war sich einig darüber, dass die neue von Hitler angeführte Regierung »zwar eine Chance hatte, eine ganz hübsche Menge Unheil anzurichten, aber kaum eine Chance, lange zu regieren«.[3]

Privat und beruflich änderte sich bei Haffner durch die Machtübernahme der NSDAP nicht viel. Er arbeitete zu der Zeit als Rechtsreferendar am Preußischen Kammergericht in Berlin: »Die Verfassung mochte, laut Zeitungsnachrichten, zum Teufel gehen: Aber jeder einzelne Paragraph des Bürgerlichen Gesetzbuchs galt weiter und wurde so sorgfältig um- und umgedreht wie je zuvor.«[4]

Das Bürgerliche Gesetzbuch blieb bürgerlich. Die Normalität wurde für Haffner und sein Umfeld auch nicht dadurch erschüttert, dass Hitler als Reichskanzler täglich antisemitische Tiraden von sich gab. Haffner lehnte Hitler zwar insgeheim ab, aber war anders als prominente Hitler-Gegner wie Hans Litten oder Carl von Ossietzky, die in Schutzhaft kamen, nicht unmittelbar von seiner Hetze betroffen. Erst nachdem es am 27. Februar 1933 zum Reichstagsbrand kam, wurden die autoritären Maßnahmen der Hitler-Regierung auch für Haffner zunehmend spürbar. Er beschreibt die Zensur, die telefonische Überwachung, das KPD-Verbot, die Aussetzung der Grundrechte und das gewalttätige Auftreten der SA-Trupps auch im Kammergericht.

Trotzdem blieb der öffentliche Aufstand aus, selbst der Einrichtung der ersten »wilden« Konzentrationslager in den folgenden Wochen folgten keine Konsequenzen, und das, obwohl die NSDAP auch bei den erneuten Reichstagswahlen weiterhin keine absolute Mehrheit erzielen konnte. Warum konnten die Nazis dennoch durchregieren und ihre Diktatur errichten?

Haffner beschreibt, dass kaum jemand bereit war, seine persönliche Freiheit und die gefühlte Normalität für einen Kampf gegen die Nazis aufzugeben: »Dennoch war es, seltsam genug, auch und gerade dies mechanisch und automatisch weiterlaufende tägliche Leben, was es verhindern half, daß irgendwo eine kraftvolle, lebendige Reaktion gegen das Ungeheuerliche stattfand.«[5]

Das Leben blieb das Leben, zumindest für Bürgerliche wie Haffner, die nicht selbst direkt Opfer der neuen nationalsozialistischen Herrschaft wurden. Die Nazis wurden normalisiert, man hatte zudem anderweitig zu tun. Die Gegner der NSDAP hätten darauf gewartet, dass sich andere Gruppen gegen die Nazis wehren, schreibt Haffner – entweder die Kommunisten oder auch der SPD-nahe Wehrverband *Reichsbanner Schwarz-Rot-Gold,* dessen mehr als 1,5 Millionen Mitglieder immerhin teilweise bewaffnet waren.

Die aber blieben untätig. Abgesehen von einigen Einzelaktionen gab es kaum organisierten militanten Widerstand. Das *Reichsbanner* wurde nach dem Reichstagsbrand verboten, die Kommunistische Partei ebenfalls. An Haffners Arbeitsplatz, dem Preußischen Kammergericht, schlossen sich immer mehr Richter den Urteilen ihrer nationalsozialistischen Kollegen an, manche aus Opportunismus, andere aus Sympathie. Die Nazi-Diktatur schritt voran, während die Gegner der faschistischen Ideologie sich größtenteils ihrem Schicksal ergaben und sich hilflos ins innere Exil zurückzogen. Der Widerstand scheiterte an ihrer Trägheit und Angst. Oder in den Worten von Haffner: »Dem war eben der weiterlaufende Mechanismus des täglichen Lebens im Wege.«[6]

In der Frühphase ihrer Regierung Anfang 1933 erhielt die NSDAP aus keiner Berufsgruppe so viele Neuanhänger wie der Beamtenschaft. Die Beamten und Angestellten in den Ministerien liefen in Scharen zu den Nazis über. Wer nicht wollte, wurde durch Zwang auf Linie gebracht.

Denn nur zwei Monate nach der Regierungsübernahme hatten die Nazis ihr Gesetz zur »Wiederherstellung des Berufsbeamtentums« umgesetzt, das die Exekutive schnell umkrempeln sollte. Es gilt als eines der zentralen Gesetze während des Nationalsozialismus nach 1933: Im Widerspruch zur Weimarer Reichsverfassung konnten unliebsame Beamte einfach entlassen werden und waren dadurch noch stärker vom Wohlwollen der Regierung abhängig.

Das Gesetz bestimmte die Entlassung von »Nicht-Ariern« und verankerte damit die antisemitische Politik der NSDAP früh im Herzen des Staates. Und auch politische Gegner der Nazis wie etwa Kommunist*innen konnten durch das Gesetz mit sofortiger Wirkung in den Ruhestand versetzt werden.

Wer gegen eine Kündigung gerichtlich vorgehen wollte, hatte schlechte Karten: Den Rechtsweg hatten die Nazis mit dem Gesetz kurzweg ausgeschlossen. In der Verwaltung sollten nach ihrem Willen vor allem reaktionäre Kräfte handeln, alle anderen hatten stillzuhalten.[7] [8]

Das Gesetz war äußerst effektiv. Vor allem die oberen Leitungsebenen tauschten die Nazis kurzerhand aus. Das reichte aus, um den gesamten Beamtenapparat unter ihre Kontrolle zu bringen. Denn obwohl mithilfe des Gesetzes »nur« rund drei Prozent der gesamten Beamtenschaft entlassen wurde, konnten sich die Nazis dadurch die genuin hierarchisch organisierten Strukturen des Staates zunutze machen.

In den folgenden Jahren muckte die Beamtenschaft dann auch nicht auf. Sie lieferte eifrig die Werkzeuge für die Gewaltherrschaft der Nationalsozialisten – Gesetzesgrundlagen für die Entrechtung, Vertreibung und Vernichtung eines großen Teils der Bevölkerung. Nicht zuletzt schufen die Beamten, so genau, korrekt und deutsch wie nur möglich, die rechtlichen Grundlagen für den Zweiten Weltkrieg, in dem die Nazis Millionen Menschen ermordeten.

Die Beamtenschaft half dabei, das Land in Trümmer zu verwandeln. Die Verwaltung aber überlebte den NS-Staat. Nachdem das Dritte Reich den Zweiten Weltkrieg verloren hatte, versuchten die gegen die Nazis siegreichen Alliierten, aus den Resten der Diktatur eine demokratische Beamtenschaft für die Bundesrepublik Deutschland aufzubauen. Zunächst entfernten sie die glühendsten Nationalsozialisten aus dem Apparat. Viele Mittäter der Nazis durften allerdings schon bald wieder in den Staatsdienst zurückkehren. Sie sollten von den Institutionen eingehegt werden und bei einem erneuten Erstarken rechtsextremer Parteien widerstehen – ob NSDAP, NPD oder AfD.

Dafür erhielten die Beamten zahlreiche Privilegien wie eine lebenslange gute Bezahlung, Pensionen und Versicherungen, dienstrechtliche Vorzüge, einen soliden Schutz vor Entlassungen sowie Zugang zur privaten Krankenversorgung. Im Gegenzug mussten sie ihre Treue zum demokratischen Staat garantieren, sich bei politischer Betätigung mäßigen und zurückhalten und jederzeit für die freiheitliche demokratische Grundordnung einstehen.

Symbolisch dafür steht der Amtseid, den Beamte in der Bundesrepublik bis heute ableisten müssen, wenn sie für den Staat arbeiten möchten. Er lautet: »Ich schwöre, das Grundgesetz und alle in der Bundesrepublik Deutschland geltenden Gesetze zu wahren und meine Amtspflichten gewissenhaft zu erfüllen.«[9] Wer als Richter*in arbeiten möchte, verpflichtet sich außerdem, »nur der Wahrheit und Gerechtigkeit zu dienen« und »nach bestem Wissen und Gewissen ohne Ansehen der Person zu urteilen«.[10] Soldat*innen leisten ihren Diensteid hingegen nicht direkt aufs Grundgesetz, sondern auf die Bundesrepublik, der sie »treu zu dienen« haben. Außerdem verpflichten sie sich darauf, das »Recht und die Freiheit des deutschen Volkes tapfer zu verteidigen«.[11]

Mehr als 1,9 Millionen Menschen in Deutschland haben einen solchen Eid auf die Verfassung und das Land abgeleistet. Ernsthaft getestet wurde die Treueformel bisher nicht.

Unter einer AfD-Regierung könnte es erstmals in der Geschichte der Bundesrepublik dazu kommen. Formell ist der Amtseid eindeutig: Kommt die AfD an die Macht und versucht, verfassungswidrige Politik zu machen, müssten sich Millionen Beamte qua Amtseid widersetzen. Wie sieht es aber in der Praxis aus?

Wer sich in den Bundesministerien umhört, erfährt schnell, dass sich viele Beamte schon seit einiger Zeit Gedanken darüber machen, was passieren würde, wenn ihr Haus von ganz rechts übernommen werden würde. Auf internationalem Parkett mussten Regierungsvertreter*innen in den vergangenen Jahren mit den Kolleg*innen der Trump-Regierung und der Brexit-Fraktion aus Großbritannien zusammenarbeiten. Schon damals stellten sich viele die Frage: Wie wäre es, wenn die Bundesregierung von einer Trump-artigen Figur übernommen werden würde?

Die Antwort ist meist ernüchternd. Ein leitender Beamter im Bundesinnenministerium sagt im Gespräch: »Die Anzahl der Helden im Ministerium ist überschaubar.« Gäbe es parlamentarische Mehrheiten für die AfD, würde sich »das Ministerium nicht wehren«, egal, welche Politik gemacht werde.

Der Amtseid wäre dann in der Praxis also nicht viel wert. Was würde in den Augen dieser Beamten gegen eine AfD-Regierung helfen? Die AfD müsse durch Wahlen verhindert werden, heißt es in vielen Gesprächen. Man dürfe nicht mit ihr koalieren und wenn doch, würden Sach- und Koalitionszwänge sie schon einhegen und entzaubern, außerdem seien Behörden sowieso schwerfällig, das Risiko wäre überschaubar.

Mittel dazu, das ist in der Bundesverwaltung vielfach zu hören, sei auch ein guter Koalitionsvertrag, quasi die »Bibel« der Bundesministerien. Er entscheide, welche Themen Beamte in den Ministerien in den vier Jahren einer Legislaturperiode bearbeiten müssten. Tatsächlich stellt der Koalitionsvertrag für die Verwaltung eine wichtige Grundlage dar, auf deren Basis sie plant, welche Gesetzesvorhaben sie zunächst in Angriff nehmen will und welche keine Priorität haben.

Aber kann eine AfD in Regierungsverantwortung im Zaum gehalten werden, wenn man mit ihr einen moderaten Koalitionsvertrag schließt? Kann man auf diese Weise dafür sorgen, dass der Amtseid der Beamten unangetastet bleibt? Mitnichten.

Denn zum einen ist ein Koalitionsvertrag, anders, als der Name suggeriert, kein echter Vertrag. Wer dagegen verstößt, muss keinerlei Sanktionen befürchten. Der Koalitionsvertrag ist lediglich eine Vereinbarung zwischen den Parteien, die eine Koalition tragen – und zwar zu Beginn der gemeinsamen Regierungszeit. Er zeigt auf, wo man gemeinsam hinwill, mehr nicht. Nachverhandlungen sind immer möglich. Der »Vertrag« darf auch gar nicht bindend sein, denn das Mandat der Bundestagsabgeordneten ist frei und keiner Weisung unterworfen (auch wenn das angesichts der Fraktionsdisziplin in den Parlamenten oft kaum zu glauben ist).

Aber selbst als Richtlinie für die gemeinsame Arbeit in der Koalition wird ein Koalitionsvertrag im Laufe einer Legislaturperiode immer weniger brauchbar. Projekte, die nicht zu Beginn der Regierungszeit angeschoben werden, haben es später häufig schwer. Das lässt sich auch in der Ampel-Koalition sehr gut beobachten: Prestigeprojekte wie ein Mindestlohn von zwölf Euro, die Abschaffung von § 219a StGB oder die Einführung des Bürgergelds kamen zu Beginn der Legislaturperiode halbwegs unbeschadet und fast wie ursprünglich vereinbart durchs Parlament. Dann aber geschah, was immer passiert: Die Koalition sah sich mit einer Krise konfrontiert, auf die schnell weitere folgten. Der russische Angriffskrieg auf die Ukraine, ein für den Haushalt verheerendes Urteil des Bundesverfassungsgerichts zum Klima- und Transformationsfonds – und das Geld für viele Maßnahmen war weg.

So sah sich die Bundesregierung dazu gezwungen, viele der ursprünglich vereinbarten Vorhaben aus dem Koalitionsvertrag wieder zu verwerfen – etwa die Aktienrente, den Schutz der Nord- und Ostsee vor Gasbohrungen oder die vereinbarte Beendigung von Waffenexporten nach Saudi-Arabien.[12]

Warum sollte die AfD es in einer Regierung also anders machen? Wichtige Vorhaben kann sie zu Beginn ihrer Regierungszeit durchs Parlament drücken und alle anderen Vorhaben blockieren. Das wäre noch nicht einmal ungewöhnlich – sie muss sich nur auf das Verhalten der Vorgängerregierungen berufen. Wenn sie es beispielsweise schaffen würde, vage und unscharfe Formulierungen im Koalitionsvertrag unterzubringen, kann sie sich später darauf berufen, dass diese eigentlich anders gemeint gewesen wären. Oder sie könnte über die Zuständigkeit für die Themen streiten, auch solche Auseinandersetzungen sind ihnen nicht fremd. Die Ampel-Koalition hat sich beispielsweise nicht darüber einig werden können, welches Ressort für das eigentlich im Koalitionsvertrag vorgesehene Bundespressegesetz zuständig sein soll – womit unwahrscheinlich ist, dass das Vorhaben trotz der Vereinbarung überhaupt umgesetzt wird.

Selbst wenn die Vereinbarungen eindeutig sind und nicht den Haushaltsveränderungen unterliegen, wird gerne an ihnen gerüttelt: Das SPD-geführte Innenministerium unter Nancy Faeser etwa startete vor einiger Zeit eine Kampagne für die sogenannte Vorratsdatenspeicherung und umfassende Chatkontrollen, obwohl solche Maßnahmen laut Koalitionsvertrag nicht eingeführt werden sollen.

Na gut, heißt es dann in Behörden. Wenn der Koalitionsvertrag gegen die AfD in der Regierung nicht helfe, müsse notfalls eben das Bundesverfassungsgericht die Verfassung retten, auf die demokratischen Institutionen sei Verlass. Ein klassischer Trick von Beamten: Gibt es ein Problem, erst mal die Zuständigkeit prüfen. Und wenn es passt, sind andere zuständig.

So schnell sollte man die Beamtenschaft aber nicht aus der Verantwortung entlassen. Dass sie einen Amtseid abgeleistet haben, bedeutet zumindest eine moralische Verpflichtung. Und praktische Verpflichtungen gibt es auch. Käme die AfD an die Macht, welche Möglichkeiten des Widerstands hätten Beamte?

Zentrales Mittel für innerbehördlichen Widerstand in Deutschland ist die sogenannte *Remonstrationspflicht.* Erhalten Beamte rechtswidrige Weisungen, dürfen sie diese nicht ausführen – sie müssen sogar dagegen remonstrieren. Geregelt ist das in § 63 des Bundesbeamtengesetzes, der 1954 als Reaktion auf das nationalsozialistische »Gesetz zur Wiederherstellung des Berufsbeamtentums« geschaffen wurde. Sollen Beamte also etwa für einen AfD-Minister (oder einen anderen Minister) Statistiken anfertigen, die diskriminierend wären, oder Polizeikontrollen durchführen, die gegen das Gesetz verstoßen, oder Lehrpläne unterrichten, die gegen die Menschenwürde verstoßen, müssen sie verweigern. Sie haben die Verantwortung, die Rechtmäßigkeit von Weisungen zu prüfen.

Das klassische Verfahren der Remonstration besteht aus drei Schritten: Erhält eine Beamtin eine rechtswidrige Weisung, muss sie dies im ersten Schritt gegenüber ihrem direkten Vorgesetzten anzeigen. Nimmt dieser die Weisung dann nicht zurück, muss sich die Beamtin im zweiten Schritt an die nächsthöhere Vorgesetzte wenden. Bleibt die Weisung auch dann bestehen, kommt Schritt drei: Die Beamtin muss die Weisung ausführen, ist aber dafür rechtlich nicht verantwortlich. Nur bei offensichtlich strafbaren Handlungen darf die Beamtin weiterhin nicht handeln.

Zugegeben: Eine effektive Widerstandsmaßnahme ist die Maßnahme also nicht, sofern nur Einzelne remonstrieren, zumal selbst behördenintern meist unbekannt bleibt, wer remonstriert. Aber was wäre, wenn Tausende Polizist*innen, Lehrer*innen, Finanzbeamt*innen koordiniert und sichtbar Widerstand leisten, wenn AfD-Minister sie anweisen, Schüler*innen unterschiedlich zu bewerten, Menschen mit einer bestimmten Hautfarbe besonderen Kontrollen auszusetzen oder einzelne Steuerzahler*innen gezielt unter die Lupe zu nehmen?

Sosehr Beamte von ihren Vorgesetzten abhängig sind, so

sehr sind diese auch von den Beamten abhängig, das Abhängigkeitsverhältnis besteht also gegenseitig. Es gibt einige Beispiele, die zeigen, dass Beamte ihre Minister von kontroversen Vorhaben abbringen können: 2020 schrieb Hengameh Yaghoobifarah inmitten der Hochphase der »Black Lives Matter«-Proteste eine umstrittene satirische Kolumne in der *taz*, die sich mit der Frage auseinandersetzt, was mit all den Polizisten passieren würde, falls die Polizei abgeschafft wird.

Für den damaligen Bundesinnenminister Horst Seehofer war der harsche Tonfall der Kolumne ein willkommener Anlass, Härte zu demonstrieren und sich aufseiten der Polizei zu positionieren. Er kündigte wenige Tage nach Erscheinen der Kolumne an, Strafanzeige gegen Yaghoobifarah stellen zu wollen. Dass ein Minister eine Strafanzeige gegen eine Journalist*in stellt und damit derartig viel Druck auf die freie Presse ausübt, war in der jüngeren Vergangenheit der bundesrepublikanischen Geschichte nicht vorgekommen.

Mit diesem Schritt brachte Seehofer seine eigenen Beamten in Verlegenheit, die diese Ankündigung schnell umsetzen sollten. Interne Dokumente des Ministeriums, die *FragDenStaat* per Informationsfreiheitsgesetz angefragt und veröffentlicht hat, zeigen, welche internen Kämpfe sein Vorhaben nach sich zog.[13] Am Tag nach Seehofers Bekanntmachung erreichten das Ministerium zahlreiche Presseanfragen, während das Ministerbüro einem Referat der Abteilung »Öffentliche Sicherheit« den Auftrag gab, eine Strafanzeige zu entwerfen.

Das gewohnt reaktionäre Referat lieferte die Strafanzeige direkt. Als Seehofer aber von seinen Beamten eine »gute, juristisch unanfechtbare«[14] Begründung forderte, warum sich Yaghoobifarah als Autor*in des Textes der Volksverhetzung strafbar machte, ruderten die Beamten zurück. »Juristisch unanfechtbar« sei eine Begründung in keinem Fall, antworteten die Beamten dem Minister laut einem internen Vermerk.[15] Selbst wenn das Ministerium der Auffassung sei, dass das Verfassen dieser *taz*-Kolumne eine Straftat darstelle, könne die Staatsanwaltschaft dies anders sehen.

Seehofers Rückhalt schwand weiter, nachdem die Grundsatzabteilung eingeschaltet wurde, um die Strafanzeige juristisch einzuordnen. Die Kolumne sei »aus grundrechtlicher Sicht« vermutlich von den Kommunikationsfreiheiten geschützt, eine Strafanzeige schätzten sie deswegen als problematisch ein. Artikel 5 Grundgesetz, Pressefreiheit, schwierige Sache.[16]

Als er auch von Bundeskanzlerin Angela Merkel zurückgepfiffen wurde, ließ Seehofer letztlich von seinem Vorhaben ab. In einem internen Sprechzettel dazu heißt es: Das Ministerium wisse »um den hohen Stellenwert der Meinungs- und Pressefreiheit«. Deshalb sei »die Entscheidung gegen eine Strafanzeige« gefallen. Die Verwaltung hatte sich mit ihrer Skepsis durchgesetzt.[17]

DIE SACHZWÄNGE

Hätte Seehofer es darauf angelegt, hätte er sich allerdings letztlich gegenüber der Verwaltung durchsetzen können. Der Grund dafür lässt sich in einem Wort zusammenfassen: Sachzwänge. Auf lange Sicht kann kein Beamter gegen die Hausleitung opponieren. Vereinzelte Remonstrationen sind wichtig, um sie intern zu dokumentieren und Vorhaben zu verzögern, aber am Ende könnte sich auch ein AfD-Minister gegen seine Beamten durchsetzen. Kein Referat widerspricht der Ministeriumsspitze auf Dauer.

Versuchen AfD-Gegner*innen in der Verwaltung Widerstand zu leisten, müssen sie Nachteile für ihre Karriere in Kauf nehmen. Gerade für Beamte ist das oft ein Problem, ist ihnen persönliche Sicherheit doch oft sehr wichtig. Hinzu kommt: Wer schon lange in der Verwaltung arbeitet, gilt auf dem freien

Arbeitsmarkt nicht unbedingt als heiße Ware. Viele berufliche Alternativen eröffnen sich ihnen meist nicht mehr.

Neben der Macht einer AfD-Regierung droht den Beamten aber eine ebenso ernst zu nehmende: die Macht der Gewöhnung und die Macht des Alltags. Sebastian Haffners Erinnerungen zur NSDAP-Machtübernahme lassen grüßen.

Mechanismen wie der Widerstandsparagraf in Art. 20 Grundgesetz sind für Putschversuche vorgesehen, nicht für eine schleichende Entdemokratisierung. Gelingt es der AfD in Regierungsbeteiligung, sich Schritt für Schritt weiter zu normalisieren und als wählbare Alternative zu präsentieren, hat sie gute Chancen, auch im Beamtenapparat schnell akzeptiert zu werden. In die Hände spielen könnte den Rechtsextremisten dabei, dass auch für ihre Regierungszeit geschlussfolgert wird: »Nicht so schlimm wie erwartet«. Ein nachvollziehbarer Prozess, den alle Menschen aus ihrem privaten Alltag kennen: Ist eine Veränderung massiv und plötzlich, ist der Widerstand größer. Kommt eine Veränderung in kleinen Dosen, gewinnt die Gewöhnung.

Ob die AfD aber tatsächlich den Weg der Mäßigung wählt, hängt maßgeblich von internen Richtungskämpfen innerhalb der Partei ab. Während ein eher pragmatisch gesinntes Lager nach Vorbild der italienischen Premierministerin Giorgia Meloni oder der polnischen PiS Schritt für Schritt ihr radikales Programm umsetzen will, plädieren die Faschisten im Umkreis der Partei für einen radikaleren Weg – ganz nach dem Vorbild der Nazis von 1933, die Kompromisse mit Demokraten unter allen Umständen vermeiden wollten.

Dieser Richtungsstreit entscheidet, wie sich die AfD in einer Regierung gebärdet. Wählt sie den wirtschaftspolitisch unspektakulär neoliberalen, aber identitätspolitisch radikalen Meloni-Weg? Oder den Weg des Ex-US-Präsidenten Donald Trump? In den ersten Monaten seiner Regierungszeit versuchte Trump 2017, mit massiven und oft rechtswidrigen Maßnahmen Fakten zu schaffen: Ob Einreiseverbote für Angehörige bestimmter Staaten, Mauerbau an der mexikanischen Grenze oder Rückabwicklungen der Gesundheitsreform – Ziel war zunächst vor allem, politische Gegner mit schnellen Schlägen zu paralysieren. Und auch die Strategie, teils absurde politische Forderungen zu stellen, wurde bereits zu Beginn verfolgt – »Flood the zone with shit« war das Gebot der Zeit. Der politische Bereich sollte mit immer neuen Forderungen und Fehlinformationen überflutet werden, um die Opposition zu überfordern und eine Unterscheidung zwischen effektiven und sinnlosen Maßnahmen zu erschweren.

Am wahrscheinlichsten ist, dass die AfD versucht, beide Wege zu gehen, also sowohl die Meloni- als auch Teile der Trump-Strategie zu kopieren. Vermutlich nutzt sie die Gelegenheit für eine Koalitionsregierung, wenn sie sich bietet, um neben der schrittweisen Radikalisierung nach Möglichkeiten zu suchen, revolutionäre Momente des Ausnahmezustands herzustellen. An einem »Tag X« können die radikalsten Kräfte in der AfD dann versuchen, die demokratische Ordnung zum Einsturz zu bringen.

Eine solche Strategie ist also quasi eine Strategie des Biegens und Brechens. Erst Rechtsbeugung, dann Rechtsbruch: Erst versucht die AfD in der Opposition, den normalen Ablauf von Parlamenten zu stören. Dann kann sie probieren, mithilfe der wachsenden Stimmenanteile auf kommunaler und Länderebene in die Regierung zu kommen und bereits bestehende Gesetze über die Grenze des Machbaren auszunutzen sowie neue zu entwerfen. Im nächsten Schritt kann sie sich anstrengen, die Verfassungsgerichte und damit letztlich die Verfassung zu überwältigen beziehungsweise aufzuhebeln. Ein paar Anleihen aus Italien, ein paar von den US-amerikanischen Republikanern und aus Viktor Orbáns Ungarn oder vom rechtsextremen brasilianischen Ex-Präsidenten Jair Bolsonaro. Mal moderater und zurückhaltend demokratisch in der Öffentlichkeit, dann wieder angriffslustig und revolutionär. Die Strategie des »politischen Mimikry«.

Die Beamtenschaft ist für eine solche schrittweise Strategie besonders anfällig, weil es nicht einen einzigen Moment gibt, an dem Widerstand notwendig ist, sondern sich die Umsetzung der neuen Maßnahmen über einen längeren Zeitraum erstreckt. Nicht nur die Behörden verändern sich in dieser Zeit schleichend, auch die Beamten selbst passen sich nach und nach an die Gegebenheiten an. Wer im Falle einer AfD-Regierungsbeteiligung erst mal abwarten will, was passiert, läuft Gefahr, sich an die AfD zu gewöhnen.

Zudem wird es Beamten durch die Arbeitsweise in großen Behörden auch sehr leicht gemacht, sich aus der Verantwortung zu ziehen. Ein AfD-Minister kann sich dies zunutze machen: Bei größeren Vorhaben wie Gesetzgebungsverfahren haben einzelne Beamte in der Regel nicht das Ergebnis im Blick, sondern nur den Prozess und ihren eigenen Beitrag dazu. Die Prozesse sind meist sehr arbeitsteilig organisiert, das heißt, einem Verfahren arbeiten gleichzeitig verschiedene Referate oder Abteilungen zu. Abseits von Sachfragen stehen sie untereinander in der Regel nur wenig in Kontakt. Nur wenige Menschen haben einen Überblick über die größeren Zusammenhänge, so werkeln alle im eigenen Bereich herum, ohne zu merken (oder merken zu müssen), dass sie an der Erstellung eines problematischen Gesetzes beteiligt sind. »Ich bin ja nur für die Kostenschätzung zuständig«, sagt der eine, »ich mache ja nur die Vorlage zum dienstrechtlichen Teil«, sagt die andere.

Trotz der Sachzwänge gibt es aber immer wieder Beamte, die schon jetzt gegen Umstände, die sie nicht ertragen, Widerstand leisten. Was tun sie derzeit?

Gerade Polizist*innen kämpfen oft mit ihrem schlechten Gewissen, etwa wenn sie nächtlich Abschiebungen durchführen sollen, bei denen Familienmitglieder vor den Augen ihrer Kinder gefesselt und abtransportiert werden. In der *ZEIT* berichtet ein Polizeibeamter aus Baden-Württemberg von einer Abschiebung, die eine Familie auseinandergerissen hätte, weil die Tochter zum Zeitpunkt seines Erscheinens nicht zu Hause war: »Auf dem Revier hat die Mutter einen Nervenzusammenbruch bekommen, sie lag auf dem Boden, hat sich geschüttelt und geschrien. Der Sohn saß verängstigt auf einem Stuhl daneben. Die Frau wurde ins Krankenhaus gebracht, die Abschiebung storniert.«[18] Der Beamte fühle sich in solchen Momenten hilflos, berichtet er, er spreche oft mit Kollegen darüber. Privat müsse er selbst sehen, wie er damit klarkomme: »Ich mache Sport oder meditiere. Wenn ich Bekannten erzähle, dass ich Personen direkt vom Arbeitsplatz abhole, schütteln die den Kopf.«[19] Der Polizeibeamte bemüht sich deswegen um eine andere Stelle bei der Polizei, er will sich freiwillig versetzen lassen, auch wenn sich dies nachteilig auf seine Karriere auswirken könnte. Auch andere Beamte wie der klar gegen rechts positionierte Polizist Oliver von Dobrowolski mussten bereits Nachteile für ihre Karriere hinnehmen. Mit seinem Engagement machte er sich unter Vorgesetzten viele Feinde.[20]

Zwei Beamte aus Brandenburg mussten im Jahr 2023 sogar gezwungenermaßen ihren Posten räumen. Die beiden Lehrer*innen im Landkreis Spree-Neiße hatten rechtsextremistische Vorfälle an ihrer Schule öffentlich gemacht und gaben ihre Stellen auf, nachdem es Anfeindungen gegen sie aus der rechten Szene gegeben hatte.

Während die öffentliche Aufmerksamkeit den rassistischen Attacken, Hitlergrüßen und Hakenkreuz-Schmierereien galt, starteten Rechtsradikale eine Hetzkampagne. Rechte Eltern beschwerten sich in einem Brief an die Schulleitung über das Engagement der Lehrkräfte, das zuständige Schulamt Cottbus drohte mit einem Disziplinarverfahren. Nachdem sie letztlich keinen ausreichenden Schutz von Politik und Verwaltung erhielten, verließen die beiden Lehrer*innen die Schule.

Im selben Jahr verlor die Lehrerin Bahar Aslan in Nordrhein-

Westfalen ihren Lehrauftrag an der Polizei-Hochschule, nachdem sie einen polizeikritischen Tweet abgesetzt hatte. Sie beschrieb das »Herzrasen«, das sie bekomme, wenn sie in eine Polizeikontrolle gerate, weil ihr »der ganze braune Dreck innerhalb der Sicherheitsbehörden« Angst mache.[21] Auf ihren Tweet folge eine rechte Hetzkampagne in den Medien. Und auch Politik und Verwaltung reagierten: Statt Aslans Perspektive gelten zu lassen, entzog ihr die Hochschule den Lehrauftrag.

Das war rechtswidrig, wie das Oberverwaltungsgericht Münster nach Aslans Klage mit Unterstützung der *Gesellschaft für Freiheitsrechte* feststellte. Auffällig an dem Fall war allerdings, dass es zwar öffentliche Unterstützung für Aslan gab – jedoch nicht aus dem Behördenapparat, von der Lehrergewerkschaft oder von anderen Lehrergruppen, sondern nur von zivilgesellschaftlichen Gruppierungen. Die widerständigen Personen bei Polizei, Schule und Hochschule wurden von ihren Institutionen allein gelassen – und dabei war die AfD noch nicht einmal an der Macht.

Das zeigt, wie wichtig Öffentlichkeit für Betroffene ist. Wenn sie dazu in der Lage sind, können sie diesen Umstand strategisch für sich nutzen. Wenn interne Informationen aus Behörden Medien zugespielt werden, eröffnet das die Möglichkeit, Machtungleichgewichte innerhalb der Verwaltung über die öffentliche Meinung zumindest teilweise auszugleichen. Daher ist es wichtig, dass sich Beamte mit den Möglichkeiten auseinandersetzen, wie sie bei Missständen über Whistleblowing und über Leaks an externe Kontrollstellen, zivilgesellschaftliche Organisationen und Medien herantreten können.

AUCH BEAMTE UNTER DEN OPFERN

Dass Behörden ohne externen Druck oft Missstände nicht abschaffen, ist nach der Argumentation des Politikwissenschaftlers Franz Neumann kein Wunder. Er beschreibt die Ministerialbürokratie als »eine geschlossene Kaste, die keine Außenseiter in ihren Reihen duldet«[22]. Neumann, der vor den Nazis ins Exil geflohen war, veröffentlichte Anfang der 1940er den »Behemoth«, ein Standardwerk zum Nationalsozialismus. An deutschen Beamten ließ er kein gutes Haar. Sie seien »extrem ehrgeizige und alles in allem leistungstüchtige Techniker, die sich um politische und soziale Werte wenig scheren«.[23] Ihr großes Streben sei »zu bleiben, wo sie sind, oder genauer: so rasch wie möglich befördert zu werden«.[24] Beamte seien weder für noch gegen den Nationalsozialismus, sondern befürworteten lediglich die Ministerialbürokratie.

Wenn diese harsche Beschreibung von Neumann aus den Vierzigerjahren heute noch zutrifft, hätte ein AfD-Minister leichtes Spiel, solange er die Bürokratie selbst nicht angreift. Bemerkenswert ist in diesem Zusammenhang, dass auch in der Bevölkerung äußerst umstrittene Minister wie der ehemalige Bundesinnenminister Horst Seehofer intern einen guten Stand hatten. Noch heute schwärmt der Personalrat des Ministeriums von Seehofer. Harte Abschiebepolitik und Strafanzeigen gegen Journalist*innen hin oder her: Seehofer ermöglichte seinen Beamten flexible Arbeitszeiten und remote zu arbeiten, die waren äußerst zufrieden mit ihm.[25]

Im Innenministerium könnten die Zustimmungswerte für die AfD sogar noch höher liegen als bei den anderen Beamten. Grund dafür ist der traditionelle Skeptizismus gegenüber einer grünen oder linken Politik, denn das Ministerium ist seit Jahrzehnten fest in der Hand von Unionspolitikern oder konservativen SPD-Innenpolitikern. Die besonders heißen Themen, für die das Ministerium Verantwortung trägt, Sicherheit und

Migration, sind sinnstiftend für die Identität des Hauses, sie werden stets zusammen gedacht. Migration bedeutet im Innenministerium immer auch: ein Sicherheitsrisiko.

Warum das Innenministerium für jede Bundesregierung besonders wichtig und auch für die AfD besonders interessant sein kann, wird schnell klar, wenn man sich die Struktur des Ressorts anschaut: Das Innenministerium ist das mit Abstand größte und mächtigste Bundesministerium. Es ist eines der Verfassungsministerien, blickt auf eine hundertfünfzigjährige Geschichte und Tradition zurück, ist verschiedenen demokratischen und anti-demokratischen Systemen entsprungen und zeichnet sich durch einen ganz eigenen Geist aus. Außerdem wächst das Ministerium seit vielen Jahren konstant. Unter Horst Seehofer kam noch eine Abteilung für »Heimat« hinzu, von der bis heute nicht ganz klar ist, was sie eigentlich bewirken soll, außer das Haus noch weiter zu vergrößern. Rund 1700 Planstellen hat das Ministerium in seinem festungsartigen Behördenbau in der Nähe des Berliner Hauptbahnhofs, mehr als 85 000 Menschen arbeiten außerdem in den 19 Behörden, die dem Ministerium unterstehen. Die größten davon sind die Bundespolizei, das Bundeskriminalamt und das Bundesamt für Migration und Flüchtlinge.

Der Kulturwissenschaftler und Ethnologe Werner Schiffauer forscht zu Machtstrukturen und hat insbesondere das Verhalten des Bundesinnenministeriums genau unter die Lupe genommen.[26] Als ein besonderes Merkmal der Beamten im Ministerium stellt Schiffauer dabei den Legalismus heraus. Der Begriff bezeichnet eine technokratische Herangehensweise an Politik, bei der die Beamten betonen, stets legal und im Rahmen der geltenden Gesetze zu handeln. Laut Schiffauer ist dieses starre Festhalten an Vorschriften und Paragrafen im Innenministerium Konsens. Ein Bürokratieansatz wie gemacht für eine Politikverschiebung nach rechts.

Nach Schiffauer entspricht dies auch dem Selbstverständnis

des Ministeriums nach 1945: Für die Gräuel des Nationalsozialismus war demnach allein die Politik verantwortlich, die Verwaltung, nun ja, *verwaltete* angeblich eben nur und folgte pragmatisch und unideologisch den Gesetzen, die andere machten. Den Rahmen steckten andere, das Ministerium füllt aus, damals wie heute.

Die besondere Prägung des Innenministeriums macht sich vor allem dann bemerkbar, wenn Regeln unscharf formuliert sind und Beamte selbst entscheiden können, wie sie sie ausführen – das gilt etwa für Mitarbeiter*innen des Bundesamts für Verfassungsschutz und der Bundespolizei, die dem Innenministerium nachgeordnet sind. Ihre Arbeit ist zwar durch Gesetze und Erlasse geregelt, die genaue Ausgestaltung von Beobachtungen durch V-Leute etwa ist aber maximal intransparent und wird kaum kontrolliert.

Gerade bei der Bundespolizei laufen derzeit allerdings heftige interne Diskussionen über die Frage, was die Beamten tun würden, wenn sie bald einem AfD-Minister unterstehen würden.

SPEZIALFALL POLIZEI

Es ist der 13.12., und die Polizei steht vor unserer Tür. Eine Gruppe von 20 Beamten hat sich bei *FragDenStaat* als Teil einer internen Fortbildung angekündigt, um »über Demokratie zu diskutieren«. Manche von ihnen sind vor allem an der bundesdeutschen Außengrenze tätig, andere beschäftigen sich mit Finanzkriminalität. Jetzt sitzen sie im kleinen, überfüllten Konferenzraum unseres Büros in zwei Reihen, und ich habe zu wenig Kaffee für die Gruppe gemacht. Ich soll ihnen von unserer Arbeit bei *FragDenStaat* berichten, dann sprechen wir über die demokratische Kontrolle im Staat, über die Rolle von Transparenz für die Arbeit der Polizei – und über die AfD.

»Wenn ein Björn Höcke Innenminister wird«, sagt einer, »dann müssen wir halt nach seiner Pfeife tanzen. Wir unterstehen eben dem Innenministerium.«

»Auf keinen Fall! Wir unterstehen der freiheitlichen demokratischen Grundordnung«, unterbricht ihn sein Kollege. Wenn eine Anordnung undemokratisch ist, dürften Polizisten sie nicht befolgen. Er zumindest würde seine Uniform bei einem Innenminister Höcke an den Nagel hängen.

Wiederum andere Kollegen sind der Meinung, mit der AfD müsse man reden. »Rechtsaußen-Positionen« der AfD seien ihnen nicht genehm, aber »linke Positionen in der AfD« schon, was auch immer damit gemeint ist. Manche Kollegen winken ab, die AfD werde sowieso nicht an die Macht kommen.

Keiner staatlichen Institution vertrauen die Deutschen mehr als der Polizei, rund 80 Prozent der Befragten geben an, sich auf ihre Arbeit zu verlassen.[27] Viele Polizisten wiederum bringen der AfD ihr Vertrauen entgegen. In den letzten Jahren haben zahlreiche Skandale Schlaglichter auf rechte Umtriebe in der Polizei geworfen, darunter Chatgruppen mit menschenverachtenden Inhalten und Umsturzpläne für einen »Tag X« wie die der Gruppe »Nordkreuz«. Besonders gefährlich ist das, weil Polizisten Zugang zu Waffen und Munition haben. Die wahrscheinlich extremste deutsche Gewerkschaft, die Deutsche Polizeigewerkschaft (DpolG) unter Rainer Wendt, erntet seit Jahren Zuspruch von der AfD.

Ihre Konkurrenz-Gewerkschaft, die deutlich größere Gewerkschaft der Polizei (GdP) hingegen verabschiedete einen Unvereinbarkeitsbeschluss mit der AfD, der dazu führte, dass die Gewerkschaft zahlreiche neue Mitglieder begrüßen durfte. Insbesondere wegen der steigenden Anzahl von gewaltbereiten Reichsbürgern in den eigenen Reihen, die Verbindungen zur AfD unterhalten, haben viele Polizisten erkannt, dass diese Partei auch eine unmittelbare Gefahr für sie und ihre Arbeit darstellt. Ein Problem für gemäßigte Kräfte in der Polizei ist allerdings, dass die Polizei im rechten Spektrum in der Regel zuvorkommend behandelt wird. Viele Polizisten fordern mehr Geld und bessere Arbeitsbedingungen, rechte Parteien versprechen sie.

Um rechte Beamte im Umfeld der Polizei zu finden, muss man nicht lange suchen. Der Präsident der Bundespolizei, Dieter Romann, wurde 2012 vom CSU-Hardliner Hans-Peter Friedrich eingesetzt. Er ist weiterhin Chef der größten deutschen Polizei, SPD-Innenministerin Nancy Faeser tastet seine Stellung nicht an. Dabei ist es ein offenes Geheimnis, dass Romann lange enge Verbindungen zum ehemaligen Geheimdienstchef und Rechtsextremisten Hans-Georg Maaßen hatte. Auch dass die von ihm persönlich organisierte Abschiebung eines Libanesen vor Gericht für rechtswidrig erklärt wurde, tat seiner Karriere keinen Abbruch. Würde die AfD das Innenministerium übernehmen – Romann würde seinen Job sicher behalten.

Dabei gab es in der jüngeren Vergangenheit eigentlich einen Moment, in dem Deutschland seine Sicherheitsbehörden hätte reformieren können und müssen: Nach der Selbstenttarnung der rechten NSU-Terrorgruppe hatten der Bundestag und zahlreiche Landtage NSU-Untersuchungsausschüsse ins Leben gerufen, die die Versäumnisse von Polizei und Geheimdiensten aufarbeiteten. Sie forderten schließlich zahlreiche Verbesserungen in der Architektur der Behörden sowie stärkere Demokratiebildung bei der Aus- und Fortbildung der Polizei.

Was dann allerdings geschah: Besagter Rechtsextremist Hans-Georg Maaßen wurde Präsident des Bundesamts für Verfassungsschutz, die Geheimdienste erhielten mehr Macht und Geld – und die Demokratiebildung für die Polizei wurde weitgehend rechts liegen gelassen. Und auch in der SPD setzte ein kollektives Vergessen ein. Hatte sie der Polizei als Oppositionspartei noch »routinierten Rassismus« attestiert, stellte sich die Partei wenige Jahre später hinter den CSU-Innenminister, der auf keinen Fall eine Rassismusstudie in der Polizei durchführen lassen wollte. Chance vertan.

Wie also würde die Polizei unter der AfD agieren? Das ist auch abhängig davon, wo die AfD an die Regierung kommt. Die 19 Polizeien von Bund und Ländern haben zwar ähnliche Strukturen, aber sehr unterschiedliche Traditionen. Ob sie autoritären Entwicklungen schnell nachgeben, hängt auch davon ab, ob die Demokratiefestigkeit der Polizei bisher Thema in Ausbildung und Praxis war oder nicht. Niedersachsen etwa hat 2019 auch in Reaktion auf den NSU die Initiative »Polizeischutz für die Demokratie« gestartet, in der die Polizei auch mit zivilgesellschaftlichen Organisationen zusammenarbeitet. Polizeidirektionen in anderen Ländern fallen eher mit rechtsextremen Polizeichats auf.

Grundsätzlich gilt aber: Die Innenministerien in Deutschland haben eine große Richtlinienkompetenz und starke Durchgriffsmöglichkeiten auf die Polizei im eigenen Wirkungsbereich. Parlamente haben bisher nur wenig Mitspracherechte. Dass Rechtsextremisten die Ministerien deswegen besonders attraktiv finden, ist kein Geheimnis. Das war schon bei der NSDAP so.

WAS TUN?

Was können Beamte also tun, wenn die AfD an die Regierung kommt?

1. Remonstrieren

Schon Hannah Arendt wusste: »Niemand hat das Recht zu gehorchen«.[28] Auch wenn ihre Remonstrationsmöglichkeiten nicht besonders effektiv sind, Beamte müssen sie nutzen. Und am besten auch noch Kolleg*innen animieren, das ebenfalls zu tun. Für Widerstand müssen Beamte bereit sein, ihre Privilegien zu riskieren. Entlassen werden sie nämlich so gut wie nie. Wer unter einer AfD-Regierung nicht zum Mitläufer werden will, muss remonstrieren. Remonstrationen sind effektiver, wenn sie koordiniert werden und gemeinsam eingesetzt werden. Gewerkschaften bieten sich dafür an.

2. Sich vernetzen

Widerstand funktioniert nur, wenn man sich gegenseitig unterstützt. Die Fälle von Bahar Aslan und den widerständigen Brandenburger Lehrern zeigen: Beamte tun sich bisher schwer damit, ihre Kolleg*innen offen zu verteidigen. Deswegen ist es wichtig, jetzt Netzwerke zu bilden: Wer in der eigenen Behörde hätte auch ein Problem mit einer AfD-Regierung? Was würden sie tun? Und wie kann man gemeinsam vorgehen? Ob in der Kantine oder im Behördenflur: Oft wird schon nach ein wenig Small Talk klar, wer ins eigene Netzwerk passt. Wenn man unsicher ist, wie man Leute anspricht – dieses Buch auffällig bei sich zu tragen ist ein guter Gesprächsanfang.

Auf kommunaler Ebene versucht das Netzwerk »Komm.A«, engagierte Kommunalbeamte für Strategien gegen Rassismus und Hass zusammenzubringen.[29]

Eine riesige Widerstandsbewegung in den Ministerien ist nicht zu erwarten. Umso wichtiger ist es, dass Einzelne klandestine Netzwerke schmieden, innerhalb und außerhalb von Behörden. Es gibt zahlreiche Verbündete in Zivilgesellschaft und Medien, die nur darauf warten, sich gegen autokratische Tendenzen zu verbünden, von *Campact* über *Gesellschaft für Freiheitsrechte* bis *FragDenStaat*.

3. Whistleblowing

Wer in Behörden Fehlverhalten mitbekommt, muss darauf aufmerksam machen. Viele aufsehenerregende Skandale in der Geschichte der Bundesrepublik gehen auf Whistleblower in Behörden zurück, etwa der Flick-Parteispendenskandal, der durch den Steuerfahnder Klaus Förster aufgedeckt wurde.[30]

Eine noch viel zu wenig bekannte Möglichkeit für Beamte, Missstände rechtssicher an die Öffentlichkeit zu bringen, ist das Whistleblowing, auf Deutsch »Hinweisgeben« (und nicht »Flötenblasen«[31]). Nachdem sich Deutschland viele Jahre dagegen gewehrt hatte, trat 2019 die EU-Whistleblower-Richtlinie in Kraft, die 2021 in deutsches Recht überführt wurde. Sie regelt erstmals, wie auch Beamte Missstände in ihren Verwaltungen melden können, ohne direkt eine Kündigung befürchten zu müssen.

Grob sieht der Ablauf so aus: Wer von einem Missstand erfährt – also etwa Korruption mitbekommt –, kann dies bei speziellen internen Meldestellen angeben, die eigens dafür eingerichtet werden müssen. Bei Behörden, die von der AfD übernommen wurden, ist das freilich wenig sinnvoll. Allerdings gibt es inzwischen zusätzlich auch eine externe Meldestelle beim Bundesamt für Justiz, bei dem Meldungen eingehen können. Bearbeitet die Behörde eine Meldung nicht innerhalb von einem halben Jahr, dürfen sich Whistleblower auch an die Presse wenden, ohne berufliche Nachteile fürchten zu müssen.

Die *Gesellschaft für Freiheitsrechte* (GFF) hat mit ihrem Projekt »Mach Meldung« ein Informations- und Beratungsprojekt gestartet, das Beamten in der Polizei die Möglichkeiten des Whistleblowings näherbringen soll. Unter https://www.machmeldung.org/ sind alle Infos darüber gesammelt.

Bringt das etwas? Laut GFF schon: Zum einen sammelt die Organisation dabei Zahlen zur Frage, ob es speziell in der Polizei eine Schweigekultur gibt – Studien dazu gibt es (auch aufgrund des Widerstands in Politik und Polizeigewerkschaften) kaum. Zum anderen sind Informationen zum Whistleblowing in der Verwaltung bis heute kaum bekannt, obwohl eine solche Informationspflicht gegenüber den Beamten sogar gesetzlich vorgeschrieben ist. Die GFF hofft, mit ihrem Projekt der Vereinzelung entgegenzuwirken und zumindest bei strafrechtlich relevantem Verhalten von Beamten dafür zu sorgen, dass dies häufiger gemeldet wird.

4. Leaken, leaken, leaken

Informationen müssen frei sein! Eine Möglichkeit für effektiven Widerstand im Falle einer AfD-Regierung könnte sein, wichtige Informationen mit der Öffentlichkeit zu teilen. Es gibt funktionierende Infrastrukturen für Leaks und Möglichkeiten, sie sicher an Medien durchzustechen. Ob *Correctiv,* die *Süddeutsche Zeitung* oder *FragDenStaat* – alle haben auf ihren Websites Anleitungen, wie man brisante Dokumente und Informationen herausgeben kann, ohne dabei die eigene Anonymität aufzugeben. Auch AfD-Regierungen können auf Medien nicht verzichten, kritische Berichterstattung hilft.

5. Sich krankschreiben lassen

Wirklich effektiv, wenn man nicht weiterweiß und deswegen stark belastet ist: Krankschreibungen. Seien es Wochen oder Monate: Wer krank ist, kann keine problematischen Weisungen ausführen. Und Beamte sind rechtlich gut geschützt: Ihre Stelle kann nicht direkt nachbesetzt werden, eine 6-Wochen-Grenze bis zum Krankengeld wie bei normalen Angestellten gibt es nicht. Je mehr Menschen krankgeschrieben sind, desto besser. Hinzu kommt: Gerade in ländlichen Regionen gibt es kaum Amtsärzte, man kann sich eigene Ärzte dort also gut selbst aussuchen.

6. Entlassung beantragen oder sich versetzen lassen

Should you stay or should you go? Wenn alles nicht mehr hilft, kann man sich zumindest versetzen lassen oder eine Entlassung beantragen. Niemand sollte sich der Illusion hingeben, es wäre besser, man bliebe auf einer Behördenstelle, um so »Schlimmeres zu verhindern«. So werden Mitläufer gemacht. Wenn es keine Möglichkeit gibt, die Arbeit in der Behörde zu sabotieren und Informationen an die Öffentlichkeit zu bringen: Raus da! Und wenn raus, dann auch sichtbar, damit es viele Menschen mitbekommen.

Wer im Falle einer AfD-Regierung die Möglichkeit hat, außerhalb der Verwaltung eine Stelle zu finden, sollte sie nutzen. Gerade junge Beamte sollten sich eine andere Arbeit suchen. Besetzungsverfahren für öffentliche Stellen sind langwierig, die Regierung wäre erst mal geschwächt.

7. Polizei parlamentarisch enger begleiten

Es ist sinnvoll, die parlamentarischen Kontrollrechte auszubauen, etwa mit Parlamentsausschüssen zur Polizei, die stärker als bisher über Polizeistrategien mitentscheiden können. Das würde den Parteieinfluss verringern.

8. Auf keinen Fall abwarten

Eine AfD an der Regierung ist nicht der geeignete Moment, um Karriere zu machen. Und auch das innere Exil hilft niemandem. Wer unter einem AfD-Minister mit besonderem Eifer hervorsticht, könnte unter der Nachfolgeregierung Probleme bekommen. Bei einem Regierungswechsel direkt zu handeln, widerspricht zwar dem normalen Vorgehen der Verwaltung, denn Beamte sind es eher gewohnt, lediglich den regelkonformen Ablauf sicherzustellen und weniger den Inhalt zu prüfen. Die Verwaltung achtet darauf, dass eine Partei *de-*

mokratisch gewählt wurde – nicht ob sie *demokratisch ist*. Aber wenn die AfD regiert, gelten die gewöhnlichen Abläufe nicht mehr. Moderate Vereinbarungen mit der AfD sind nicht viel wert. Die Partei wird handeln – und Beamte müssen das auch.

Aber gibt es da nicht noch effektivere Maßnahmen? Wie wäre es, wenn die Beamtenschaft einfach aufhören würde zu arbeiten? Die AfD ist an der Regierung – und niemand macht mit?

5. GEWERKSCHAFTEN

DIE WELT STEHT STILL

Noch heute erzählt man sich auf den Fluren des Bundesinnenministeriums die Legende vom erfolgreichsten internen Widerstand der Behördengeschichte: Als der SPD-Innenminister Otto Schily 1998 ins Amt kam, wollte er wohl ein Dienstmädchen einstellen. Wenn er im Ministerium abends noch Herrschaften empfing, sollte der Legende nach dazu aufgetischt werden, und diese Aufgabe sollte nach Schilys Wunsch von einem Dienstmädchen erledigt werden. Das Ministerbüro gab diese Bitte zur Prüfung an die mächtige (und teilweise intern gefürchtete) Verwaltungsabteilung des Ministeriums weiter, die unter dem Buchstaben Z firmiert. Sie sollte einen Weg finden, die Einstellung zu ermöglichen.

In der Abteilung Z hingegen waren die Beamten vom Schilys Vorhaben überhaupt nicht begeistert: Die Beschäftigung von Dienstmädchen hat in deutschen Behörden keine Tradition, dementsprechend gibt es auch keine Richtlinie, wie sie tariflich eingestuft werden würden. Zudem taten sich weitere rechtliche Fragen auf, auf deren Klärung die Beamten nun wahrlich keine Lust hatten. Sie entschieden sich für eine Verzögerungstaktik wie aus dem Lehrbuch, die man im Beamtendeutsch »Dienst nach Vorschrift« oder auch »Bummelstreik« nennt: Den Prüfauftrag nahmen die Beamten zwar an, brauchten dann aber zunächst zwei, dann drei, dann vier Jahre für die Prüfung, die immer neue Schleifen nehmen musste und neue Rechtsfragen aufwarf. Wie wären die Arbeitszeiten geregelt? Wie sähe es mit der Herstellung von Speisen aus?

Irgendwann hatte das Ministerbüro keine Energie mehr, bei diesem dann doch etwas nebensächlichen Anliegen weiter Druck zu machen. Das Dienstmädchen-Vorhaben geriet in Vergessenheit, Schily verließ das Ministerium im Jahr 2005. Und die Abteilung Z legte das Vorhaben zu den Akten. Bummelstreik erfolgreich.

BETRETEN DES RASENS VERBOTEN

Beamte haben ihre Mittel und Wege, um ihrem Unmut Ausdruck zu verleihen. Der Bummelstreik ist ein effektives, meist informelles Werkzeug des Arbeitskampfs. Wer sich streng an die Einhaltung von Vorschriften und Dienstwegen hält und nicht mehr tut als nötig, kann jede Organisation zum Erliegen bringen.

Das hat die Bundesrepublik in der Vergangenheit immer wieder erleben müssen. Einen Bummelstreik gegen eine Regierung an sich gab es bisher noch nicht. Aber im legendären Bummelstreik der Fluglotsen 1973 etwa ließ die SPD-geführte Bundesregierung sogar den Generalbundesanwalt und das Bundeskriminalamt ermitteln und die Telefone von möglichen Bummelstreikführern abhören, weil die Fluglotsen monatelang ihre Arbeit mehr schlecht als recht machten, um bessere Arbeitsbedingungen durchzusetzen. Zehntausende Flüge mussten deswegen gestrichen werden, der zivile Flugverkehr wurde teilweise lahmgelegt.

Statt mit Transparenten und Trillerpfeifen begegneten die Fluglotsen ihrem Arbeitgeber also mit stillem (und langsamem) Widerstand. Formell kamen sie dabei ihrer Arbeitspflicht nach, rissen sich aber auch kein Bein aus. Für die Bundesregierung war das Provokation genug. Sie ging gerichtlich gegen die Fluglotsen vor und erreichte so, dass das Bundesverwaltungsgericht einige Jahre später befand, der Bummelstreik sei rechtswidrig gewesen. Beamte hätten sich bei ihrer Arbeit voll zu engagieren, lautete das Urteil der Richter.[1]

Das zeigte abermals: Mächtige sind darauf angewiesen, dass ihre Anweisungen brav ausgeführt werden. Deswegen sind Streiks die wirksamste Waffe von arbeitenden Menschen, um der Macht eine Gegenmacht entgegenzusetzen. Streiks waren schon immer politisch und gegen den Staat gerichtet. Ohne Streiks sind Verhandlungen nur bloße Bettelei. Das koordinierte gemeinsame Niederlegen der Arbeit hat die Welt besser gemacht.

Während in anderen europäischen Staaten wie Frankreich, Italien, Belgien oder Finnland das Streiken zum guten Ton gehört, ist es in der Bundesrepublik allerdings eher verpönt. In Frankreich wurde im Zeitraum von 2020 bis 2022 im Schnitt 79 Tage pro 1000 Angestellte gestreikt, in Belgien 164 Tage, in Finnland sogar 434 Tage. Dort sind groß angelegte Streiks gegen Unternehmenspolitik und die jeweiligen Regierungen fast an der Tagesordnung. Deutschland ist dazu das krasse Gegenmodell: Hierzulande gab es gerade einmal 18 Tage Streik pro 1000 Angestellte[2] – eine verschwindend geringe Zahl, auch wenn der CDU-Vorsitzende Friedrich Merz viertägige Lokführer-Streiks gern schon mal als »Streik-Exzess« bezeichnet.[3]

Dabei haben politische und tarifbezogene Streiks in Deutschland eigentlich eine erfolgreiche Tradition: Durch Streiks gibt es Arbeiterrechte wie Tarifverträge und die Lohnfortzahlung im Krankheitsfall, das Ende des Ersten Weltkriegs wurde durch Streiks beschleunigt, der antidemokratische Kapp-Putsch 1920 gegen die Weimarer Republik scheiterte wegen eines Generalstreiks, und der Arbeiteraufstand im Juni 1953 brachte die DDR an den Rand des Zusammenbruchs.

Gegen die Machtübernahme der Nazis gab es hingegen keinen Streik – mit einer einzigen Ausnahme: Im baden-württembergischen Industriedorf Mössingen legten am Tag nach

Adolf Hitlers Ernennung zum Reichskanzler im Januar 1933 die Arbeiter ihre Arbeit nieder. Ihr heldenhafter Versuch, die Demokratie zu verteidigen, ging als Mössinger Generalstreik in die Geschichte ein. Der Generalstreik griff allerdings nicht auf andere Orte über, viele Streikende wurden verhaftet und zu Gefängnisstrafen verurteilt.

Dass der Mössinger Generalstreik in den darauffolgenden Jahren weitgehend in Vergessenheit geriet, passt ins Bild der deutschen Streikmüdigkeit. Wieso sind die Streiks hierzulande bei Beschäftigten und in der Bevölkerung derart in Verruf geraten, obwohl sie so viele Erfolge hervorbrachten?

Das liegt am deutschen Modell des Beamtentums, den Sozialpartnerschaften – und Ex-Nazirichtern. Denn viele Streikformen sind in Deutschland verboten. Nicht etwa durch das Grundgesetz oder ein spezielles Streikgesetz, sondern durch die Rechtsprechung. Das Streikrecht wird seit Gründung der Bundesrepublik im Jahr 1949 größtenteils nicht durch die Parlamente, sondern durch die Gerichte ausgeformt. So gilt zwar für alle Menschen nach der Verfassung das Recht auf Arbeitskämpfe, garantiert durch Artikel 9 des Grundgesetzes und Artikel 11 der Europäischen Menschenrechtskonvention.

Für Beamte in Deutschland gilt allerdings eine Ausnahme, wie im Dezember 2023 der Europäische Gerichtshof für Menschenrechte in einem lange erwarteten Urteil bestätigte. Geklagt hatten drei verbeamtete Lehrer*innen aus Deutschland, die 14 Jahre zuvor einige Stunden für bessere Arbeitsbedingungen gestreikt hatten und dafür ein Bußgeld erhalten hatten. Wie vorher auch schon das Bundesverfassungsgericht urteilte der Gerichtshof, dass verbeamtete Lehrer*innen nicht streiken dürfen. Die Begründung: Der Staat müsse eine effiziente öffentliche Verwaltung und das Recht auf Bildung sicherstellen. Dazu dürfe er auch das Streikrecht einschränken. Das Urteil dürfte auch auf andere Gruppen von Beamten übertragbar sein, etwa Polizist*innen, Soldat*innen und Ministerialbeamte. Ein schlechtes Urteil etwa für die Frage, ob Lehrer*innen streiken dürfen, wenn ein AfD-Bildungsminister Lehrpläne radikal ändern will.

Damit bleibt die Revolution im deutschen Beamtenrecht vorerst aus. Während Beamte in deutschen Nachbarländern für ihre Rechte streiken dürfen, gilt das in Deutschland nicht. Angestellte dürfen streiken, Beamte dürfen aus rechtlicher Sicht nicht streiken, Punkt.

Eine weitere Ausnahme betrifft die sogenannten politischen Streiks. Seit Urteilen des Bundesarbeitsgerichts aus den 1950er Jahren sind lediglich für Tarifstreits Streiks durch Gewerkschaften grundsätzlich erlaubt. Für Streitigkeiten, die nicht direkt mit Tarifverträgen zusammenhängen und demnach »politisch« sind – etwa Proteste gegen Gesetzentwürfe der Regierung oder auch die Regierungsbeteiligung der AfD –, sind Streiks rechtswidrig.

Verstoßen Gewerkschaften gegen diese Vorgabe, müssen sie nach einem Grundsatzurteil von 1958 Schadensersatz an betroffene Unternehmen zahlen. Dieses finanzielle Risiko führte dazu, dass Gewerkschaften in Deutschland sich seitdem bei Streikaufrufen oft peinlich genau absichern, um den Bezug zu Tarifauseinandersetzungen klar erkennbar zu machen – und bloß keine zu weiten politischen Forderungen zu äußern.

Zentrale Figur dieser prägenden Arbeitsrechtsprechung, die bis heute anhält, ist Hans Carl Nipperdey, der von 1954 bis 1963 der erste Präsident des Bundesarbeitsgerichts in Kassel war. Der Arbeitsrechtler Nipperdey hatte schon zuvor unter den Nationalsozialisten Karriere gemacht. Er verfasste 1934 gemeinsam mit einem Kollegen das »Gesetz zur Ordnung der nationalen Arbeit«, das die Arbeitnehmerrechte im NS-Staat endgültig abschaffte und starre Hierarchien in den Unternehmen des Deutschen Reichs installierte.[4]

Seine Geschichte als Nazi-Jurist war für Nipperdey nach dem Ende des Zweiten Weltkriegs kein Problem. Im Gegenteil:

Er schaffte es, einen Teil seiner NS-Ideologie in die Bundesrepublik zu retten. Aus den von ihm verantworteten Urteilen am Bundesarbeitsgericht lässt sich nicht nur eine große Skepsis vor größeren Streikrechten ablesen und die Annahme, dass Streiks der Wirtschaft schadeten. Neben dem Verbot von politischen Streiks ist auch die sogenannte »Friedenspflicht« weiterhin maßgeblich, nach der Gewerkschaften während laufender Verhandlungen nicht streiken dürfen. Nipperdey half außerdem, »wilde Streiks«, die nicht von einer Gewerkschaft ausgeführt werden, zu illegalisieren.

Trotzdem wurde auch schon zu politischen und eigentlich verbotenen Streiks aufgerufen. Zum Beispiel im Jahr 1968, als Betriebe gegen die als autoritär empfundenen Notstandsgesetze streikten, oder 1972, als rund 100 000 Personen aus Protest gegen das Misstrauensvotum gegen Bundeskanzler Willy Brandt streikten. Die Führung des Deutschen Gewerkschaftsbundes versuchte allerdings immer, die Streiks zu unterbinden.[5] Auch die DDR-Staatsführung unterdrückte Streiks.

Ein eingeschränktes Streikrecht bedeutet, dass auch Generalstreiks zur Durchsetzung politischer Ziele nach der herrschenden Rechtsmeinung verboten sind, also koordinierte Streikaktionen der gesamten Arbeiterschaft, etwa gegen eine AfD-Regierung. Aus machtkritischer Perspektive ist das nicht verwunderlich, schließlich ist das herrschende Recht immer das Recht des Herrschenden. Aber ist eine von einem NS-Richter geprägte Rechtsprechung noch zeitgemäß?

Das Verbot politischer Streiks ist zwar inzwischen fast 70 Jahre alt, aber immer noch aktuell. Dabei fußt es auf einem inzwischen überkommenen Gesellschaftsverständnis. Das Bundesarbeitsgericht hatte damals das grundrechtliche Streikrecht äußerst restriktiv interpretiert. Demnach sollte die staatliche Willensbildung vor allem von einer Führungsgruppe ausgeübt werden und damit nicht durch politische Streiks beeinflusst werden. In der heutigen Gesellschaft ist ein solch elitäres

Verständnis nicht mehr zeitgemäß, wie Theresa Tschenker in ihrer Dissertation zum Politischen Streik zeigt.[6] Sie argumentiert, dass das Grundgesetz als Gegenentwurf zum Nationalsozialismus deutlich liberaler interpretiert werden müsste und dass eine zeitgemäße Ausformulierung des Streikrechts bedeutet, politische Streiks als Mittel der öffentlichen Meinungsbildung zu legalisieren.

GEMEINSAM ZUR SONNE

Nach vielen Jahren des Niedergangs erfahren Gewerkschaften in Deutschland in jüngster Zeit ein Revival: Angesichts der riesigen Umwälzungen in der Arbeitswelt – unter anderem durch die Automatisierung und neue Formen der prekären Plattformarbeit bei Start-ups wie Gorillas, Lieferando, Helpling und Co. – erhalten Gewerkschaften wie ver.di einen Zulauf von Mitgliedern wie lange nicht. In Ostdeutschland bleibt die Mobilisierungsrate aber nach wie vor noch gering, eine große Gewerkschaftstradition gibt es nicht.

Von der fehlenden gewerkschaftlichen Organisation aus gibt es eine direkte Verbindung zu rechtsextremistischen Tendenzen in der Gesellschaft. So hat unter anderem die Leipziger Autoritarismus-Studie gezeigt, dass eine Mitbestimmungskultur im Berufsalltag dabei hilft, rechtsextremistische Einstellungen von Beschäftigten zu senken, insbesondere »Ausländerfeindlichkeit«. Erfahren Menschen im Beruf hingegen Ohnmacht, sind sie anfälliger für autoritäre Deutungsmuster.[7]

Das bedeutet: Gewerkschaftliche Organisation und betriebliche Mitbestimmung ist wichtig im Kampf gegen Rechtsextremismus. Hinzu kommt, dass Gewerkschaften Betriebsräte auch im Umgang mit AfD-Wählern schulen und für die Demokratie mobilisieren.

Im Gegensatz dazu versuchen Rechtsextremisten in den letzten Jahren verstärkt, selbst an Betriebsratswahlen teilzunehmen und eigene rechte Wahllisten aufzustellen. Umso wichtiger, dass Gewerkschaften mit Unvereinbarkeitsbeschlüssen endlich klare Kante gegen die AfD zeigen. Die haben die meisten Mitgliedsgewerkschaften des DGB nämlich immer noch nicht, aus rechtlichen Bedenken und aus einer generellen Hasenfüßigkeit. So sind in Einzelfällen tatsächlich AfD-Funktionäre gleichzeitig Gewerkschaftler. Sie sind zwar Mitglieder einer gewerkschaftsfeindlichen und prokapitalistischen Partei, aber können die Reputation der Gewerkschaften für ihren Rechtsextremismus nutzen.[8, 9]

Gleichzeitig ändern sich auch die Anforderungen der Beschäftigten an die Gewerkschaften. Aus den USA schauen sich daher immer mehr Gewerkschaftler neue Methoden des »Organizing« ab, mit denen auch Personen zu erfolgreichen Streiks mobilisiert werden können, die bisher nicht so viele Berührungspunkte mit gewerkschaftlicher Arbeit hatten.

Lange Zeit schienen Gewerkschaften nicht wirklich die Notwendigkeit dafür zu sehen. Sie hatten sich an das Modell der deutschen Sozialpartnerschaft gewöhnt, in dem jahrzehntelang Arbeitgeber und Arbeitnehmer*innen im Konsens Tarifverträge aushandelten. Seit dieses Modell von Arbeitgeberseite aber zunehmend aufgekündigt wird, etwa durch den Versuch, gewerkschaftliche Organisierung unter dem Stichwort des »Union Busting« zu verhindern, werden auch Teile der Gewerkschaften radikaler und politischer. Neben den öffentlich viel beachteten Streiks der Lokführer-Gewerkschaft GDL machten in den Jahren seit der Corona-Pandemie beispielsweise auch Streiks von Beschäftigten im Gesundheitsbereich von sich reden – auch wenn diese, gemessen an der gesellschaftlichen Bedeutung der Streikenden, trotzdem noch viel zu wenig öffentliche Beachtung fanden. Die Bundeskongresse der großen Gewerkschaften wie GEW und ver.di haben inzwischen Resolutionen für die Einführung des politischen Streikrechts verabschiedet.

Vielversprechend sind in diesem Zusammenhang neue Zusammenschlüsse von Gewerkschaften mit anderen zivilgesellschaftlichen Organisationen. Im Bündnis »Wir fahren zusammen« rufen Fridays For Future und die Gewerkschaft ver.di gemeinsam zum Klimastreik auf. Beschäftigte im Öffentlichen Personennahverkehr streiken für bessere Arbeitsbedingungen und verbinden diese Forderung mit dem Ziel, eine nachhaltige und umweltfreundliche Mobilität für die gesamte Öffentlichkeit zu schaffen. Sie suchen gezielt nach geteilten Interessen und organisieren sich strategisch, um gemeinsam Druck aufbauen zu können.

Auf diese Weise verletzt die Gewerkschaft ver.di nicht das Verbot eines politischen Streiks und kann dennoch Unterstützung aus einer breiten zivilgesellschaftlichen Bewegung erhalten. Fridays For Future wiederum erreichen mit ihren Forderungen gesellschaftliche Gruppen, die von sich aus vermutlich nicht an Klimastreiks teilnehmen würden.

Das ist ein wichtiges Vorbild für den Fall einer AfD-Regierungsbeteiligung. Gegen eine rechtsextremistische Politik braucht es nicht einzelne Helden, sondern effektive Strukturen und Vernetzungsmöglichkeiten, um dagegenzuhalten – eine enge Zusammenarbeit von Gewerkschaften mit der gesamten Zivilgesellschaft ist dafür notwendig.

Während in Ländern wie Frankreich, Italien und Argentinien Gewerkschaften gegen eine rechtsextreme Regierungspolitik mobilisieren können, ist das Gewerkschaften in Deutschland verboten. Nur: Welche Revolution hat sich in der Vergangenheit aufhalten lassen, nur weil sie verboten war?

Es ist die Zeit gekommen, um neue Möglichkeiten der politischen Betätigung für Gewerkschaften auszuloten. Dass das Streikrecht in Deutschland bisher kaum durch Gesetze, sondern vor allem durch die Rechtsprechung ausgestaltet wurde, ist für den politischen Streik tatsächlich eine Chance: Denn das bietet zum einen die Möglichkeit, Gesetze für ein besseres Streikrecht einzuführen. Das wäre gleichzeitig die beste Prävention gegen eine AfD-Regierung. Und zum anderen können strategische Gerichtsverfahren unter Umständen dazu führen, dass sich die Rechtsprechung ändert.

Gerade in Bezug auf die AfD ist das wichtig: Denn das Demokratieprinzip des Grundgesetzes erfordert eben auch, dass sich Bürger*innen mit allen Mitteln für die Demokratie einsetzen können dürfen. Dazu gehören auch Streiks als Mittel der demokratischen Partizipation.

Macht die AfD antidemokratische Politik, müssen Streiks dagegen möglich sein. Das könnte dann auch ein Fall für die Gerichte sein. Bisher hat der Europäische Gerichtshof für Menschenrechte nämlich nur über Beamtenstreiks, aber noch kaum über politische Streiks in Deutschland entschieden. Zuletzt hat das Bundesarbeitsgericht 1984 zu politischen Streiks geurteilt. Es ist Zeit, das zu ändern, denn wir müssen uns klarmachen: Um eine antidemokratische Politik zu beenden, müssen neue Wege beschritten werden.

WAS TUN?

1. Bummelstreik

Nicht ganz fein, nicht ganz fair. Aber wann immer möglich, könnten Beamte gegen eine AfD-Regierung in den Bummelstreik gehen. Das geht mit Krankschreibungen, »Dienst nach Vorschrift« und mit Priorisierungen von vergleichsweise unbedenklichen Arbeitsaufträgen.

2. Streikrecht verbessern

Das Streikrecht ist größtenteils durch die Rechtsprechung ausgeformt. Das bedeutet auch: Es kann recht einfach geändert werden. Politische Streiks können erlaubt werden – per Parlamentsgesetz.

3. Politische Streiks machen

Die Gewerkschaften müssen ihre Zurückhaltung in Bezug auf politische Streiks aufgeben. Sie sind als Arbeitnehmervertretung Teil der demokratischen Zivilgesellschaft – und damit auch mitverantwortlich, sich gegen rechte Umtriebe starkzumachen. Vereinzelt haben Gewerkschaften in der Vergangenheit ohnehin schon gegen das Verbot politischer Streiks verstoßen, etwa die IG Metall, als sie im Jahr 2007 gegen die Rente mit 67 mobilisierte. Solche Mobilisierungen können die Gewerkschaften flächendeckend machen, wenn sie bereit sind, dafür das Risiko zu tragen. Mit strategischen Klagen sollten sie zudem versuchen, die Rechtsprechung zu politischen Streiks anzugreifen.

4. Streik-Partnerschaften

Für 1000 Mal »Wir fahren zusammen«! Wenn Gewerkschaften und andere zivilgesellschaftliche Bewegungen sich zusammentun, bekommen beide Seiten mehr Kraft. Was Fridays For Future und ver.di vormachen, können sich auch andere NGOs und Gewerkschaften zu Herzen nehmen.

5. Klare Kante: Unvereinbarkeitsbeschlüsse

Gewerkschaften müssen sich zur Demokratie bekennen – und damit flächendeckend klarmachen: Wer in der AfD ist, kann nicht gleichzeitig in der Gewerkschaft sein.

6. In eine Gewerkschaft eintreten

Gerade in Ostdeutschland ist die gewerkschaftliche Organisierung sehr niedrig. Streiks haben daher eine begrenzte Wirkung. Das sollte sich ändern.

7. Generalstreik enttabuisieren

Im Jahr 1920 rettete ein Generalstreik die junge Weimarer Demokratie vor dem Kapp-Putsch, der lediglich ein Versuch blieb. 13 Jahre später konnten die Nazis auch deswegen durchregieren, weil es keinen Generalstreik gab (bis auf den erwähnten in Mössingen). Wir müssen uns auf eine AfD-Regierungsbeteiligung vorbereiten – und sollten auch über Generalstreik für die Verteidigung der Demokratie nachdenken: Wir brauchen die Möglichkeit eines Demokratiestreiks!

Gerichte würden dann möglicherweise sagen, dass das illegal wäre. Aber wer entscheidet eigentlich über das Recht?

6. JUSTIZ

IM NAMEN DES DEUTSCHEN VOLKES

Ende Mai 2001 wird ein 43-jähriger SPD-Politiker Innensenator in Hamburg. In Fachkreisen ist er als ernster und fleißiger Mann bekannt, als Fachanwalt für Arbeitsrecht hat er vor allem die Betriebsräte unterstützt. Er steht am Beginn seiner politischen Karriere, hat sein erstes bedeutendes Amt inne. In der Öffentlichkeit wirkt er zwar etwas dröge mit seinem schütteren Haar und dem etwas schluffigen Auftreten, aber als Senator will er offenbar vor allem Härte und Stärke demonstrieren.

Noch frisch im Amt, steht er direkt unter Druck: In der Hansestadt würden in wenigen Monaten Bürgerschaftswahlen stattfinden. Eine Partei liegt in den Umfragen bei 10 Prozent: die rechte Schill-Partei. Gefördert durch eine Kampagne der *Bild*-Zeitung, hatte der Strafrichter Ronald Schill in den Jahren zuvor als »Richter Gnadenlos« von sich reden gemacht. Seine neue Partei brachte er mit großspurigen Forderungen für die vermeintliche »Hauptstadt des Verbrechens« in die Schlagzeilen. Der SPD-Innensenator will dagegenhalten, um die Wahlen in der traditionell sozialdemokratischen Hochburg nicht zu verlieren.

Die Strategie der SPD ist schnell gefasst: Um mögliche Schill-Wähler zurückzugewinnen, will der Innensenator der Kriminalität den Kampf ansagen und strenge Law-and-Order-Maßnahmen beschließen. Im Fokus der Berichterstattung in den Hamburger Medien steht der Drogenhandel. Der junge SPD-Senator greift zu einer äußerst umstrittenen Maßnahme, als er die Polizei ermächtigt, Brechmittel gegen mutmaßliche Drogendealer einzusetzen. Gerichte in ganz Deutschland hatten vorher Zweifel an der Verhältnismäßigkeit des Einsatzes solcher Mittel geäußert. In vielen anderen Staaten sind Brechmittel verboten, denn immer wieder waren Menschen zu Schaden gekommen, nachdem ihnen von der Polizei unter Zwang solche Medikamente verabreicht wurden. Der Senator führt die Maßnahme trotzdem ein, im Wahlkampf braucht es ein entschiedenes Auftreten.

Die Polizei ist dankbar für die neuen Befugnisse. Sie setzt das Mittel in den kommenden Monaten eifrig ein, vor allem im Hamburger Zentrum. Es dauert nur wenige Monate, bis die Praxis ihr erstes Opfer in der Hansestadt fordert: Achidi John, ein 19-jähriger Mann aus Kamerun, stirbt, nachdem er am Hauptbahnhof von der Polizei festgenommen wird, Drogen herunterschluckt und mit Ipecacuanha gezwungen wird, sie wieder zu erbrechen. Johns Hände sind vor seinem Tod auf dem Rücken gefesselt, fünf Polizisten fixieren seine Beine und drücken seinen Oberkörper zu Boden, bevor der junge Mann kollabiert und stirbt.[1]

Der Fall löst in den kommenden Wochen zwar öffentliches Entsetzen aus, trotzdem wird es noch Jahre dauern, bis die vom SPD-Innensenator eingeführte Praxis wieder eingestellt wird – und zwar, nachdem der Europäische Menschenrechtsgerichtshof 2006 urteilt, dass der Einsatz von Brechmitteln unter Zwang gegen die Menschenrechte verstößt, weil er als Folter einzustufen ist.

Ein krasses Urteil. Die Maßnahme des Innensenators der SPD hatte nicht nur gegen die Menschenrechte verstoßen, sondern auch fahrlässig einen Tod verursacht. Grund für einen Rücktritt? Oder für einen Shitstorm? Zumindest für eine kleine Entschuldigung? Keineswegs. Der junge SPD-Innenpolitiker machte nämlich weiter Karriere bei den Sozialdemokraten. Sein Name: Olaf Scholz.

Scholz' Wahlkampfstrategie ging komplett nach hinten los. Die Law-and-Order-Maßnahmen führten zu einer verstärkten Berichterstattung über das angebliche Fehlen von »innerer Sicherheit«, wodurch Ronald Schill noch mehr Aufmerksamkeit erhielt. Die »issue ownership«, also die vermutete Kompetenz zum Lösen des Problems, lag bei demjenigen, der das Thema groß gemacht hatte, beim Original, also bei Schill. Der konnte seinen Stimmenanteil während Scholz' viermonatiger Amtszeit verdoppeln. Seine Partei erhielt im September 2001 aus dem Stand 19,4 Prozent und ging mit der CDU eine Regierungskoalition ein.[2]

Die Bilanz von Olaf Scholz' äußerst kurzer Amtszeit in Hamburg ist bitter: ein Toter durch neue Polizeimaßnahmen und eine verlorene Bürgerschaftswahl, die die SPD erstmals seit 1957 wieder das Rathaus kostete.

Schill ersetzte Scholz als Innensenator und führte nicht nur den Einsatz von Brechmitteln vorerst weiter fort, den Scholz ermöglicht hatte. Er versuchte zusätzlich, wohl inspiriert vom Vorgehen der russischen Behörden unter Putin, für die Hamburger Polizei tödliches Giftgas für besonders schwere Einsätze zu besorgen. Es dürfe da keine »Denkverbote« geben, gab Schill zu Protokoll.[3] Seine markigen Versprechen, die Kriminalität in der Hansestadt innerhalb von 100 Tagen zu halbieren, löste er nicht ein, stattdessen musste er 2003 nach einem Drogenskandal zurücktreten, elf Jahre später trat er bei Promi Big Brother auf.

Der Schaden aber war angerichtet. Der Schill-Abgeordnete Frank Michael Bauer sagte in der Hamburgischen Bürgerschaft über den Tod von Achidi John: »Auch wir sind betroffen, aber das hält sich in Grenzen.«[4] Auch Scholz' Betroffenheit hielt sich in Grenzen. Weder nach seinem katastrophalen Wahlkampf noch nach dem Tod von John zeigte Olaf Scholz Reue. Später sagte er, ganz Technokrat, man habe halt tätig werden müssen, der Brechmitteleinsatz sei »alternativlos« gewesen.[5] Im Kanzlerduell 2021 auf das Folter-Urteil des Europäischen Menschenrechtsgerichtshofs angesprochen, sagte Scholz: »Ich habe das nicht als Folter empfunden.«[6]

Scholz' privates Empfinden hin oder her – persönliche Konsequenzen für sein Handeln musste er nicht fürchten. Für Achidi John schaffte das Recht keine Gerechtigkeit. Aber es sorgte für Rechtsklarheit und dafür, dass es keine weiteren Brechmitteleinsätze gab, weil sich zumindest im Anschluss an das Urteil alle Politiker daran hielten.

RECHT UND ORDNUNG

Für Rechtsextremisten wie die AfD sind eine unabhängige Justiz und starke menschenrechtliche Grundsätze ein großes Hindernis, wenn sie durchregieren wollen. Überall, wo rechte Bewegungen nach der Exekutive greifen, greifen sie gleichzeitig die Gewaltenteilung an.

Ob die Republikaner in den USA, Viktor Orbán in Ungarn, die PiS in Polen oder Jair Bolsonaro in Brasilien – sie alle haben versucht, die Unabhängigkeit der Justiz zu schmälern, um sie kontrollierbarer zu machen. Diese Versuche gingen immer einher mit Angriffen auf das Ansehen der Justiz, aus dem die Judikative ihre Macht bezieht. Kampagnen gegen einzelne Richter*innen, unbequeme Urteile und Stellenbesetzungsverfahren gehörten immer dazu.

Die Institution des Rechts ist vulnerabel. Wenn rechte Regierungen die Justiz nicht unmittelbar in ihrem Sinne verändern können, tendieren sie dazu, sie zu ignorieren und zu unterminieren. In einem solchen Fall können die Gesetze und Strukturen formell noch so clever ausgestaltet werden – werden sie zur Makulatur, bringt das auch nichts. Wird Recht lediglich als Hindernis für die eigene Politik betrachtet und nicht mehr als legitimer Kontrollmechanismus akzeptiert, ist das Tor zu einer autoritären Wende offen.[7]

In einem funktionierenden Rechtsstaat kontrolliert die Justiz die Regierung und zeigt ihr die Grenzen auf. Ihre Macht erhalten Gerichte vor allem aus ihrem Ansehen, aus Normen und Werten – eine eigene physische Kraft wie eine Gerichtspolizei hat die Justiz außerhalb ihrer eigenen Räumlichkeiten nicht, sie hat nur eine normative Macht. Sie ist darauf angewiesen, dass ihre Weisungen auf dieser Basis befolgt werden.

Das sieht man zum Beispiel an den aktuellen Versuchen der britischen Regierung, menschenrechtswidrige Abschiebungen nach Ruanda durchzusetzen, und den Versuchen der sozialdemokratischen dänischen Regierung, rassistische Politik gegen die Europäische Menschenrechtskonvention zu machen. Auch die Meloni-Regierung in Italien fällt durch dauerhafte rechtswidrige Migrationspolitik auf, die sich um Gerichtsurteile nicht viel schert.[8] Es ist kein Zufall, dass Angriffe auf das Recht oft zuerst im Umgang mit Migrant*innen geschehen, sich also gegen diejenigen richten, die vergleichsweise wenig Schutz und Solidarität erfahren. Von dort aus ist der Weg nicht weit zu Angriffen auf weitere Gruppen.

Umso erschütternder ist es, dass die Bundesregierung sich in jüngster Zeit stark dafür eingesetzt hat, ausgerechnet die Rechte von Migrant*innen weniger zu schützen. Im Jahr 2023 stimmte sie einer Verschärfung des europäischen Rechts zu, die das individuelle Recht auf Asyl eklatant einschränkt – Kritiker*innen sprechen gar von einer De-facto-Abschaffung des Asylrechts. Was unter CSU-Innenminister Horst Seehofer noch unmöglich schien, entschied schließlich die Ampel-Koalition. Eine Konsequenz der jahrelangen Diskursverschiebung nach rechts.

War traditionell von »Recht und Ordnung« die Rede, propagierten die Grünen in diesem Zusammenhang »Humanität und Ordnung«, bezeichnenderweise ohne einen schützenden

Rechtsrahmen zu benennen, sondern indem sie auf den Humanitätsbegriff verwiesen, der die Betroffenen rechtlich nicht absichert. Recht kann man vor Gericht durchsetzen, auf humanitäre Gnade muss man hoffen, weil sie letztlich ein Resultat einer selbst gewählten und austauschbaren Moral ist. Auf diese Weise erodiert das Recht.

Die normative Macht der deutschen Justiz droht weiter begrenzt zu werden. Zwar werden die Urteile der Justiz von der Exekutive bisher in der Regel befolgt. Aber nicht ein einziges Mal in der Geschichte der Bundesrepublik musste ein Bundespolitiker zurücktreten, weil eine von ihm beschlossene oder initiierte Maßnahme als verfassungswidrig eingestuft wurde.

Nicht selten kommen Bundespolitiker mit offenen Angriffen auf das Recht davon. Sollte eine AfD-Regierung beginnen, Gerichtsurteile etwa zu ihrer Migrationspolitik zu ignorieren, könnte sie sich darauf berufen, dass die CSU über ein Jahrzehnt rechtskräftige Urteile ignorierte: Obwohl der Freistaat Bayern seit dem Jahr 2012 durch ein Gerichtsurteil verpflichtet ist, einen effektiven Luftreinhalteplan für München zu verabschieden, ignorierte die Landesregierung das Verfahren. Mehr noch: Prominente Regierungsmitglieder erklärten sogar offen, das Urteil nicht befolgen zu wollen.

Für seine Missachtung der Justiz musste der Freistaat zwar jahrelang Zwangsgelder zahlen – allerdings nur an die eigene Landeskasse. Linke Tasche, rechte Tasche. Die Verpflichtung zum Umweltschutz ignorierte die CSU-Regierung trotz der Strafen, woraufhin die Deutsche Umwelthilfe das Verfahren eskalierte und vor dem Europäischen Gerichtshof klagte. Dort errang sie 2019 ein Urteil, nach dem grundsätzlich sogar Amtsträger wie der Bayerische Ministerpräsident in Zwangshaft genommen werden können, wenn sie Urteile ignorieren. Allerdings nur, wenn es dafür eine ausreichende Rechtsgrundlage gibt, die Bayern nicht hat. So kann die CSU in Bayern weiter durchregieren – was der Umwelt und dem Recht schadet.

Bisher ist der Rückhalt in der Bevölkerung für die Justiz aber noch sehr groß: Zwischen 70 und 80 Prozent der Deutschen geben in Umfragen an, dem Bundesverfassungsgericht zu vertrauen. Unter den staatlichen Institutionen verzeichnet nur die Polizei bessere Werte.[9]

Die AfD könnte das ändern. Bisher scheitert sie in der Regel mit ihren Verfassungsbeschwerden vor dem Bundesverfassungsgericht. Ist sie in seltenen Fällen doch erfolgreich, nutzt sie dies lautstark in ihrer Öffentlichkeitsarbeit. Sie versucht, die Justiz für sich zu nutzen. Ihre Erfolgsmöglichkeiten in diesem Gebiet sind aber in naher Zukunft begrenzt, weil Richter*innen strukturell weitgehend unabhängig sind und auch durch einen AfD-Justizminister nicht einfach so entlassen werden können.

Deswegen würde die AfD in Regierungsverantwortung wahrscheinlich zunächst die Struktur der Unabhängigkeit ins Auge fassen, um mehr Einfluss zu nehmen. Diese Strategie ist kein Geheimnis, Björn Höcke beschrieb sie bereits 2018 in seinem Buch »Nie zweimal in denselben Fluss«. Er spricht dabei von einer »Volksopposition«, die aus drei Elementen besteht: der AfD als zentraler Partei, außerparlamentarischen Gruppen wie PEGIDA, und Gruppen innerhalb des Systems, die der AfD wohlgesonnen sind. Schlüssel dabei ist die Justiz.[10]

Das haben in letzter Zeit mit etwas Verzögerung auch Wissenschaft und Politik erkannt. Maßgeblich angestoßen durch die Arbeit des Verfassungsblogs um Max Steinbeis, der mit dem »Thüringen-Projekt« ein Licht auf die legalen Verwundbarkeiten der demokratischen Institutionen wirft, sprachen sich zahlreiche Personen jüngst für Schutzmaßnahmen aus, um einen Umbau der Justiz von rechts zu erschweren.

Es gibt bereits Vorschläge für Gegenmaßnahmen. Der ehemalige Präsident des Bundesverfassungsgerichts Andreas Voßkuhle etwa plädiert dafür, das Verfahren zur Wahl der Richter*innen am Gericht über die Verfassung zu regeln, damit es nicht mehr von einer einfachen AfD-Regierungsmehrheit geändert werden könnte.[11] Zwar können die Richter*innen am höchsten deutschen Gericht nur mit einer Zweidrittelmehrheit gewählt werden. Das Verfahren dazu regelt allerdings ein Gesetz, das wiederum mit einer einfachen Mehrheit geändert werden kann. Voßkuhle schlägt vor, das zu ändern und das bisherige Wahlverfahren fest im Grundgesetz zu verankern, sodass auch das Verfahren mit einer Zweidrittelmehrheit »geschützt« wird. Ein ungewöhnlicher, aber offenbar notwendiger Schritt, auch wenn die Union dies offenbar noch nicht anerkennt.

Es ist jedoch wichtig zu erkennen, dass weder die Strukturen der Verfassungsgerichte noch die Parlamente oder Behörden so konzipiert werden können, dass sie der AfD dauerhaft widerstehen. Es liegt im Wesen der Demokratie, dass sie stets veränderbar und dadurch auch angreifbar für antidemokratische Kräfte ist. Man könnte auch sagen: Die Stärke der Demokratie ist gleichzeitig ihre Schwäche.

Vor allem aber können die Institutionen der Justiz nicht nur von außen angegriffen werden, auch von innen ist es rechten Richtern möglich, sie zu vergiften.

GEFAHR VON INNEN

Wenn ein Drittel der Bevölkerung die AfD wählt, kann man davon ausgehen, dass sich dies auch im Justizapparat bemerkbar macht, denn warum sollte es dort weniger AfD-Anhänger geben. Keine Berufsgruppe ist unter den AfD-Abgeordneten im Bundestag zahlenmäßig so kräftig vertreten wie die der Jurist*innen. In viele Landesverfassungsgerichte hat die AfD bereits Abgesandte schicken können: In Baden-Württemberg, Hessen, Mecklenburg-Vorpommern und Bayern sind Mitglieder bereits auf Vorschlag der AfD gewählt oder sogar wiedergewählt worden.

Die objektive Justiz ist ohnehin ein Mythos. Zahlreiche umstrittene Urteile des Bundesverfassungsgerichts und anderer großer Gerichte zeigen, dass auch Gerichte von politischen Überlegungen beeinflusst werden. Zwei Jurist*innen, drei Meinungen. Minderheitsvoten am Bundesverfassungsgericht belegen regelmäßig, dass gegenwärtige Entscheidungsfindungsprozesse keineswegs zwingend sind, juristisch wären auch andere Urteile gut begründbar. Auch Richter*innen sind nur Menschen. Wenn es starke öffentliche Diskurse und Forderungen nach härteren Urteilen gibt, beispielsweise angeheizt durch eine AfD-Regierung, beeinflusst das selbstverständlich auch Menschen im Justizdienst (genauso wie andersherum Proteste gegen die AfD).

Der Publizist Joachim Wagner beschreibt in seinem Buch »Rechte Richter« eine Justizverwaltung, die auf die neuen Herausforderungen nicht vorbereitet ist.[12] Dabei gehe die größte Gefahr von rechts nicht von einem rapiden Umbau der Justizministerien aus. Die AfD würde zwar auf personeller Ebene versuchen, Richterwahlausschüsse und die Gerichtspräsidien zu beeinflussen, möglicherweise auch die Geschäftsverteilungspläne und Zuständigkeiten. Das alles braucht aber Zeit. Vor einem schnellen Umbau ist die Justiz mit ihren Beharrungskräften erst einmal gefeit.

Die wirkliche Gefahr stellen rechte Richter*innen innerhalb des Justizapparats dar. In letzter Zeit gab es einige prominente Fälle, in denen rechten Richter*innen die weitere Arbeit in der Justiz untersagt wurde, so zum Beispiel dem AfD-Politiker und Rechtsextremisten Jens Maier. Maier war immer wieder mit rassistischen Tiraden und seinem Verständnis für den norwegischen Terroristen Anders Breivik aufgefallen, bis der

Bundesgerichtshof 2023 ein Urteil verkündete, nach dem ihm die Arbeit in der sächsischen Justiz untersagt ist. Das Oberlandesgericht Baden-Württemberg bestätigte 2021 in einem ähnlichen Fall, dass der AfD-Politiker Thomas Seitz nach rassistischen Äußerungen nicht mehr als Staatsanwalt arbeiten darf. Und die AfD-Politikerin Birgit Malsack-Winkemann, die wegen des Verdachts im Gefängnis sitzt, einen rechtsterroristischen Putsch mit vorbereitet zu haben, darf seit 2023 auch nicht mehr als Richterin am Berliner Landgericht arbeiten.[13]

Nicht nur im Bereich der hauptberuflichen Richter, auch bei Laienrichtern ist mit einer weiteren Beteiligung von Rechtsextremisten zu rechnen. Seit einigen Jahren versucht das Umfeld der AfD gezielt, für die Schöffenwahlen zu mobilisieren. Schöff*innen haben eine große Macht: In Verfahren rund um Jugendkriminalität sowie bei Streitfragen im Arbeits- und Sozialrecht können sie Urteile mitbestimmen und ihre hauptberuflichen Richterkolleg*innen gegebenenfalls auch überstimmen.[14]

Als systemisches Problem beklagen Demokratie-Initiativen seit Langem, dass Richter*innen die rechtsextreme Gesinnung von Tätern bei der Auslegung von Straftatbeständen nicht berücksichtigen oder herunterspielen. In einzelnen aufsehenerregenden Prozessen wird deutlich, wie fatal es ist, wenn Gerichte nicht erkennen wollen, dass die Motivation für Rechtsextremisten, rechtsextremistische Taten zu begehen, häufig rechtsextremistisch begründet ist. Kati Lang berichtet im Sammelband »Recht gegen Rechts« beispielsweise von einem Strafverfahren gegen einen Rechtsanwalt am Landgericht Würzburg, der wegen des Zeigens von Kennzeichen verfassungswidriger Organisationen angeklagt war. Dem Mann sei zwar ohne Zweifel ein »objektiver Hitlergruß« nachweisbar, so das Gericht. Es sei jedoch »nicht feststellbar, dass der Angeklagte mit der Geste das verbotene Symbol tatsächlich habe zeigen wollen«.[15]

Auch der thüringische »Ballstädt-Prozess« lässt sich in diesem Zusammenhang nennen, in dem es um den brutalen Angriff eines Überfallkommandos auf eine Kirmesgesellschaft im Jahr 2014 ging. Eine Gruppe Rechtsextremisten, darunter Neonazi-Rocker der »Turonen«, griff in einer Februarnacht eine feiernde Gruppe in einem Kulturzentrum an und verletzte zehn Menschen teils schwer. Die Vorsitzende Richterin am Landgericht Erfurt fällte ihr Urteil erst sieben Jahre später und ließ die Neonazis nach juristischen Deals mit Geld- und Bewährungsstrafen davonkommen. Sie wollte kein politisches Motiv bei dem Angriff erkennen, obwohl Zeugenaussagen belegen, dass die Täter mit Schlaghandschuhen bewaffnet »auf der Suche nach Zecken« gewesen waren.[16]

Ein weiteres Beispiel ist der Angriff zweier Rechtsextremisten auf Journalisten im thüringischen Fretterode im Jahr 2018. Nordulf H., der Sohn des Neonazis Thorsten Heise, attackierte gemeinsam mit einem Freund zwei Pressevertreter, die eine Neonazi-Versammlung dokumentiert hatten. Sie verfolgten sie mit dem Auto, griffen sie mit Schraubenschlüssel, Baseballschläger, Messer und Reizgas an, zertrümmerten die Autoscheiben und zerstachen die Reifen. Erst vier Jahre später kam es zu einem Urteil im Gerichtsprozess, in dem die Angreifer ebenfalls nur zu Bewährungsstrafen und Sozialstunden verurteilt wurden. Dass sie Journalisten und damit die freie Presse attackiert hatten, wertete die Vorsitzende Richterin nicht als strafverschärfend, da die organisierten Neonazis die Männer mit Kamera angeblich nicht als Pressevertreter erkannt hätten. Im März 2024 hob der Bundesgerichtshof das Urteil auf.

Dass wiederum Richter des thüringischen Verwaltungsgerichts Gera auffallend häufig nicht im Sinne von Asylbewerber*innen urteilten, kam 2023 erst durch eine Kleine Anfrage der Linksfraktion im Bundestag heraus. Recherchen des MDR legten danach offen, dass die verantwortlichen Richter eng mit der AfD verbandelt sind.

Tatsächlich winken Fachanwält*innen für Migrationsrecht oft resigniert ab, wenn sie an bestimmten deutschen Gerichten Verfahren führen müssen. Und in manchen Berufungsgerichten munkelt man, es gelte das ungeschriebene Gesetz, nach dem Berufungen im Asylrecht grundsätzlich abgelehnt werden. Für das Stattgeben müsse man sich rechtfertigen. Der Gruppendruck am Gericht erzeugt so ein asylfeindliches Klima, dem zu widerstehen gelernt werden muss. Wer dem nicht nachgeben möchte, vernetzt sich im Gericht und außerhalb, beispielsweise über die Neue Richtervereinigung.

Der migrationsfeindliche Turn an den Gerichten ist auch deshalb problematisch, weil es in den vergangenen Jahren immer wieder rechtswidrige Abschiebungen gab, woraufhin Oberverwaltungsgerichte die Ausländerbehörden dazu verpflichteten, Betroffene zurückzuholen. 2021 etwa urteilte das OVG Bautzen, dass eine abgeschobene neunköpfige Familie aus Georgien zurückzuholen sei, weil die zuständige Behörde die Bleiberechtsmöglichkeiten nicht ausreichend geprüft hatte. Sollten derartige Urteile künftig ausbleiben, könnten rechtswidrige Abschiebungen noch rigoroser vollzogen werden.

Denn gerade die Richter an den Verwaltungsgerichten, die für Asylverfahren zuständig sind, haben oft eine enorme Macht über Asylsuchende. Sie können in der Regel als Einzelrichter über deren Schicksal bestimmen und im Rahmen ihrer richterlichen Unabhängigkeit selbst entscheiden, welche Verfahren sie vorziehen oder liegen lassen. Formulieren sie ihre Beschlüsse zur Ablehnung einer Asylklage so, dass sie ausreichend begründet und nicht angreifbar sind, kann auch das Oberverwaltungsgericht sie nicht aufheben. Das kann nämlich nur in sehr seltenen Fällen überhaupt eine Berufung zulassen und auch dann nur vereinzelt Rechtsfehler prüfen, nicht aber den Sachverhalt. Solange es nicht von obergerichtlicher Rechtsprechung abweicht, kann auch ein offensichtlich rechtlich fehlerhaftes Urteil nicht rückgängig gemacht werden.

Grund dafür ist die restriktive Asylgesetzgebung, die in den vergangenen Jahren noch weiter verschärft wurde und die Justiz vor zu viel ungebetenem Aufwand schützen soll: Schreiben Richter in ihren Entscheidungen etwa, dass sie den Gründen für die Asylbeantragung keinen Glauben schenken, können diese vor einer höheren Instanz nicht angegriffen werden. Ohnehin gibt es im Asylbereich inzwischen nur noch sehr wenige Möglichkeiten, mit Verfahren bis vor das Bundesverwaltungsgericht zu kommen, meist ist nach der ersten Instanz Schluss. Ist die Justiz in einem Bundesland fest in der Hand rechter Richter, ist das für Betroffene fatal. Was ein Richter in erster Instanz aufschreibt, bleibt unangetastet. Treffen Asylbeantragende an Verwaltungsgerichten auf rechte Richter, die Antragstellern standardmäßig »nicht glauben«, sind sie ihnen fast ohne Handhabe ausgeliefert.

Dagegen unternehmen die Justizministerien in den Bundesländern nur wenig. Haben in der Vergangenheit Minister*innen in wenigen aufsehenerregenden Fällen etwas gegen rechtsextremistische Richter unternommen, zögern sie bei weniger bekannten Fällen, gegen rechte Richter vorzugehen. Dabei könnten sie ihre Dienstaufsicht wahrnehmen und zumindest bei Regelverletzungen Disziplinarverfahren und Richteranklagen einleiten, wenn bekannt wird, dass rechte Richter zum Beispiel Sorgfaltspflichten verletzen.

Rechtsextremisten in Gerichten und auch generell in Behörden können effektiver aufgehalten werden, wenn von außen Druck aufgebaut wird. Aber selbst wenn rassistische, menschenfeindliche und antisemitische Verhaltensweisen öffentlich werden, ist es derzeit gar nicht so einfach, Beamte aus dem Dienst zu entfernen, was sich vor allem am Umgang der Verwaltung mit AfD-nahen Beamten zeigt. [17] Ob rechtsextreme Chatgruppen oder rassistisches Verhalten im Dienst: Selbst die Polizeibeamten in den extrem menschenverachtenden Polizeichatgruppen wie dem Frankfurter »Itiotentreff« wurden unbegreiflicherweise nicht entlassen. Im September 2023 veröffentlichte *FragDenStaat* gemeinsam mit dem ZDF Magazin *Royale* den gesamten »Itiotentreff«-Chat, in dem die Beamten sich über Vergewaltigungen lustig machten, Hitler anhimmelten und den Tod von Migranten bejubelten. Die Konsequenzen für das Auffliegen der Chatmitgliedschaften waren äußerst milde: Einige der Polizisten wurden mit fast vollen Bezügen beurlaubt und sind auch Jahre später weiterhin im Staatsdienst. Nur angehende Beamte oder Beamte auf Widerruf, also beispielsweise Polizeianwärter, die noch in der Ausbildung sind, können etwas schneller gekündigt werden.[18]

Durch sogenannte Gewährbieteklauseln gibt es durchaus rechtliche Möglichkeiten, um gegen Demokratiefeinde im öffentlichen Dienst vorzugehen. Danach müssen Beamte dafür Gewähr bieten, für die freiheitliche demokratische Grundordnung einzustehen. Neue Verfassungstreue-Checks, wie sie derzeit in einigen Bundesländern diskutiert werden, braucht es dafür nicht, zumal diese wie in den 1970er-Jahren auch die Radikalenerlasse in alle Richtungen verwendet werden würden. Man müsste die jetzigen Mittel nur konsequent nutzen, um die Gefahr von innen zu bekämpfen.

Bisher passiert das aber – vor allem an Gerichten – nur selten. Erleichtert wird diese Untätigkeit vor allem von der kolossalen Intransparenz der Justiz, in der rechte Jurist*innen weitgehend unbehelligt von der Öffentlichkeit wirken können. Würden gegen rechte Richter Disziplinarverfahren der Justizverwaltung laufen, würde die Öffentlichkeit dies in der Regel noch nicht einmal mitbekommen. Obwohl Richter eine enorme Macht über einzelne Menschen haben, werden Verfahren gegen sie – etwa weil sie ihre Urteile auf Basis rassistischer Annahmen beschließen – nur in Einzelfällen bekannt. Der Datenschutz der Richter schlägt bisher das Interesse der Öffentlichkeit an einer demokratischen Justiz. Die bereits geschilderten Fälle wie das Arbeitsverbot von Jens Maier bilden die

Ausnahme und das auch nur, weil hier Medien und Zivilgesellschaft Druck ausgeübt hatten. Im Zweifel wissen Kläger und Angeklagte vor Gericht also gar nicht, mit wem sie es auf der Richterbank zu tun haben und ob vielleicht gerade ein Verfahren gegen ebenjenen Richter läuft, weil er eine verfassungsfeindliche Gesinnung hat.

Und auch die Praxis der Rechtsprechung bleibt der Öffentlichkeit in der Regel verborgen. Das mag zunächst seltsam erscheinen, schließlich sind Gerichtsverhandlungen frei zugänglich, und Urteile deutscher Gerichte ergehen »im Namen des Volkes«. Tatsächlich werden die meisten Gerichtsverfahren in Deutschland aber von der Öffentlichkeit ganz einfach nicht wahrgenommen. Laut einer Auswertung von Hanjo Hamann wurden gerade einmal 0,9 Prozent aller begründeten Urteile deutscher Gerichte im Jahr 2019 digital veröffentlicht. Auch in den Jahren davor waren es nicht mehr. 0,9 Prozent! Das bedeutet: Bei 110 von 111 Gerichtsverfahren bleiben die Urteile praktisch vor der Öffentlichkeit verborgen und werden nur den Verfahrensbeteiligten zugänglich gemacht.[19]

Da zudem selbst die wenigen veröffentlichten Urteile standardmäßig anonymisiert werden, lassen sich für die Öffentlichkeit kaum Muster in der Rechtsprechung entdecken. Verwenden einzelne Richter*innen an Verwaltungsgerichten beispielsweise in ihren Urteilen rassistische Argumentationsmuster, kommt dies meist nur dann an die Öffentlichkeit, wenn es im Justizapparat starken Gegenwind gibt oder Betroffene die Fälle bekannt machen. Würden Gerichtsurteile standardmäßig veröffentlicht, kämen derartige Muster zumindest einfacher an die Öffentlichkeit. Auf der bewundernswerten freien und gemeinnützigen Urteilsdatenbank *openjur.de* lässt sich aufbauen.

1. Klagen, klagen, klagen

Eines der effektivsten Mittel gegen eine AfD-Regierung ist die Justiz. Wenn die AfD in einer Kommune, einem Land oder Bund in eine Regierung eintritt, muss mit allen Mitteln dagegengehalten werden. Dazu gehören auch: Klagen. Gegen jede kleine Entscheidung einer AfD-geführten Verwaltung sollte geklagt werden. Immer mehr zivilgesellschaftliche Organisationen unterstützen dabei, darunter die *Gesellschaft für Freiheitsrechte* und *FragDenStaat.*

2. Task Force Resilienz

Wo demokratische Institutionen wie die Verfassungsgerichte und Parlamente durch allzu schnelle Einflussnahme geschützt werden können – etwa die Festschreibung der Besetzungsverfahren zum Bundesverfassungsgericht im Grundgesetz –, sollte dies schnell geschehen. Derartige Strukturveränderungen lösen das Grundsatzproblem mit der AfD nicht, sind aber ein wichtiger Schritt, um einen antidemokratischen Umbau des Staates zu erschweren, sofern dadurch nicht die Demokratie geschwächt wird.

3. Transparenz schaffen

Obwohl Gerichtsentscheidungen »im Namen des Volkes« ergehen, werden sie in der Regel weder online noch gedruckt veröffentlicht. Nur 0,9 Prozent aller Urteile sind öffentlich einsehbar. Das muss sich endlich ändern! Die Gerichte müssen dazu übergehen, ihre Entscheidungen standardmäßig zu veröffentlichen. Und das wäre noch nicht einmal mit einem großen Aufwand verbunden, denn sie liegen ohnehin digital vor.

Idealerweise werden die Gerichte per Gesetz dazu verpflichtet. Denn transparent werden Behörden von alleine nicht.

Außerdem: Intransparenz bei Dienstverfahren gegen Richter*innen ist nicht mehr zeitgemäß. Wer Recht spricht, urteilt im Auftrag und im Namen der gesamten Bevölkerung. Deswegen hat die Öffentlichkeit einen Anspruch auf Informationen darüber, ob die Justiz sich ausreichend selbst kontrolliert oder nicht. Wer vor Gericht ist, muss wissen können, wer auf der Richterbank sitzt. Journalist*innen sollten dementsprechend auch ihre Zurückhaltung verlieren, über rechte Richter zu berichten.

4. In der Justiz: Vernetzen und Widerstand leisten

Die Unabhängigkeit der Justiz ist wichtig für den Widerstand gegen die AfD. Richter*innen sollten sich zusammenschließen und an ihren Gerichten vernetzen. Die Neue Richtervereinigung bündelt diese Zusammenschlüsse.

Während für die Justiz unzählige Regeln gelten, können Unternehmen in Deutschland größtenteils machen, was sie wollen. Was bedeutet das eigentlich unter einer AfD-Regierung?

7. UNTERNEHMEN

KAPITAL UND NATIONAL

Als Donald Trump im Januar 2017 ins Weiße Haus einzog, brachte er ein großes Versprechen für seine radikalen Anhänger mit: Die USA solle wieder »great« werden. Seine größten Vorhaben waren der Bau einer Mauer an der über 3000 Kilometer langen Grenze zu Mexiko und massenhafte Abschiebungen. Mit seinem rassistischen Plan stieß Trump aber schnell auf Hindernisse. Denn abgesehen von einigen rechtlichen Problemen war die dafür zuständige Immigrationsbehörde ICE mit der Aufgabe alleine logistisch schon überfordert.

Die ICE hatte zu wenige Beschäftigte, zu wenig Geld und zu wenig Ahnung, um diese massive menschenfeindliche Aufgabe zu stemmen. Zur Rettung des Plans eilte dann ein Unternehmen, das gerne von sich behauptet, »hohe ethische Standards« seien ihm besonders wichtig: McKinsey. Der weltweit tätige Beratungskonzern hatte bereits einen Vertrag mit ICE aus Zeiten der Vorgängerregierung laufen, den sie mit Trumps Regierungsantritt massiv erweiterten. McKinsey begann, Trumps US-Regierung mit Blick auf drei Fragenkomplexe zu beraten: Wie können möglichst schnell viele Menschen abgeschoben werden, wie ließe sich dabei auch noch Geld sparen (McKinsey: weniger Essen und Medikamente für Migrant*innen), und wie kann die ICE-Behörde rasch um 10 000 Beschäftigte wachsen? Für seine Beratungstätigkeiten kassierte McKinsey mehr als 20 Millionen US-Dollar.[1]

Auf einen anderen Fragenkomplex hatte das Unternehmen keine gute Antwort: Wie passt eine solche Tätigkeit in McKinseys selbst erklärte Wertekultur und zu der Aussage, einen »positiven nachhaltigen Wandel« in der Welt befördern zu wollen? Gar nicht. McKinsey sah in der eigenen Arbeit dennoch keinerlei Reibungen mit den eigenen Statuten. Das Management des Konzerns behauptete in internen Papieren, die Abschiebeberatung sei ethisch einwandfrei gewesen. Trump wurde später abgewählt, McKinsey nicht. Im Gegenteil: Die Biden-Regierung ließ sich in verschiedenen Politikbereichen dann ebenfalls von McKinsey beraten.[2]

Auch in Deutschland verdiente McKinsey bereits gut am Asyl-Business: Nach einer *FragDenStaat*-Klage musste das Bundesamt für Migration und Flüchtlinge 2019 eine Studie herausgeben, die die Berater für die Behörde angefertigt hatten. McKinseys Berater beschreiben in dem Papier detailliert, welche Maßnahmen das Bundesamt nutzen könnte, um effektiver abschieben zu können. Die Bundesregierung zahlte für die strategische Beratung 1,86 Millionen Euro – das ist ein Tagessatz von 2700 Euro. Insgesamt erhielt McKinsey für seine Leistungen vom Bundesamt mehr als 45 Millionen Euro. Abschiebungen sind für McKinsey also auf beiden Seiten des Atlantiks ein sehr lukratives Geschäft.[3]

Mal angenommen, die AfD verfolgt in Regierungsverantwortung einen großen Abschiebeplan, wie die *Correctiv*-Recherche zu sogenannten »Remigrations«-Fantasien aufgedeckt hat. Wäre McKinsey wieder mit von der Partie? Auf Anfrage verweist das Unternehmen auf seine internen Richtlinien, die unter anderem eine umfangreiche Abwägung der politischen Konsequenzen vor der Annahme jedes einzelnen Auftrags festschreiben. Wie sieht es bei anderen Unternehmen aus?

McKinsey bewegt sich in einem hippen Umfeld zahlreicher Beratungsunternehmen, die von den steigenden Budgets vor allem von Bundesbehörden profitieren. Allein im ersten halben Jahr ihrer Amtszeit 2021/2022 gaben die Ressorts der Ampel-Koalition zusammen 271 Millionen Euro für Beraterverträge aus. Die Beratungsunternehmen fertigen Rechtsgutachten an, erstellen Planungsunterlagen und bereiten Vergaben vor. Kein Bundesministerium kommt inzwischen ohne externe Beratung aus.

Auch PR-Unternehmen verdienen gut daran, Behördenvertretern pfiffige Kampagnen und Social-Media-Beratungen zu verkaufen. Dabei begeben sie sich teilweise auch auf heikles Terrain. So zum Beispiel die Werbeagentur Jost von Brandis, inzwischen Teil der Weischer Mediengruppe, die 2018 einen Auftrag des Bundesinnenministeriums annahm: Sie sollte für die Behörde eine zynische Kampagne zur »freiwilligen Rückkehr« von Migrant*innen konzipieren, die Asylbewerber*innen unter dem Motto »Dein Land. Deine Zukunft. Jetzt!« dazu bewegen sollte, Deutschland zu verlassen. Die internen Unterlagen dazu zeigen, dass die Agentur das Ministerium pflichtschuldig beriet und dann nicht nur Plakate in Wohnorten mit »hohem Migrantenanteil« aufhängen ließ, sondern auch den »Politikeransatz« durchführte. Dieser sieht vor, dass die Plakate vor allem vor anderen Ministerien im Regierungsviertel aufgestellt werden, also quasi in Sichtweite.[4] Das Innenministerium nutzte also Regierungsgelder, um die übrige Politik von der eigenen Position zu überzeugen – solche Aktionen könnten eine Steilvorlage für künftige AfD-Regierungen sein.

RASSISMUS: GUT FÜRS GESCHÄFT

Und eine solche AfD-Regierung könnte Zugriff auf enorme Ressourcen haben. Der größte Arbeitgeber in Deutschland ist Deutschland. Mehr als 2,6 Millionen Menschen arbeiten in den Bundesländern im öffentlichen Dienst. Der zweitgrößte Arbeitgeber in Deutschland ist auch Deutschland. Knapp 1,7 Millionen Menschen arbeiten auf kommunaler Ebene für den öffentlichen Dienst. Und dann gibt es noch den Bund: Mehr als 500 000 Menschen sind bei Bundesbehörden und -einrichtungen beschäftigt. Der Staat ist mit riesigem Abstand der größte Arbeitgeber in Deutschland, mehr als 5 Millionen Beschäftigte sind in Verwaltungen, staatlichen Kindergärten, der Polizei oder staatlichen Zweckverbänden tätig.[5]

Das ist aber nur der Kernstaat. Hinzu kommen riesige öffentliche Unternehmen, die dem Staat gehören oder an denen er unmittelbar oder mittelbar beteiligt ist – zum Beispiel die Deutsche Bahn, die Deutsche Post und die Telekom, die Autobahn GmbH, der Rüstungskonzern Airbus, die Commerzbank, Flughafengesellschaften, Forschungseinrichtungen wie die Helmholtz-Zentren und die Bundesdruckerei. Bei ihnen sowie in den Landes- sowie Kommunalunternehmen, die häufig im Nahverkehr und Umweltbereich angesiedelt sind, arbeiten zusammen noch einmal knapp 1,5 Millionen Menschen.

Und davon abgesehen geht auch in der deutschen Wirtschaft nichts ohne den Staat. Die Staatsquote in Deutschland – also der Anteil der Staatsinvestitionen am Bruttoinlandsprodukt – liegt bei rund 50 Prozent. Jeder zweite Euro, der in die Wirtschaft fließt, kommt vom Staat. Unzählige Organisationen und Unternehmen in Deutschland sind mitsamt ihren Beschäftigten direkt und indirekt von ihm abhängig – sei es durch Bau- und Planungsvorhaben, Versorgungsaufträge oder Beratungsjobs.

Wenn die AfD in eine Regierung kommt, müssen sich Tausende Unternehmen in Deutschland die schmerzliche Frage stellen, wie sie mit ihren Regierungsaufträgen umgehen sollen. Öffentliche Unternehmen wie die Stadtwerke und Sparkassen müssen sich teilweise schon heute gegen einen direkten Einfluss der AfD wehren, weil die im Kommunalen über Beiräte und Aufsichtsräte bei ihnen mitentscheiden darf, dort Unternehmensinterna erfahren und Nachfragen zu Mitarbeiter*innen stellen können.[6]

Auch private Unternehmen müssen sich bei einer AfD-Regierungsbeteiligung die grundsätzliche Frage stellen: Auch wenn wir auf die Aufträge von Behörden angewiesen sind – wollen wir wirklich Rechtsextremisten als Kunden haben?

Für einige Unternehmer ist die Frage nicht schwer zu beantworten: Sie unterstützen die AfD seit Jahren offen oder verdeckt mit viel Geld. Kommt die AfD an eine Regierung, könnten sie auch auf Staatsaufträge hoffen. In den Schulkantinen gibt es nur noch Müller Milch, Thor Steinar sorgt für die neuen Polizeiuniformen, und der Überwachungskonzern Palantir erhält noch mehr Staatsaufträge.

Ohne die teils illegale Parteienfinanzierung durch finanzstarke Unternehmer wäre der Aufstieg der AfD kaum vorstellbar. Insbesondere in der Frühphase der AfD soll der windige Milliardär August von Finck junior, der inzwischen verstorben ist, über Umwege Gelder in die Kassen der noch jungen Partei gespült haben. Der Milliardär, Milchunternehmer und Steuerflüchtling Theo Müller ist eng mit der AfD-Spitze befreundet. Und immer wieder deuten Verbindungen zwischen der Schweizer Goal AG und der AfD auf mögliche verdeckte Parteienfinanzierungen hin. 2023 wurde die Partei außerdem vom Oberverwaltungsgericht Berlin-Brandenburg zu einer Strafzahlung von 396 000 Euro verurteilt, weil sie illegalerweise Spenden von zwei Schweizer Unternehmern angenommen hatte.

Es ist anzunehmen, dass sich derartige Machenschaften für die AfD lohnen: Denn selbst wenn sie nach jahrelangen Ermittlungen in einzelnen Verfahren der illegalen Parteispendenannahme überführt werden sollte, kann sie die vergleichsweise geringen Geldstrafen dafür verkraften. Illegale Spenden können als frühes Investment verstanden werden, das zu guten Wahlergebnissen beiträgt. Und für die gibt es wiederum eine staatliche Parteienfinanzierung. Im Jahr 2021 allein erhielt die AfD 11 Millionen Euro und damit fast die Hälfte ihres Budgets aus der Staatskasse, von privaten Spendern erhielt sie (zumindest nach eigenen Angaben) 6,5 Millionen Euro.

Dass Rechtsextremisten von Unternehmen unterstützt werden, ist nichts Neues. Der Aufstieg radikaler Republikaner in den USA wäre nicht möglich gewesen ohne die jahrelange Unterstützung der Koch-Milliardäre, Donald Trump konnte auf Geld von Tech-Milliardären wie Peter Thiel zählen. Und schon die NSDAP wusste die Führer großer deutscher Konzerne hinter sich, darunter August von Fincks gleichnamiger Vater, Fritz Thyssen, Günter Quandt, Friedrich Flick sowie Gustav Krupp von Bohlen und Halbach. Dieser Rückhalt verschwand in der Bundesrepublik nicht einfach. Während der Flick-Konzern jahrzehntelang auch konservative Parteien finanzierte, luden in den 1980ern Nationalkonservative und Rechtsextremisten zur »Düsseldorfer Herrenrunde«, in der sie Rechtsintellektuelle mit Unternehmern zusammenbrachten. In dieser Tradition steht auch das »Düsseldorfer Forum«, das durch die *Correctiv*-Recherche zum »Geheimtreffen« in Potsdam Ende 2023 größere Bekanntheit erlangte. Wie Recherchen der *ZEIT* zeigten, war dieses Zusammentreffen kein einmaliges Ereignis. Es gab zuvor bereits ein halbes Dutzend exklusiver Gesprächsrunden, bei denen rechte Redner ihre menschenfeindlichen Ideen präsentierten – und die anwesenden Unternehmer um Spenden angeworben wurden.[7]

Eine besondere Position im unternehmerischen Umfeld der AfD nimmt die Anwaltskanzlei Höcker von Ralf Höcker ein, seines Zeichens Ex-Pressesprecher der »Werteunion«. Höcker vertritt nicht nur die AfD und ihre parteinahe Desiderius-Erasmus-Stiftung vor Gericht. Zu seinen Mandanten zählen auch Rechtsextremisten wie Hans-Georg Maaßen, der in der Vergangenheit selbst in der Kanzlei mitwirkte, Teilnehmer des Potsdamer »Geheimtreffens« sowie der autoritäre türkische Ministerpräsident Recep Tayyip Erdoğan.

Höckers Unternehmen ist in einem vergleichsweise jungen

Geschäftszweig des Medienrechts aktiv, auf den die AfD und ihr Umfeld besonders vertrauen: die SLAPPs – strategische Klagen gegen die Meinungsfreiheit. Mithilfe von Abmahnungen und Klagen versuchen Akteure des rechten Spektrums gezielt, Recherchen über sie zu behindern, Betroffene mundtot zu machen und mit hohen Geldforderungen einzuschüchtern. Finden AfD-Politiker heraus, dass Journalist*innen über sie oder ihre Arbeit Recherchen anstellen, versuchen sie meist schon im Vorfeld einer Veröffentlichung, diese mit Drohungen zu verhindern. Im Anwaltsjargon wird eine solche Maßnahme verharmlosend als »presserechtliches Informationsschreiben« bezeichnet.

Einschüchterungsversuche laufen beispielsweise so ab:

1. Eine Journalistin, ein Wissenschaftler oder eine Aktivistin veröffentlichen eine Recherche oder einen Tweet zu Neonazis.
2. Ein AfD-Politiker, der darin vorkommt, stört sich daran, dass seine Verbindungen zu prominenten Rechtsextremisten aufgedeckt werden.
3. In einem für die Recherche unwichtigen Nebensatz entdeckt er ein Wort, das aus seiner Sicht nicht zutrifft, etwa eine Beschreibung seiner Frisur.
4. Er lässt die Urheberin der Recherche dafür abmahnen. In der Abmahnung führt der Anwalt seitenlang aus, warum die angegriffene Aussage unzulässig ist, und fordert dazu auf, eine Unterlassungserklärung zu unterschreiben. Wird diese unterschrieben, verpflichtet sich die Urheberin unter Androhung einer Vertragsstrafe, die jeweilige Aussage nicht zu wiederholen. Außerdem muss sie die Anwaltskosten für die Abmahnung in Höhe von rund 2000 Euro zahlen.
5. Unterschreibt die Urheberin nicht, droht der Anwalt mit dem Antrag auf Erlass einer einstweiligen Verfügung. Er versucht dann, vor einem Landgericht zu erreichen, dass

dieses die Aussage verbietet. Ein besonders beliebtes Gericht dafür ist das Landgericht Hamburg, das in der Vergangenheit besonders häufig zulasten von Rechercheuren entschieden hat. Verliert die Urheberin vor Gericht, erhöhen sich ihre Kosten noch um die zusätzlichen Anwalts- und Gerichtskosten, oft weitere Tausende Euro.

6. Weil die Anwaltskanzlei mit ihrem Auftraggeber ausgehandelt hat, dass sie nicht wie üblich nach einem festgelegten Tarif des Rechtsanwaltsvergütungsgesetzes bezahlt wird, sondern einen Stundensatz von 350 Euro erhält, verdient sie mehr, je länger der Rechtsstreit dauert.
7. Selbst wenn die Urheberin den Rechtsstreit gewinnt, hat sie das Verfahren viel Zeit und vor allem Nerven gekostet, die sie nicht in ihre weitere Arbeit investieren konnte. Bei ihrer nächsten Recherche überlegt sie lange, ob sie das Risiko einer erneuten Abmahnung eingehen kann.
8. Holen sich Betroffene bei einer Abmahnung aber direkt anwaltliche Hilfe, ist der Spuk oft schon vorbei. Viele Abmahnungen sollen nämlich vor allem einschüchtern und landen nicht vor Gericht, da sie keine Aussicht auf Erfolg haben.

Für die Meinungs-, Presse- und Wissenschaftsfreiheit sind derartige Verfahren ein großes Problem. Für die in diesem Bereich tätigen Kanzleien wiederum sind sie ein richtig gutes Geschäft. Kommt die AfD in eine Regierung, wird dieses sogar noch lukrativer ausfallen, weil dann auch Amtsinhaber die Methode nutzen werden und dazu die Ressourcen des Staates einsetzen können.

Weil die Abmahnungen von rechts inzwischen ein derartiges Ausmaß angenommen haben, dass sie zu einem systematischen Problem geworden sind und sich einige Szeneanwälte sogar mittlerweile auf SLAPP-Klagen spezialisiert haben, hat *FragDenStaat* den »Gegenrechtsschutz« gegründet. Dieser Rechtshilfefonds unterstützt Betroffene, also Personen aus den

Bereichen Journalismus, Aktivismus, Wissenschaft oder Kunst, die von rechts aufgrund von bestimmten Aussagen abgemahnt und verklagt werden. *FragDenStaat* gewährt ihnen anwaltliche Beratung und finanzielle Unterstützung, Betroffene werden miteinander vernetzt und Strukturen geschaffen, die der rechten SLAPP-Struktur entgegenstehen.

Dass das nötig ist, zeigt auch eine vom Institut für Demokratie und Zivilgesellschaft durchgeführte Dunkelfeldstudie. Laut der Untersuchung hat der Einsatz von juristischen Mitteln von rechts seit 2014/15 deutlich zugenommen. Drei Viertel der Betroffenen von Abmahnungen wie den zuvor skizzierten gaben gegenüber dem Institut an, dass solche juristischen Interventionen sie psychisch belasten. Mehr als drei Viertel der Personen, die sich nicht gegen die Angriffe gewehrt haben, haben das aus finanziellen Gründen getan.[8]

Es hilft ungemein, bei derartigen Einschüchterungsversuchen nicht allein, sondern in einem kompetenten und solidarischen Umfeld zu sein. Das weiß ich aus eigener Erfahrung. (An dieser Stelle schöne Grüße an den AfD-nahen Juristen Ulrich Vosgerau, bekannt vom »Geheimtreffen« in Potsdam, sowie an Herrn Prinz von Preußen!)

Glücklicherweise gibt es aber viele Unternehmen, die nicht mit der AfD zusammenarbeiten wollen. Was können sie tun?

RASSISMUS: NICHT GUT FÜR DEN WIRTSCHAFTSSTANDORT

Als das Grünzeug-Start-up »Pottsalat« im Januar 2024 erfuhr, dass sein Investor Hans-Christian Limmer an rechtsextremen Treffen beteiligt gewesen sein sollte, trennte es sich nicht nur sofort von ihm. Es führte auch eine »Demokratieklausel« für Investoren ein, in der sie sich zur freiheitlich-demokratischen Grundordnung bekennen müssen. Ein gelungener PR-Move, durch den das Unternehmen vielen überhaupt erst bekannt geworden sein dürfte.

Andere Konzerne wie das Jenaer Technologie-Unternehmen »Jenoptik« und der Chiphersteller »Infineon« bezogen ebenfalls klar Position gegen Rechtsextremismus. Das hat freilich auch wirtschaftliche Gründe, sind große Unternehmen doch auf ausländische Fachkräfte angewiesen und darauf, dass diese sich wohlfühlen.

Weniger PR-Planung, dafür aber mehr Gefahr nehmen Unternehmen auf sich, die sich trotz militanter AfD-Aktivisten in ihrem Umfeld klar zur Demokratie bekennen. Peter Simmel, Eigentümer der Edeka-Simmel-Kette in Sachsen und Thüringen, ließ in seinen Filialen die zuvor ausgelegten Anti-Nazi-Prospekte im Februar 2024 wieder einsammeln, nachdem es eine rechte Hetzkampagne und Drohungen gegen ihn und seine Mitarbeiter gegeben hatte. Er entschuldigte sich sogar für die Prospekte, in denen gestanden hatte: »Für Demokratie – gegen Nazis«. Seine Begründung für diese Entschuldigung war: Er habe erfahren, »dass sich viel mehr Menschen mit dem Wort Nazi identifizieren«, als er gedacht hatte.

Wer klare Kante zeigt und sich deshalb in Gefahr begibt, kann bundesweit von den Mobilen Beratungen gegen Rechtsextremismus unterstützt werden, die auch Unternehmen in brenzligen Situationen beraten. Die Mobilen Beratungen vermitteln Strategien dafür, wie man mit Rechtsextremisten im eigenen Umfeld umgehen und Gefahren reduzieren kann.

Die Hamburger Hochbahn bewies, wie eine öffentliche Positionierung größerer Unternehmen gegen rechts aussehen kann. Das Nahverkehrsunternehmen der Hansestadt schrieb auf *Twitter:* »Als Nazis vor über 90 Jahren die Macht ergriffen, schwieg die Hochbahn. Heute stehen wir auf – und über 6300 Hochbahner*innen ein für Menschlichkeit, Toleranz und ein friedliches Zusammenleben. Rechtsextremes Gedankengut hat bei uns keinen Platz!«[9]

Das Statement ist vor allem deswegen vorbildlich, weil gerade Unternehmen in öffentlicher Hand sonst häufig eine besondere Zurückhaltung walten lassen. Die Hochbahn hingegen ist erfrischend klar: Sie bekennt sich zu ihrer eigenen Rolle im Nationalsozialismus und macht die historische Kontinuität zum jetzigen Rechtsextremismus deutlich. Sie bezieht alle Mitarbeiter*innen ein und zeigt sich geschlossen. Und sie bleibt in ihrem Bekenntnis zur Toleranz und Menschlichkeit nicht vage, sondern benennt eindeutig, wodurch sie bedroht ist: rechtsextremes Gedankengut. Daran sollten sich viele deutsche Unternehmen ein Beispiel nehmen.

Immerhin: Deutsche Unternehmensverbände sind in der Regel AfD-skeptisch. Das ist nicht selbstverständlich, zumal die AfD durchweg prokapitalistisch und reichenfreundlich agiert. Sie ist etwa gegen eine Grund-, Grunderwerbs-, Vermögens-, Erbschafts- und Schenkungssteuer. Aber die Präsidenten des Bundesverbands der Deutschen Industrie und des Arbeitgeberverbands wiesen darauf hin, dass eine AfD-Regierung für deutsche Unternehmen ein großes Risiko darstellen würde.[10] Der Arbeitgeberverband veröffentlichte zudem Anfang 2024 eine gemeinsame Mitteilung mit dem Deutschen Gewerkschaftsbund, in dem er sich gegen Rechtsextremismus positionierte. Auch die Union forderte Unternehmen in dieser Zeit auf, klar Stellung gegen die AfD zu beziehen.

So wichtig das auch ist: Was folgt daraus? Im Gegensatz zur Zivilgesellschaft haben Unternehmen vor allem auf zwei Ressourcen Zugriff, die sie nutzen müssen, um gegen die AfD zu arbeiten: Macht und Geld.

Zum einen ist es wichtig, dass Unternehmenschefs nicht nur PR-Statements verfassen, sondern auch betriebsintern klarmachen, dass sie die menschenfeindlichen Positionen der AfD bei ihnen nicht dulden. Ein wichtiger Schritt für Unternehmen aller Größen ist es, in internen Betriebsvereinbarungen festzulegen, dass Rassismus und Menschenfeindlichkeit allgemein am Arbeitsplatz nicht zugelassen sind. Unternehmer werden in ihrem Umfeld üblicherweise respektiert, sie im Besonderen müssen als Leitfiguren im Kampf gegen Rechtsextremismus vorangehen. Das gilt im Besonderen für Unternehmen aus den Bereichen Kultur und Sport, die enorme Einflussmöglichkeiten auf den öffentlichen Diskurs haben.

Und Arbeitgeberverbände sollten ihren Statements auch Druck nach innen folgen lassen: Wer mit der AfD zusammenarbeitet, muss aus Unternehmensverbänden ausgeschlossen werden. Unternehmen sollten sich von Unternehmern wie dem mit der AfD verbandelten Milliardär Theo Müller öffentlich distanzieren. Und wenn ein Anwalt Rechtsextremisten vertritt, sollte man seine Dienste nicht für sich in Anspruch nehmen.

Zum anderen müssen Unternehmen ihre Verantwortung auch endlich in Geld umsetzen. Der von großen deutschen Unternehmen getragene Stifterverband für die Deutsche Wissenschaft zahlte im Jahr 2022 33,6 Millionen Euro, um die deutsche Hochschullandschaft zu unterstützen. Wo bleibt der Stifterverband für die Demokratie?

Unternehmen müssen sich nicht nur im Rahmen von PR-Moves, sondern glaubhaft und nachweislich wirksam gegen Rechtsextremismus engagieren. Tun sie das nicht, müssen sich auch ihre Beschäftigten fragen, ob sie am richtigen Ort arbeiten. Überall in Deutschland zweifeln Angestellte ohnehin daran, ob ihre Arbeit sinnvoll ist. Der Aufstieg der AfD ist ein guter Zeitpunkt, um diese Zweifel mit der Frage zu verbinden: Was würde mein Arbeitgeber tun, wenn die AfD an der Macht ist? Wo kann ich meine Arbeitszeit am sinnvollsten einsetzen, um die Demokratie zu stärken? Und muss ich dafür vielleicht den Job kündigen?

WAS TUN?

1. Endlich klare Kante zeigen

Unternehmen müssen sich klar gegen Rechtsextremismus positionieren. Nicht mit PR-Statements, sondern in ehrlicher Auseinandersetzung mit dem Thema. Dazu gehört: Unternehmerverbände sollten Unvereinbarkeitsbeschlüsse verabschieden. Entweder man ist Mitglied in den Verbänden oder macht gemeinsame Sache mit der AfD. Beides geht nicht. Und intern sollten Unternehmen Betriebsvereinbarungen schließen, die klarmachen: Für Rassismus, Sexismus und Menschenfeindlichkeit ist hier kein Platz.

2. Raus aus den Beiräten

AfD-Politiker können schon heute über Beiräte und Aufsichtsräte in öffentlichen Unternehmen und anderen öffentlich-rechtlichen Einrichtungen wie der Bundeszentrale und einigen Landeszentralen für politische Bildung mitentscheiden. Ihr Einfluss könnte durch Satzungsänderungen und eine Verkleinerung der Beiräte verringert werden.

3. Keine Aufträge von der AfD

So schwer es fällt: Wenn die AfD an der Regierung ist, verbittet es sich, Aufträge von ihr anzunehmen. Wer will schon Rechtsextremisten als Kunden?

4. Demokratie finanzieren

Unternehmen haben Geld. Sie profitieren von der Demokratie und haben eine besondere Verantwortung, auch etwas zurückzugeben, zum Beispiel mit Spenden und gemeinsamer Anstrengung. Wir brauchen einen Stifterfonds für die Demokratie.

Und Unternehmen können unabhängig davon auch selbst tätig werden. Hier ein Vorschlag für eine Vorgabe für alle Mittelständler in diesem Jahr: eine Demokratie-Initiative am Produktionsstandort unterstützen. Und dieser Initiative im darauffolgenden Jahr eine Stelle finanzieren. Unterstützt werden könnte solch ein Engagement von den Handelskammern.

5. Demokratiestreiks zulassen (siehe Kapitel 4)
Wenn Beschäftigte für die Demokratie streiken, ist das auch gut für Unternehmen.

6. Kündigen
Wenn Sie es sich leisten können, kündigen Sie Ihren Job in einem Unternehmen und versuchen Sie, Ihre Zeit stattdessen in Demokratiearbeit zu investieren.

Viele Unternehmer versuchen, ihren Einfluss auf die Politik nicht direkt über Parteien, sondern vielmehr indirekt über die Öffentlichkeit geltend zu machen. Der einfachste Weg dafür: die Medien.

8. MEDIEN

STAATSFUNK

Und wieder geht ein Anruf bei der Chefin vom Dienst des MDR ein, der fünfte von einem führenden AfD-Politiker in diesem Monat. Man wundere sich doch sehr, so der Mann, der dem inzwischen aufgelösten »Flügel« der AfD zuzuordnen ist: Über die AfD werde immer so kritisch berichtet, über die anderen Parteien nicht. Das müsse der MDR endlich ändern.

Nein, antwortet die Journalistin ruhig und bestimmt, wie auch schon bei den vorigen Anrufen. Die Berichterstattung sei grundsätzlich kritisch und unabhängig, auf derartige Bitten gehe man nicht ein. Zumal die Linie im öffentlich-rechtlichen Rundfunk klar ist: Auch wenn Spitzenpolitiker anrufen, man gibt nicht nach, egal um welche Partei es geht.

In den nächsten Wochen wird der Journalistin bei der Programmplanung immer wieder klar: Es wäre für die Redaktion, die ohnehin dauerhaft überbelastet ist, schon wirklich deutlich weniger stressig, wenn man den nächsten kritischen AfD-Bericht vielleicht einmal überspringt. In der Redaktion gibt es ohnehin schon seit Langem Stimmen, die dafür plädieren, weniger kritisch über AfD-Politiker zu berichten und sie stattdessen häufiger in Live-Sendungen einzuladen. Sie seien nun mal demokratisch gewählt, zumindest die weniger extremen Vertreter seien persönlich auch ganz umgänglich. Und Kolleg*innen, die von AfD-Parteiveranstaltungen berichteten und dort regelmäßig bedroht und angegriffen wurden, hätten auch keine Lust mehr, sich dauernd so viel Ärger einzufangen. Müsse es denn immer Konfrontation sein?

Als ein AfD-Politiker dann aufgrund einer ominösen Krankheit einen Tag im Bett bleiben muss, gibt die Chefin vom Dienst für die Hauptnachrichtensendung zögernd grünes Licht für eine Meldung, die größtenteils auf einer AfD-Pressemitteilung basiert. Mitglieder der rechten Partei mutmaßen, für die Krankheit ihres Kollegen sei ein Angriff der »linksextremen Antifa« verantwortlich. Die Polizei findet dafür zwar keinerlei Hinweise, in der MDR-Redaktion will man sich allerdings auf keinen Fall den Vorwurf machen lassen, man würde vermeintliche politische Gewalt nicht ernst nehmen. Die Meldung schafft es über die MDR-Redaktion letztlich bis in die *Tagesschau,* der darauffolgende Aufschrei in den sozialen Medien ist groß.

Als die Vorwürfe der AfD-Politiker sich wenige Monate später als haltlos herausstellen, berichtet kaum ein Medium groß darüber. Eingestellte Ermittlungen sind eben selten Headline-Material. Aber immerhin ruft niemand aus der AfD deswegen in der Redaktion an.

THE RIGHT-WING EXTREMISTS SHOULD NOT BE TELEVISED

Redaktionen großer Medien sind in Deutschland einem enormen Druck ausgesetzt. Insbesondere Journalist*innen des öffentlich-rechtlichen Rundfunks werden quasi täglich von rechts angefeindet. Die »Lügenpresse«-Rufe von PEGIDA im Jahr 2014 sind seitdem nicht mehr verstummt. Das beeinflusst den Diskurs um ARD, ZDF und Co. enorm: Nicht nur aus den Reihen der AfD, sondern auch vonseiten der Unionsparteien kommt fortwährend die Forderung, die Öffentlich-Rechtlichen ganz abzuschaffen oder zumindest radikal umzubauen.

Sinnbild dafür ist die entgleiste Debatte um den Rundfunkbeitrag (immer noch bekannt unter dem alten Namen GEZ), der den öffentlich-rechtlichen Rundfunk finanziert. Einige unionsgeführte Länderregierungen haben bereits angekündigt, künftige Erhöhungen des Beitrags (2025 soll der Monatsbeitrag um 58 Cent steigen, das ist ein Anstieg von knapp 7 Euro pro Haushalt pro Jahr) nicht mittragen zu wollen. Mal davon abgesehen, dass dieser Beitrag mit Blick auf die Inflation noch moderat ist: Die Bundesländer haben nur ein eingeschränktes Recht, eine solche Erhöhung überhaupt zu blockieren. Die Einschränkung gibt es aus einem guten Grund, denn sie soll verhindern, dass Regierungen einfach das Finanzierungssystem beeinflussen können, um so Druck auf den Rundfunk auszuüben. Wäre das nicht der Fall, dann könnten sie ihn in Windeseile zu einem kontrollierten Staatsfunk umbauen, ein Vorwurf, der sowieso schon von rechts zu hören ist. Das Land Sachsen-Anhalt verlor folgerichtig im Jahr 2021 vor dem Bundesverfassungsgericht, nachdem sich dort mehrere CDU-Politiker weigerten, eine Beitragserhöhung mitzutragen. Die Erhöhung wurde gegen ihren Widerstand durchgesetzt. Hier sind die politischen Möglichkeiten der Bundesländer also gering – die Symbolpolitik läuft allerdings darauf hinaus, dass das Image des unabhängigen Rundfunks beschädigt wird. Und das kommt der AfD zugute.[1]

Daher wäre es richtig, den Ministerpräsidenten die Entscheidungsgewalt über die Finanzierung zu entziehen und einer Indexierung zu unterwerfen, Rundfunkbeiträge also an die Teuerungsrate etwa im Mediensektor zu koppeln, und gleichzeitig Aufsichtsgremien die begrenzte Möglichkeit zu geben, das Budget zu kürzen, wenn der Programmauftrag nicht erreicht wird. Der »Zukunftsrat für den öffentlich-rechtlichen Rundfunk« hat 2024 einen entsprechenden Vorschlag unterbreitet.[2]

Aufseiten der Medien schlagen sich die rechten Kampagnen in umfassender Verunsicherung nieder. Zumal das öffentlich-rechtliche System natürlich auch unabhängig davon dringend reformbedürftig ist, wie etwa der Skandal um die ehemalige

RBB-Intendantin Patricia Schlesinger zeigt, die über Jahre zusätzlich zu üppigem Gehalt und Bonuszahlungen private Reisen, Dinnerpartys und Ausgaben von Familienmitgliedern über den RBB abgerechnet hatte.[3] Es ist allerdings kein Zufall, dass ein großer Teil der Korruptionsvorwürfe gegen Schlesinger von RBB-Investigativjournalisten selbst aufgedeckt wurde. Im Kern ist der öffentlich-rechtliche Rundfunk nämlich weiterhin besonders wichtig für die Demokratie, er genießt im Vergleich zu anderen, privaten Mediengattungen bundesweit weiterhin das höchste Vertrauen.[4]

Wirklich absurd ist, dass ein großer Teil der Investigativ-Recherchen zu Schlesinger bei den Öffentlich-Rechtlichen inzwischen online nicht mehr abrufbar ist. Warum? Wegen der Depublizierungspflicht! Nicht-fiktionale Inhalte der ARD und anderer öffentlich-rechtlicher Medien, also neben den Schlesinger-Inhalten beispielsweise auch Investigativ-Recherchen zur AfD auf *tagesschau.de,* müssen in der Regel nach zwei Jahren depubliziert werden, andere Inhalte teilweise schon früher. Wirklich! Die Inhalte sind gebührenfinanziert und gemeinwohlorientiert und verschwinden einfach in den Archiven. Geregelt ist das in den Telemedienkonzepten, beschlossen von den Bundesländern. Das ist ein Verbrechen an der demokratischen Öffentlichkeit. Die Depublizierungspflicht muss weg.[5]

Die Unabhängigkeit des Rundfunks ist der AfD ebenso wie die Unabhängigkeit der Justiz ein Dorn im Auge. Ihre Idealvorstellung eines vollständig gelenkten Rundfunksystems dürfte sich an den Vorbildern in Ungarn oder Polen orientieren. Der Rundfunk in Ungarn unterliegt fest der Kontrolle der Regierung, private Medienunternehmen wurden von Orbáns Verbündeten aufgekauft. Es ist fast schon ironisch, dass die AfD den unabhängigen Rundfunkanstalten vorwirft, ein »Staatsfunk« zu sein, wo sie doch in einer Regierung am liebsten selbst einen Staatsfunk hätte, der ihre Arbeit propagandistisch begleitet.

Die AfD versucht in Regierungsverantwortung, rechte Szenemedien und Desinformationskampagnen staatlich zu finanzieren und gleichzeitig den öffentlich-rechtlichen Rundfunk abzuschaffen oder so radikal umzubauen, dass er tatsächlich zu einem staatlich gelenkten Rundfunk wird. Der Medienstaatsvertrag kann ebenso wie der Rundfunkbeitrags- und der Rundfunkfinanzierungsstaatsvertrag zwischen den Bundesländern von Ministerpräsident*innen der Länder einseitig ohne Mitspracherecht der Parlamente gekündigt werden. Um dies zu verhindern, müssten die Landesverfassungen so angepasst werden, dass Parlamente für derartige Entscheidungen ein Vetorecht erhalten. Es könnte sogar möglich sein, dass der AfD in diesem Fall ein rechter Koalitionspartner aus der Union unter die Arme greifen würde, indem er ebenfalls einer Auflösung des Rundfunks zustimmen könnte.[6]

Bereits jetzt wirkt die AfD regelmäßig an Hetzkampagnen gegen einzelne Journalist*innen und Sendungen mit, um ihre abstrusen Vorwürfe gegen die Öffentlich-Rechtlichen zu untermauern. In den Parlamenten versucht sie mit Anfragen an die Regierung, Zahlungen von Bundesbehörden an Medienschaffende aufzudecken, so etwa mit einer Großen Anfrage im September 2023, in der sie von der ihr unliebsamen Bundeszentrale für politische Bildung verlangte, sämtliche Aufträge an Journalist*innen in den vergangenen zehn (!) Jahren einzeln aufzuschlüsseln. Davon erhofft sie sich wohl, die Namen einzelner Journalist*innen zu erhalten, denen sie im Rahmen von Hetzkampagnen anschließend vorwerfen kann, staatsfinanziert zu sein – auch wenn einzelne Zahlungen etwa für die Moderation von Veranstaltungen oder die Erstellung von Studien wahrlich kein hinreichender Beweis dafür sind. Ein für die Partei willkommener Nebeneffekt ist, dass sie mit derartigen Anfragen die Behörden praktisch lahmlegen kann.

Wenn die AfD »Kritik« an der Medienberichterstattung äußert, kommt es immer wieder zu Morddrohungen gegen betroffene Journalist*innen und zu körperlichen Angriffen etwa im Rahmen der Berichterstattung bei AfD-Parteitagen. Das liegt daran, dass die AfD über ihre eigenen Kanäle in den sozialen Medien erfolgreich Diskursräume geschaffen hat, in denen sie ihre Anhänger weiter radikalisieren und anstacheln kann. Auf TikTok ist die Partei sehr sichtbar und laut, auch auf anderen Plattformen wie YouTube werden die reißerischen Inhalte der AfD stärker geklickt als die der Konkurrenz.[7] Viele Bundestagsreden sind inzwischen für eine schnipselhafte Verwendung auf der chinesischen Social-Media-Plattform optimiert. Während andere Parteien noch ausprobieren, welche Formate online für sie funktionieren können, geht die AfD radikal voran. Kommt die AfD in Regierungsverantwortung, kann sie für diese Form der Medienarbeit staatliche Mittel einsetzen.

Neu ist das dadurch offengelegte Bedrohungspotenzial nicht, es betrifft nur inzwischen größere Personengruppen als früher. Die Publizistin Mely Kiyak hat in einer Rede bei der Otto-Brenner-Stiftung 2016 beschrieben, dass Drohungen für sie zum Arbeitsalltag gehören. Seit ihrem ersten Artikel für die *ZEIT* im Januar 2006 habe es keinen einzigen Text gegeben, nach dessen Veröffentlichung sie keine hasserfüllten Briefe oder E-Mails bekommen habe: »Bei keinem einzigen Text! Ich kenne Kollegen, die haben in ihrem ganzen Berufsleben vielleicht drei Briefe bekommen! [...] Wenn also gesagt wird: Die Leser seien neuerdings ganz aggressiv, wegen *Facebook* und *Twitter,* das habe irgendeine Studie ergeben, dann kann ich das nicht ernst nehmen. Denn meine Erfahrung ist: Ich kenne es nur so.«[8] Ab 2012 tourte Kiyak gemeinsam mit Kolleg*innen wie Yassin Musharbash und Deniz Yücel durch Deutschland und las unter dem Motto »Hate Poetry« rassistische Leserbriefe vor, die die drei zuvor erhalten hatten.

Vor allem Frauen und migrantisierte Menschen werden regelmäßig von rechten Hetzkampagnen attackiert. Antonia

Baum hat detailliert beschrieben, wie etwa der *Welt*-Blogger »Don Alphonso« vorgeht: Mit wenigen Tweets oder Artikeln löst er Shitstorms gegen Journalist*innen, Politiker*innen und Aktivist*innen aus, die daraufhin Beleidigungen, Vergewaltigungs- und Gewaltandrohungen erfahren.[9]

Was derartige Kampagnen für Betroffene bedeuten, zeigte im Februar 2024 die Berichterstattung des rechten Kampagnen-Blogs *nius* gegen die Stellvertretende Chefredakteurin der *Süddeutschen Zeitung*, Alexandra Föderl-Schmid. *nius* hatte einen schmierigen selbst ernannten »Plagiatsjäger« angeheuert, um Fehler in der 28 Jahre alten Doktorarbeit von Föderl-Schmid zu finden. Er wurde tatsächlich fündig, spielte *nius* ein paar strittige, aber vergleichsweise unbedeutende Stellen in der Doktorarbeit zu, die der Kampagnen-Blog für seine Hetzjagd nutzte. Mainstream-Medien griffen die Vorwürfe ohne eigene Prüfung auf. In der Folge ergoss sich online ein Schwall aus Hass über Föderl-Schmidt, die daraufhin mehrere Tage als vermisst galt und schließlich stark unterkühlt unter einer Brücke aufgefunden wurde.

Für derartige Fälle betreibt der Verein *Netzwerk Recherche* die »Helpline«, eine anonyme und kostenlose Telefonberatung für Journalist*innen, die Hilfe bei Stress, Angst und anderen psychosozialen Problemen suchen.[10] Dabei kommt Chefredakteur*innen von privaten und öffentlich-rechtlichen Medien eine besondere Verantwortung zu, sich schützend vor ihre Mitarbeitenden zu stellen, Drohungen konsequent anzuzeigen und Betroffenen intern psychologische Betreuungsangebote bereitzustellen.

Chefs von Medienunternehmen sollten sich also ganz anders verhalten als der langjährige WDR-Intendant Tom Buhrow, der sich Anfang 2020 tatsächlich öffentlich dafür entschuldigte, dass eine WDR-Satireshow ein Lied mit der Melodie von »Meine Oma fährt im Hühnerstall Motorrad« veröffentlicht hatte, in dem ein Kinderchor die umgedichtete Liedzeile »Meine Oma ist ’ne alte Umweltsau« sang. WDR-Mitarbeiter erhielten in Folge der von rechtsextremen Aktivisten angeheizten Kampagne Morddrohungen – und Buhrow stellte sich nicht schützend vor sie, sondern ging stattdessen beschwichtigend auf die rechten Hetzer zu.

Dieses Verhalten war umso bestürzender, weil gerade mal ein halbes Jahr zuvor der CDU-Politiker Walter Lübcke nach einer rechtsextremen Hetzkampagne ermordet worden war. Dass ein Intendant bei einer so offensichtlich von rechten Aktivisten fabrizierten Kampagne aufgrund einer derart harmlosen Satire nicht abwinkt, sondern sich entschuldigt, sendete ein fatales Zeichen an die Redaktionen des WDR: Bei kontroversen Auseinandersetzungen mit Rechten können sie sich ganz offensichtlich nicht auf ihren Intendanten verlassen.

Es fällt nicht schwer, sich vorzustellen, wie effektiv und schnell die AfD in Regierungsverantwortung ihre Kampagnenstrategien weiter professionalisieren und die Markierung einzelner Personen für Hetzkampagnen vorantreiben würde. Sie könnte aus ihrem Umfeld den Mob vorschicken, um einzelne Personen zu terrorisieren, ohne dafür selbst die Verantwortung übernehmen zu müssen.

Diese Kampagnen finden nicht nur online statt, sondern werden auch durch ein breites Medien-Ökosystem gestützt. Die Neuen Rechten aus dem Umfeld der AfD versuchen schon lange, mit Postillen im *Antaios*-Verlag oder rechtsextremen Publikationen wie *Compact* den Markt zu erobern. Das völkisch-nationalistische *Compact*-Magazin verbreitet seit vielen Jahren Verschwörungsmythen im Trump-Stil, hetzt gegen queere Personen und verbreitet Rassismus am laufenden Band. Es ist ein riesiger Erfolg, dass im Februar 2024 eine *Campact*-Petition die großen vier Ketten der Bahnhofsbuchhandlungen in Deutschland dazu bewegen konnte, *Compact* nicht länger zu verkaufen. Der Petition gelang damit eine wirksame Form des »Deplatforming« (engl. »die Plattform nehmen«), eine Methode, die die Reichweite – und Profitmarge – des Hetz-Magazins empfindlich begrenzen konnte.[11]

Neben derart unverhohlenen rechtsextremen Publikationen nehmen Zeitschriften wie die *Junge Freiheit* und *Tichys Einblick* oder Kampagnen-Blogs wie *nius* eine Scharnierfunktion zwischen der AfD und dem konservativen Mainstream ein. Sie werden sowohl von rechts außen goutiert als auch in Kreisen der Union gelesen und bedienen gern Themen rund um den von der AfD angeheizten rechten Kulturkampf. Wer diesen Medien Interviews gibt oder ihre Exklusiv-Meldungen ohne eigene Recherchen zitiert, geht den Rechtsextremisten auf den Leim.

Auch Journalist*innen bei der *Welt* und der *Bild* gelingt es mit bestimmten Themen regelmäßig, Klicks und Zustimmung von rechts bis rechts außen zu generieren, wodurch der Mob gelenkt wird (auch wenn man sich zumindest im *Springer*-Verlag bisher anscheinend nicht traut, offen mit der Partei selbst zu sympathisieren).

EINFALLSTORE

Genau das ist auch ein Einfallstor für AfD-nahe Kampagnen in die Bundesregierung. Zahlreiche Beispiele zeigen nämlich, dass die Politik deutlich empfänglicher für Kampagnen ist, wenn diese von Presseanfragen begleitet werden, zum Beispiel von der *Bild* und verwandten Medien. In Behörden ist die Skepsis gegenüber der Zivilgesellschaft noch immer sehr groß. Ihre Strukturen sind weiterhin darauf ausgerichtet, die Öffentlichkeit vor allem über die Presse wahrzunehmen. Kommt bei einem Ministerium eine Anfrage an die Adresse zum »Bürgerdialog« oder über den Petitionsausschuss des Bundestags, wird sie in der Regel ohne viel Aufhebens beantwortet. Kommt die

Anfrage (oder direkt mehrere) aber von Journalist*innen, wird sie häufig zur Konsultation an das Ministerbüro weitergeleitet. Das bedeutet: Für die Regierung macht es kaum einen Unterschied, ob eine Petition 10 000 oder 100 000 Unterschriften hat. Es macht für sie aber einen großen Unterschied, ob bei einer öffentlichen Stelle zu einem Thema eine oder zehn Presseanfragen eingehen.

Wie wirkmächtig *Bild*-Kampagnen trotz der seit vielen Jahren rückläufigen Druckauflage weiterhin sind, lässt sich aus internen Behördenakten herauslesen. Ein Klassiker ist die Entstehung von Hartz IV, der umfassenden Reform der Arbeitslosenhilfe, die maßgeblich von einer *Bild*-Kampagne über »Florida-Rolf« beeinflusst war, einem Mann, der in Florida lebte und dort Arbeitslosenhilfe aus Deutschland erhielt.

Die Hartz-Reform wurde letztlich im Vermittlungsausschuss von Bundestag und Bundesrat fertig verhandelt. *FragDenStaat* hat Protokolle dieser Konferenzen veröffentlicht, die zeigen, dass die CDU sogar während der laufenden Verhandlungen auf die Boulevard-Kampagnen verwies. Der damalige Ministerpräsident und spätere Bundespräsident Christian Wulff argumentierte, man müsse schnell zu einem Ergebnis kommen, »sonst haben wir über Weihnachten wieder die *Bild*-Berichterstattung, dass ›Florida-Rolf‹ dieses und jenes über Sozialhilfe bekommt.«[12]

Diese Argumentationsmuster finden sich in zahlreichen Behördendokumenten. Als das Bundesinnenministerium von Horst Seehofer im Januar 2021 eine Textpassage der Bundeszentrale für politische Bildung (BpB) zum Thema Linksextremismus ändern ließ und damit in die Unabhängigkeit der Behörde eingriff, geschah dies auch aus Angst vor der *Bild*-Zeitung. Wie aus den internen E-Mails hervorgeht, wandte sich die Zeitung an den CDU-Politiker Thorsten Frei (»Haben Sie ein griffiges Zitat für uns?«) und kurz darauf auch an das Innenministerium. Dieses sagte der *Bild* zu, die BpB auffordern zu wollen, ihr Online-Dossier zu ändern. Das Ministerium befürchtete, »dass Bild andernfalls titelt, ›BpB relativiert Linksextremismus und BMI findet nichts dabei‹«, schrieb das für die BpB zuständige Referat in einer internen E-Mail.[13] Genauso geschah es dann.

Große Medienhäuser haben also besondere Möglichkeiten, Einfluss auf die Bundesregierung zu nehmen, womit auch eine besondere Verantwortung einhergeht. Gibt es heute Berichte über die rassistischen Anschläge der 1990er-Jahre in Rostock-Lichtenhagen, Hoyerswerda, Mölln und Solingen, werden sie in der Regel von zwei historisch-fatalen *Spiegel*-Covern bebildert, die die damalige angeheizte Debatte symbolisieren: Das eine zeigt Deutschland als übervolles Boot, das andere zeigt das Foto einer langen Menschenschlange und suggeriert so, Deutschland werde von einer Horde von Flüchtlingen überrannt.

In derselben Manier wird wohl in 30 Jahren über die politische Stimmung im Jahr 2024 berichtet werden – begleitet vom *Spiegel*-Cover, auf dem Olaf Scholz' Zitat prangt, man müsse »im großen Stil abschieben«. Diese Aussage derart prominent zu platzieren, bildet den von rechts außen getriebenen Diskurs nicht nur ab, er verschärft ihn auch. Das Zitat wurde schnell zum geflügelten Wort und wird nun als Regierungsauftrag verstanden.

Dass der mediale Mechanismus, aufsehenerregende Inhalte besonders hervorzuheben, Rechtsextremisten in die Hände spielt, ist keine Neuigkeit. Aber viele deutsche Medien haben aus dieser Erkenntnis bisher keinerlei Konsequenzen gezogen. Die AfD hat es über die vergangenen Jahre gelernt, die Klaviatur der Aufmerksamkeitsökonomie zu bedienen. In Regierungsverantwortung wäre es ihr ein Leichtes, mit immer neuen Skandalen den medialen Diskurs zu bedienen, jede Woche neue spektakuläre Vorhaben in der Presse und sich damit stets im Zentrum der Aufmerksamkeit zu platzieren.

Medien sollten ihre Verantwortung wahrnehmen und reflektieren, dass sie mit ihrer Berichterstattung schlimmstenfalls weiter zum Aufstieg der AfD beitragen. Angesichts des großen Zuspruchs für die AfD *müssen* wir über sie reden, das steht außer Frage. Allerdings ist die Art und Weise, wie das geschieht, ausschlaggebend: Die AfD darf nicht als unaufhaltsame Naturgewalt dargestellt werden. Im Umfeld der Partei tummeln sich geschulte Strategen, Karrierejuristen und engagierte Hetzer – vor allem aber auch eine sehr große Anzahl untalentierter Rassisten. Selbst der AfD-Ehrenvorsitzende Alexander Gauland ist der Ansicht, die AfD sei »nicht ausschließlich so toll«, die anderen Parteien seien nur »wahnsinnig schlecht«.[14]

Es ist wichtig, sich neben den Erfolgen der AfD auch ihre Misserfolge anzuschauen. Wir brauchen eine Medienberichterstattung, die das Scheitern der Partei stärker in den Fokus rückt, betont, dass sie Niederlagen in Stichwahlen sammelt, die sie schon gewonnen geglaubt hatte, im Saale-Orla-Kreis, in Bitterfeld, Nordhausen, Dahme-Spreefeld, Kemberg, Seelow. In der Breite ist sie noch immer so schwach, dass ihre Bundesparteitage kaum in großen Städten ausgerichtet werden. Die Individualisierung der Gesellschaft erschwert es auch der AfD, eine schlagkräftige antidemokratische Bewegung zu schaffen.

Sollten AfD-Vertreter überhaupt zu Interviews eingeladen werden? Grundsätzlich ist dies sicherlich dort geboten, wo es aus rechtlichen Gründen nötig ist oder wo man sie konfrontieren muss, ohne ihnen Möglichkeiten zur unwidersprochenen Selbstdarstellung zu geben. Ein gutes Beispiel dafür ist das ZDF-Interview mit dem Faschisten Björn Höcke 2019, in dem ein Journalist von *Berlin direkt* Höcke gleich zu Beginn mit den Aussagen verschiedener AfD-Bundestagsabgeordneter konfrontierte, die zuvor gefragt wurden, ob sie bestimmte Zitate eindeutig Höcke oder Adolf Hitler zuordnen könnten. Sie konnten es nicht – was Höcke derart verunsicherte, dass er das

Interview abbrechen ließ. Höckes damaliger Pressesprecher empörte sich: »Das geht so nicht. Sie haben jetzt Herrn Höcke mit Fragen konfrontiert, die ihn stark emotionalisiert haben.«[15]

Die Strategie des Interviewenden war also effektiv. Aber welchen Erkenntnisgewinn verspricht eine Einladung von Vertretern einer rechtsextremistischen Bewegung in Talkshows, in denen sie sich seelenruhig als nette Politiker inszenieren können? Wenn der MDR ein lauschiges und unkritisches Sommerinterview mit Björn Höcke veranstaltet, will der Sender dann herausfinden, welche seiner Gegner er genau »ausschwitzen« will, wie er es in einer Rede gefordert hat? Oder ob er perspektivisch Hinrichtungen lieber per Erschießung oder Galgen durchführen lassen will? Soll diskutiert werden, ob Höckes Menschenverachtung begründet ist oder nicht? Gibt es gar keine rote Linie? Was will man herausfinden, wenn man mit einer Person, deren Reden teilweise von Adolf Hitler kopiert sind, über Bildungspolitik plaudert?

Zu viele Redaktionen von Fernsehsendungen, die von Millionen Zuschauern gesehen werden, haben noch nicht verstanden, dass sie der AfD in die Hände spielen, wenn sie sie einladen. Sie unterliegen der Illusion, sie könnten die Partei in ihren Formaten entzaubern. Dabei lässt sich die AfD offenbar gerne einladen. Mit Talkshowbesuchen gelingt es ihr, zusätzlich zu ihren eigenen Kanälen in die Räume der Mehrheitsgesellschaft einzudringen, auf die sie sonst nicht so einfach Zugriff hat. So wird sie normalisiert.[16] Würde sie in Talkshows tatsächlich demontiert werden, wie die Medienmacher sich das vorstellen, würde die AfD diese Einladungen ablehnen.

Mit der derzeitigen Praxis großer Talkshows wird die AfD als legitime Gesprächspartnerin akzeptiert. Zugleich wird kommuniziert, dass man mit ihr reden könne und müsse. Es ist ein Schlag ins Gesicht derjenigen, die von der Gewalt durch Rechtsextremisten betroffen sind, wenn als Konsequenz der Demonstrationen gegen rechts und der Forderung eines AfD-

Verbots von Tausenden die Sendung »Maischberger« ausgerechnet den AfD-Parteivorsitzenden einlädt, um ihn zu fragen, was er von den Protesten hält, anstatt die Personen, die diese Proteste organisieren. Anstatt Demokratie-Initiativen durch ihre Sendezeit Selbstwirksamkeit zuzusprechen, vermitteln die Medien dieses Gefühl weiterhin der AfD.

Niemand käme bei Protesten gegen eine zunehmende organisierte Kriminalität auf die Idee, den Kopf einer kriminellen Organisation in eine Talkshow einzuladen, um ihn zu fragen, was er von den Protesten hält. Im Gegenteil: Man würde die Menschen einladen, die den Protest organisieren; Menschen, die von der Gewalt betroffen sind; Menschen aus der Wissenschaft, die das Geschehen einordnen. Und das Ziel wäre, gemeinsam Strategien zu entwickeln, wie diese Gewalt eingedämmt werden kann.

Die Talkshowmacher*innen fallen auf ihre eigene Überhöhung herein, wenn sie denken, sie hätten einen cleveren Weg gefunden, der rechten Medientaktik etwas entgegenzusetzen. Dabei ist die AfD keine Partei wie andere, die in Talkshows mit einem guten Argument entzaubert oder »inhaltlich gestellt« werden kann. Mit ihr gibt es keine »normale« Debatte, denn die AfD argumentiert nicht im Rahmen eines demokratischen Diskurses. Ihr und dem größten Teil ihrer Wählerschaft sind Argumente und Antworten nicht wichtig. Deswegen lügen ihre Vertreter in Talkshows immer wieder und verbreiten Verschwörungsmythen, ohne mit der Wimper zu zucken. Faktenchecks können ihnen nichts anhaben, ihre Anhänger interessieren sich dafür ohnehin nicht, weil sie der AfD mehr vertrauen als den Talkshowmachern.

Es gibt so viele Menschen, die stattdessen in diese Talkshows eingeladen werden könnten und deren Debattenbeiträge einen tatsächlichen Erkenntnisgewinn versprechen, zum Beispiel Gilda Sahebi, Christina Clemm, Naika Foroutan, Helena Steinhaus, Clara Bünger, Asha Hedayati, Pia Klemp oder Newroz

Duman. Aber dafür müsste es den Talkshowmachern auch tatsächlich um Inhalte gehen.

Der oppositionellen AfD wird bereits jetzt viel Sendezeit zugesprochen – wie groß wäre ihre Bühne, wenn sie in Regierungsverantwortung kommt? Der Blick auf ein solches Szenario bietet einen guten Reflexionsrahmen dafür, wie unkritisch die öffentlich-rechtlichen Medien derzeit mit ihrer Verantwortung umgehen. Bereits jetzt werden Aussagen von Mitgliedern auch demokratischer Parteien zum Teil bedenkenlos wiedergegeben und abgedruckt. Doch dazu später mehr.

Wenn die Kritik an lauschigen Sommerinterviews mit AfD-Politikern damit beantwortet wird, dass Sommerinterviews nun mal lauschig seien und man der AfD keine Sonderbehandlung zuteilwerden lassen könne, heißt das, dass Sommerinterviews sowieso eine schlechte Idee sind und abgeschafft gehören. Wenn Medien jetzt schon allzu oft Mitteilungen von Regierungsvertretern kritiklos wiedergeben, sollte sich das ändern – und zwar nicht erst, wenn die AfD an der Macht ist.

Wird die AfD nicht mehr in Talkshows eingeladen, kann sie sich natürlich als Opfer inszenieren. Aber das tut sie ohnehin immer, das gehört zu ihrer Taktik als kampagnengetriebene Partei. Sie nutzt ihr Opfernarrativ wie andere rechtsextreme Bewegungen auch, um sich vor Fehlern zu immunisieren und Gegner zu erschaffen. Auch als *Correctiv* das »Geheimtreffen« von Potsdam aufdeckte, wähnte sich die AfD als Opfer der Medien. Die Konsequenz darauf kann nicht sein, auf eine kritische Berichterstattung zu verzichten. Selbst wenn die AfD an die Regierung kommt, wird sie sich noch als Opfer inszenieren. Sie ist eine Opfer-Partei. Und das sollte auch so bleiben. Denn die Alternative wäre, dass es ihr ermöglicht wird, zum Täter zu werden.

Im belgischen Wallonien führte eine gemeinsame Vereinbarung der Rundfunkanstalten dazu, dass seit den 1990er-Jahren rassistische und demokratiefeindliche Gruppen nicht mehr in

Talkshows und Live-Interviews eingeladen werden. Dieses Vorgehen wird als »Cordon sanitaire« bezeichnet, ursprünglich eine Bezeichnung für die Begrenzung von Seuchengebieten, die die Ausbreitung der Krankheit stoppen sollte. Diese Vereinbarung kann auch als Vorbild für Deutschland dienen.[17]

Und wenn die Medien es nicht von alleine lernen, müssen eben die anderen Talkshowpartner ran: Werden AfD-Politiker eingeladen, sollten die übrigen Eingeladenen ihre Teilnahme geschlossen und öffentlichkeitswirksam absagen. Sie sollten Ansprüche an öffentliche Plattformen stellen. Dazu gehört auch ein »Cordon sanitaire«. Und Transparenz: Talkshows – insbesondere öffentlich-rechtliche – sollten offenlegen, nach welchen Kriterien sie einladen und nach welchen nicht.

FORDERUNGSJOURNALISMUS

Durch ihre Anfälligkeit für spektakuläre Bilder und spektakuläre Aussagen werden Medien immer wieder zu Mitverantwortlichen bei der Verrohung des öffentlichen Diskurses. In diesem Zusammenhang müssen wir über Jens Spahn reden. Der CDU-Oppositionspolitiker und Ex-Gesundheitsminister stellt immer mal wieder Forderungen. Das passiert auffallend häufig. Wirklich, googeln Sie mal »Jens Spahn fordert«.[18]

Alleine in dem politisch relativ ruhigen Zeitraum zwischen Mitte Dezember 2023 und Mitte Januar 2024 schaffte es Jens Spahn mit acht (!) verschiedenen Forderungen in die Schlagzeilen überregionaler, reichweitenstarker Medien: *Jens Spahn fordert, die Finanzierung von Moscheen über eine deutsche Stiftung zu regeln*; *Jens Spahn fordert längere Arbeitszeiten für Arbeitnehmer*; *Jens Spahn fordert, das Bürgergeld abzuschaffen*; *Jens Spahn fordert, die Rente mit 63 abzuschaffen*; *Jens Spahn fordert, die Verfassung zu ändern, um noch drastischere Voll-*

sanktionen gegen manche Bürgergeld-Empfänger durchzusetzen; Jens Spahn fordert, überirdische Stromleitungen zu ermöglichen; Jens Spahn fordert, Abschiebungen zu verstärken; Jens Spahn fordert, Fraktionszwang im Bundestag bei manchen Fragen abzuschaffen. Und das alles in weniger als einem Monat und trotz Weihnachten!

Forderungen kommen Spahn offenbar leicht über die Lippen. In Bezug auf die anvisierten Vollsanktionen für Bürgergeld-Empfänger*innen forderte Spahn beispielsweise, notfalls die Verfassung zu ändern, da noch schärfere Sanktionen wie die dauerhafte Entziehung der kompletten Grundsicherung laut Bundesverfassungsgericht gegen die Verfassung verstoßen.

Das Gericht urteilte allerdings auf Basis von Artikel 1 und Artikel 20 des Grundgesetzes, also der Garantie der Menschenwürde und der Verfasstheit der Bundesrepublik als demokratischem und sozialem Staat, die Teil der Ewigkeitsklausel sind. Was Spahn konkret daran ändern wollte, bleibt erst mal sein Geheimnis. Seine Forderung lässt sich dennoch als Angriff auf die Verfassung verstehen.

Aber nehmen wir uns mal eine Forderung von Spahn vor, die er im Oktober 2023 äußerte und die das ZDF handbuchartig schlecht vermeldete: Spahn hatte in einem Interview gefordert, dass Deutschland und die EU an den Außengrenzen zur Abschreckung »physische Gewalt« gegen Migrant*innen einsetzen sollten.[19] Eine schockierende Forderung, die schlicht menschenrechtswidrig ist. Die AfD-Politikerin Beatrix von Storch wurde für ähnliche Forderungen im Jahr 2015 noch stark kritisiert und musste dann zurückrudern.

Spahn hingegen musste sich für gar nichts entschuldigen. Das ZDF titelte, basierend auf einer Meldung einer Nachrichtenagentur: »Spahn für ›Gewalt‹ bei irregulärer Migration«.[20] Diese Überschrift alleine birgt bei sechs Wörtern schon drei Probleme.

Erstens: Spahn fordert nicht Gewalt *bei Migration*. Spahn will ja nicht, dass Frontex-Beamte Supermärkte verwüsten, wenn sie mitbekommen, dass es Migration gibt. Spahn befürwortet Gewalt *gegen Migrant*innen*. Die schüchterne Formulierung des ZDF verschleiert das. Sie entpersonalisiert und macht es der krassen Forderung damit leichter, als salonfähig durchzugehen.

Wie kommt es, dass das ZDF sich nicht traut, die Forderung von Spahn so wiederzugeben, wie sie gemeint war? Die naheliegendste Antwort: Viele Medien haben Angst, als zu alarmistisch wahrgenommen zu werden. Ein weiterer Aspekt: Es tut weh, die Wahrheit auszusprechen. Wenn man schreibt, dass Gewalt gegen Menschen eingesetzt werden soll, spürt man diese Gewalt selbst, sofern man nicht abgestumpft ist. Man sieht Bilder von blutenden Geflüchteten an den EU-Außengrenzen vor dem inneren Auge, Bilder von ertrunkenen Kindern am Strand. Eine Forderung nach Gewalt aufzuschreiben, tut einem selbst weh. Wenn man schreibt, dass es »Gewalt bei Migration« geben soll, fühle ich weniger. Wenn ich lediglich über »harte Forderungen in der Migrationspolitik« schreibe, fühle ich gar nichts.

Medial lässt sich dieses Phänomen besonders häufig im Bereich der Migrationspolitik beobachten. Als *Correctiv* gemeinsam mit *Greenpeace Investigativ* im Januar 2024 das »Geheimtreffen« von Rechtsextremisten aufdeckte, bei dem AfD-Politiker und andere Rechte über einen Vertreibungsplan berieten, berichtete der RBB darüber, schrieb aber von »Ausweisungen« statt Vertreibungen. Ausweisungen bezeichnen einen bereits üblichen Vorgang im Ausländerrecht, Vertreibungen hingegen sind eine Eskalation der Gewalt.[21] Die *Tagesschau* nannte das Ganze gar ein »Treffen zu Migration«, ganz so, als ob es sich dabei nicht um eine vollkommen menschenfeindliche Politik handeln würde. Aber »Treffen zu Massenvertreibungen« würde eben auch wehtun.[22]

Zweitens: Das ZDF schreibt in der Headline, Spahn fordere Gewalt bei »irregulärer Migration«. Den Begriff nutzt der Rundfunk vermutlich, weil Spahn selbst ihn benutzt. Nur: Was soll das eigentlich sein? Eine klare rechtliche Definition für »irreguläre Migration« gibt es nicht. Sollte damit jede Form der Migration gemeint sein, die ohne Kenntnis von Behörden stattfindet, fallen damit auch Geflüchtete darunter, die in Deutschland Asyl bekommen – und denen dieses Asyl nach der Genfer Flüchtlingskonvention auch gewährt werden muss. Sie haben ein Recht darauf, in Deutschland zu sein. Fordert Spahn also, dass auch ihnen Gewalt angetan werden soll? Dann ist das ein Verstoß gegen die Flüchtlingskonvention. Sollte das dann nicht zur Sprache kommen, in der Überschrift oder wenigstens im Artikel selbst?

Und drittens: Die Forderung wird in keiner Weise eingeordnet. Das ZDF gibt sie ungefiltert wieder, kontextualisiert nichts davon rechtlich oder politisch, bildet keine Kritik daran ab. Sie vermeldet, dass Jens Spahn etwas fordert, als ob das eine Nachricht wert wäre. Eine angemessene Überschrift wäre beispielsweise: »Spahn fordert menschenrechtswidrige Gewalt gegen Menschen auf der Flucht«.

Es gibt noch eine andere Möglichkeit zu erkennen, wie falsch Spahns Forderungen und die Meldung dazu sind. Lassen Sie uns dazu ein Gedankenexperiment machen. Vergessen Sie kurz, was Sie gerade über die Meldung und Jens Spahn gelesen haben, und stellen Sie sich vor, das ZDF hätte die Forderung eines AfD-Politikers vermeldet: »Höcke für ›Gewalt‹ bei irregulärer Migration«. Und im Untertitel: »Björn Höcke (AfD) hat Bundeskanzler Scholz (SPD) und dessen Migrationspolitik kritisiert. Er fordert ein hartes Vorgehen gegen irreguläre Migration.«

Wie fühlt sich das an? Welche Bilder haben Sie spontan im Kopf? Spüren Sie Abscheu, wenn Sie lesen, dass ein Faschist wie Björn Höcke Gewalt gegen Unschuldige auf der Flucht einsetzen will? Und Empörung darüber, dass das vom ZDF einfach kontextlos vermeldet wird? Gut. Dann sollten wir das bei Jens Spahn auch nicht akzeptieren.

Jetzt könnte man vielleicht sagen: Wenn wichtige Politiker wie Spahn etwas fordern, dann sollte das eben schnell vermeldet werden. Aber ist das bei Spahn so? Ist er wirklich so wichtig? Hat er im Feld der Migrationspolitik eigentlich eine besondere Entscheidungsmacht oder Expertise, die dies rechtfertigen würden?

Schauen wir uns Spahn einmal genauer an. Er ist deutschlandweit bekannt, keine Frage. Er wurde 1980 geboren und sitzt seit 2002 im Bundestag – also schon sein halbes Leben. Er hatte schon einige wichtige Ämter inne: Er war Parlamentarischer Staatssekretär beim Finanzministerium, Gesundheitsminister während der Corona-Pandemie und Masken-Affäre. Keines davon hatte mit dem Thema Migration zu tun. Ansonsten kandidierte er für den CDU-Parteivorsitz und erhielt dabei nur 15,7 Prozent der Stimmen.

Was macht Spahn jetzt?

1. Er ist einer von 736 Bundestagsabgeordneten. Er ist direkt gewählter Abgeordneter für die oppositionelle CDU und ungewöhnlicherweise in keinem einzigen Ausschuss Vollmitglied. Sacharbeit macht er im Bundestag also kaum. Schon gar nicht zum Thema Migration.
2. Lediglich in den Ausschüssen für Wirtschaft und für Klimaschutz ist er stellvertretendes Mitglied. Beide Ausschüsse sind beim Thema Migration nicht federführend.
3. In der Unions-Fraktion im Bundestag ist Spahn einer von zwölf stellvertretenden Vorsitzenden. Zuständig ist er für Wirtschaft, Klima und Energie, Mittelstand, Tourismus. Nicht für Migration.
4. In den Unions-Arbeitsgruppen im Bundestag, die die parteiinternen Positionen zu allen politischen Themen bestim-

men, ist Spahn nicht Mitglied. Auch nicht in der »AG Inneres und Heimat«, die für das Thema Migration zuständig ist.
5. In der CDU-Grundsatzkommission war Spahn zuständig für »Wohlstand«. Nicht für Migration.
6. Im Präsidium der CDU ist Spahn eine von 16 Personen, seine Position wird auf der CDU-Website mit der Bezeichnung »weiteres Mitglied« angegeben. Eine Themenzuständigkeit im Präsidium hat er nicht, auch nicht für das Thema Migration.

Was also qualifiziert Jens Spahn, Forderungen zu Migration aufzustellen? Gar nichts. Es steht ihm natürlich frei, es dennoch zu tun. Verantwortungsvolle Journalist*innen sollten dann aber erkennen, dass Spahn hier keine wirkliche Kompetenz hat.

Und deswegen fordere ich: Der Forderungsjournalismus muss sterben!

Wenn ein Politiker etwas fordert, ist das in der Regel erst mal keine Nachricht. Vor allem – aber nicht nur –, wenn diese Person Jens Spahn ist. Die Forderung *kann* zu einer Nachricht werden, wenn dafür bestimmte Voraussetzungen erfüllt sind: wenn die Forderung politisch relevant ist und wenn die fordernde Person bestimmte Kompetenzen im Hinblick auf diese besitzt. Eine Forderung kann auch dadurch politisch relevant sein, dass ein Politiker einer demokratischen Partei eine menschenfeindliche Forderung stellt. In jedem dieser Fälle müssen Forderungen aber eingeordnet und kontextualisiert werden. Das dauert zwar länger und macht eine Meldung möglicherweise nicht exklusiv, aber dafür besser.

Einen großen Erfahrungsschatz im Umgang mit rechten Forderungen und anderen Parolen haben Journalist*innen in den USA aufgrund von Donald Trump sammeln müssen. Die Lernkurve war steil und schmerzhaft: Schließlich hatten US-Medien den Aufstieg von Trump wesentlich mitverursacht, indem sie Trumps immer aberwitzigeren Statements und Forderungen 24 Stunden am Tag live sendeten. Niemand im US-Wahlkampf war so oft in den Medien präsent wie Trump – und zwar in der Regel ohne kritische Einordnung (oder sie ging im Getöse unter).

In Trumps Regierungszeit lernten Medien wie die *Washington Post,* dass reine Verkündungen von Forderungen Billig-PR sind und kein Journalismus. Forderungen sollten immer auch von Top-Politiker*innen direkt kritisch und prominent eingeordnet werden. Anstatt wie noch zu Beginn seiner Kandidatur jede Aussage von Trump ohne Einordnung zu vermelden, hat sich inzwischen etabliert, Richtigstellungen zu Trumps Aussagen direkt in die Headlines zu setzen. »Trump falsely claims« – Trump behauptet zu Unrecht – ist inzwischen quasi ein eigenes Genre des US-Journalismus geworden. »Politiker fordert fälschlicherweise«, »Politiker behauptet zu Unrecht« – das sollten auch deutsche Medien in ihre Überschriften schreiben. Denn die meisten Menschen lesen auf sozialen Medien und Startseiten von Online-Medien eben vor allem Überschriften und Teaser. Was dort nicht aufgeklärt wird, ist in der Regel verloren.

Deutsche Medien haben das noch immer nicht gelernt, wie sich an zahllosen Beispielen zeigen lässt. In Bezug auf den polnischen Präsidenten Duda, der zur antidemokratischen Partei PiS gehört, schrieb die *Tagesschau* im Januar 2024: »Duda warnt vor ›Terror der Rechtsstaatlichkeit‹«,[23] ganz so, als ob das eine völlig rationale Warnung sei. Rechte Parolen gehören nicht unwidersprochen in Überschriften.

Weil Trump seine Forderungen und Behauptungen schneller von sich gibt, als Zeitungen erscheinen, hat sich in den USA ein Live-Fact-Checking von Trump etabliert, bei dem seine Aussagen etwa während öffentlicher Debatte in Echtzeit auf Online-Plattformen widerlegt werden. Das ist deutschen Versuchen des Fact-Checking weit überlegen. Die ARD-Talkshow

Maischberger zum Beispiel veröffentlicht am Tag nach einer Sendung beispielsweise eine Textseite, auf der sie die Richtigkeit der Aussagen ihrer Gäste (darunter viele AfD-Politiker) überprüft. Ein bestürzend sinnloser Nachklapp, denn während die Fernsehsendung regelmäßig von mehr als einer Million Menschen verfolgt wird, erreicht der Onlinetext nur einen winzigen Bruchteil von ihnen. So können AfD-Politiker in der Sendung viele Falschaussagen von sich geben, die im Format nicht live korrigiert werden, der Online-Faktencheck gerät zum Feigenblatt für die Redaktion. Viel sinnvoller als ein nachträglicher Faktencheck wäre es, Lügenschleudern aus der AfD einfach nicht mehr einzuladen.

Dass die AfD mit ihren Pressemitteilungen auch immer wieder »Mainstreammedien« erreicht, zeigt etwa eine Meldung auf *tagesschau.de* im August 2023. Im Hessischen Landtagswahlkampf vermeldete ein AfD-Abgeordneter, die »linke Antifa« habe Privatadressen von AfD-Landtagskandidaten geleakt. Die Nachricht vermeldete zunächst der rechte Kampagnen-Blog *nius* von Ex-*Bild*-Chefredakteur Julian Reichelt, anschließend die Öffentlich-Rechtlichen. Und die zitierten dann unkommentiert absatzweise die AfD-Politiker, darunter auch mit diesem Satz: »Das dröhnende Schweigen der selbst erklärten ›demokratischen Parteien‹ ist ein schäbiges Messen mit zweierlei Maß.«[24] Die AfD behauptet, die demokratischen Parteien seien nicht demokratisch – und *tagesschau.de* gibt das einfach so wieder.

Die Medien sind so der Strategie der Rechtsextremisten ausgeliefert, die die Öffentlichkeit mit Mist überschwemmen wollen – in den Worten von Donald Trumps früherem Berater Steve Bannon: »Flooding the zone with shit«. Teil dieser Problematik sind auch Zitatkacheln- und -videos von Politiker*innen in sozialen Medien. Die *Tagesschau* postet auf ihren Kanälen beispielsweise immer wieder Zitate auch von AfD-Politikern, die ohne Einordnung letztlich auch aus Partei-Pressemitteilungen stammen könnten. Das bringt zwar Klicks, aber gerade die Öffentlich-Rechtlichen sollten wissen, dass das alleine kein sinnvolles Kriterium für Journalismus sein kann.

Vor einigen Jahren habe ich gemeinsam mit Moritz Klack die Browser-Extension »Kontext« gebaut, die in Texten bei der Erwähnung bestimmter Personen automatisch einen Halbsatz über ihren Hintergrund einfügt. Tauchte also etwa in einer Online-Zeitung der Name »Björn Höcke« auf, fügte das Browser-Werkzeug automatisch den Halbsatz »der gute Kontakte zur NPD hat« hinzu. Eigentlich ganz sinnvoll.[25]

WAS FÜR EINE GESCHICHTE

Wie man über Rechtsextremisten berichten muss, zeigte *Correctiv* mit seiner »Geheimplan«-Recherche im Januar 2024, in deren Folge es bundesweit zu den größten Demonstrationen gegen Rechtsextremismus seit 1945 kam. Die Journalist*innen des gemeinnützigen Medienhauses schafften es, ihre Recherche so aufzubereiten, dass sie außergewöhnlich viele Menschen aktivierte und berührte.

Sie deckten auf, dass sich Rechtsextremisten – darunter Politiker und Aktivisten aus dem Umfeld von AfD und CDU sowie Unternehmer – in einem Potsdamer Hotel trafen, wo u. a. der österreichische Rechtsextremist Martin Sellner einen Vortrag zu rechten Vertreibungsstrategien hielt.

Viele Expert*innen waren danach überrascht, wie viele Menschen davon überrascht waren. Jahrelang hatten Rechercheure zahlreicher investigativer Medien und antifaschistische Initiativen über derartige Pläne und ähnliche Treffen berichtet. Sie waren damit aber offenbar nicht in gleichem Maße zur Öffentlichkeit durchgedrungen. Selbst Grüne im Bundestag zeigten sich empört und überrascht über den Inhalt der Recherche, obwohl AfD-Politiker im Plenarsaal alleine im Jahr 2023 zehnmal explizit eine »Remigration« gefordert hatten.[26] Warum erreichte *Correctiv* mit seiner verdienstvollen Recherche so viel mehr Menschen – und was können wir daraus lernen?

1. Eine gute Story

Die Investigativ-Recherche von *Correctiv* hat alles, was eine gute Geschichte braucht: Rechtsextremisten, Neonazis, Superreiche, AfD- und CDU-Politiker*innen, darunter auch der Gründer der *Backwerk*-Kette und Investor von *Hans im Glück*. Treffpunkt ist die Adlon-Villa nahe Potsdam. Wegen Ort und Thema erinnert all dies an die Wannsee-Konferenz. Sie werden dabei von Undercover-Journalisten mit cleveren Methoden u. a. von einem Saunaboot aus beobachtet, in James-Bond-Manier fotografiert und gefilmt. Stoff für einen Film!

Außerdem macht die Recherche auf die Parallelen dieser Pläne zur AfD-Politik aufmerksam und scheut sich nicht, bereits bekannte Informationen zu wiederholen und in diesen Kontext einzubinden. Die Geschichte ist verständlich, der Eindruck, der bleibt, auch: Wenn die AfD mit ihren Plänen erfolgreich ist, sollen Millionen Menschen deportiert werden.

2. Der richtige Ton

Correctiv gelingt es mit der Recherche, einer großen Zahl von Menschen klarzumachen, dass sie und ihr Umfeld direkt betroffen sind. So bitter es ist: Wäre es bei der Recherche nur um die Deportation von Geflüchteten gegangen, hätten sich weniger Menschen dafür interessiert. Aber weil es um Pläne zur Vertreibung von Menschen auch mit deutschem Pass ging, fühlen sich deutlich mehr Personen angesprochen.

Die Redaktion reproduzierte keine rechten Framings zur Migration, sondern erklärte klar und deutlich, welche Vertreibungspläne die AfD im Kern verfolgt. In der Folge ihrer Recherche ließen die Investigativjournalist*innen nicht die AfD ungefiltert zu Wort kommen – warum auch –, sondern Betroffene.

3. Kontext ist wichtig

Als die *Correctiv*-Recherche erschien, hatte sich einiges angestaut: Nach rechten Parolen auf den Bauern-Protesten und weiteren AfD-Erfolgen in den Wahlumfragen schien die AfD unschlagbar. Viele Menschen waren auf der Suche nach einem Ventil, um ihre Ohnmacht bekämpfen zu können.

Die *Correctiv*-Recherche lieferte genau das. Denn sie war von Anfang an mit einer konkreten Forderung verknüpft: Die AfD muss verboten werden. Und mit einer konkreten Aktion, der alle Leser*innen folgen konnten: Gehen wir demonstrieren. Laut einer Studie des Kölner Forschungsinstituts *Rheingold* gaben viele Demo-Teilnehmer*innen an, durch die *Correctiv*-Recherche aus einer Lethargie und einer passiv-resignativen Stimmung gerissen worden zu sein. Sie fühlten sich ermächtigt, endlich etwas tun zu können.

Weil die Redaktion nicht nur über ihre Ergebnisse berichtete, sondern auch über die Demos und die weiteren Folgen ihrer Recherche, schlug ihre Arbeit immer größere Wellen. Andere Redaktionen hätten sich dies möglicherweise nicht getraut, um nicht in Verdacht zu geraten, aktivistisch tätig zu sein.

4. Freie Zugänglichkeit

Correctiv ist gemeinnützig und spendenfinanziert – und die Inhalte des Medienhauses sind frei zugänglich. Die Geschichte wurde ansprechend auf verschiedenen Social-Media-Kanälen aufbereitet und über viele Multiplikator*innen verbreitet. Die Recherche erschien u. a. auch auf Englisch, Türkisch, Arabisch,

Französisch und als Audioversion, außerdem in Leichter Sprache sowie in Gebärdensprache, Teile der Ergebnisse wurden in einer Theaterinszenierung enthüllt.

Man benötigte hier im Gegensatz zu vielen anderen investigativ arbeitenden Medien kein Abonnement zum Lesen der wichtigen Informationen. Für die Publikumswirkung investigativer Recherchen beim *Spiegel,* in der *ZEIT* und *SZ* ist die Paywall ein echtes Problem: Denn viele Menschen können sich ein Abo ganz einfach nicht leisten. Sie können nicht die ganze Recherche lesen, sondern nur die Überschrift.

Klar: Journalismus muss finanziert werden. Aber wenn Paywalls dazu führen, dass wichtige Recherchen über Rechtsextremisten, die die Demokratie bedrohen, nicht die breite Öffentlichkeit erreichen, muss es andere Wege geben.

Wie wäre es also mit einer Demokratie-Flatrate für große Medien? Man müsste sich keine separaten Abos für Zeitungen kaufen, sondern würde stattdessen einen monatlichen Soli-Betrag an die Medien zahlen, wenn sie dafür versprechen, dass ihre investigativen Recherchen über die AfD ohne Paywall frei verfügbar wären.

5. Keine Berührungsängste mit der Zivilgesellschaft

Die *Correctiv*-Journalist*innen kooperierten im Rahmen ihrer Recherche auch mit anderen Medien, darunter *Greenpeace Investigativ, netzpolitik.org* und die *taz.* Und sie scheuten nicht davor zurück, antifaschistischen Recherchen für ihre Vorarbeit zu danken.

Dass *Correctiv* so offen für die Zivilgesellschaft ist, machte es den Organisator*innen der anschließenden Demonstrationen besonders leicht. Viele von ihnen kamen aus dem Umfeld von Fridays For Future und lokalen Demokratie-Initiativen, die bundesweit schnell die nötige Infrastruktur für die Proteste bereitstellen konnten.

Die Recherche und die darauffolgenden Demonstrationen versetzten die AfD in Alarmbereitschaft. Beatrix von Storch twitterte die Adresse der *Correctiv*-Redaktion, verbunden mit der Frage, warum das Büro nur fünf Kilometer von der Stasi-Zentrale entfernt sei. Nur vordergründig handelte es sich dabei um einen abstrusen Stasi-Vergleich. Tatsächlich ist der Tweet als »Dog Whistle« zu verstehen, also als ein verdeckter Appell an die rechte Szene und gleichzeitig eine Drohung an die Redaktion, sich im Büro nicht allzu sicher zu fühlen. Dazu passt, dass Akteure der AfD Fotos von *Correctiv*-Redakteuren veröffentlichten und von »linksextremem Aktivismus« und »Geheimdienst-Methoden« schwafelten.

Getroffene Hunde bellen. Unabhängiger, kritischer, investigativer Journalismus ist effektiv gegen autoritäre Politik. Vielfalt hilft. Sie muss gestärkt werden, insbesondere im Lokaljournalismus. Zahlreiche internationale Studien haben einen Zusammenhang zwischen einem vielfältigen Lokaljournalismus und dem Rückgang autoritärer Entwicklungen festgestellt.[27] In kommunalen Zusammenhängen ist es besonders wichtig, dass Entscheider*innen kritisch auf die Finger geschaut wird.

Das ist vor allem Aufgabe der Verlage und der Konsument*innen: Das Abo einer guten Zeitung oder Spenden an wirksame Investigativmedien helfen. Aber auch die Bundesregierung könnte etwas tun, um die Rahmenbedingungen zu erleichtern: Sie müsste endlich Gemeinnützigkeit für Journalismus in der Abgabenordnung ermöglichen. Wäre Journalismus gemeinnützig, könnten gerade viele junge Medienprojekte einfacher den Start ins mediale Ökosystem schaffen. Bisher müssen gemeinnützige Medienprojekte wie *Correctiv* oder auch *FragDenStaat* ihre Arbeit kompliziert über andere Gemeinnützigkeitsgründe abwickeln, oft ist das demokratische Bildungsarbeit.

Sie sind schließlich auf Spenden angewiesen, während Milliardäre wie Frank Gotthardt Medienprojekte wie den rechten

Kampagnen-Blog *nius* von Ex-*Bild*-Chefredakteur Julian Reichelt einfach so gründen können, ohne dass die Unternehmen direkt Gewinn erzielen müssten.

WAS TUN?

1. Mut zur Wahrheit

Ein Rechtsextremist ist ein Rechtsextremist ist ein Rechtsextremist. Kein »Rechtspopulist« oder »umstrittener Politiker«. Wir müssen das Problem beim Namen nennen: Antisemitismus, Rassismus, Sexismus, Menschenfeindlichkeit. Eine klare Benennung ist nicht nur journalistisch richtig, sondern auch solidarisch mit anderen Journalist*innen. In manchen Gegenden von Deutschland begibt man sich in Gefahr, wenn man derartige Fakten ausspricht. Wer für Medien arbeitet, muss deswegen mit gutem Vorbild vorangehen und, auch wenn es kräftezehrend ist, immer weiter dagegenhalten.

2. Betroffenen zuhören

Guter Journalismus beleuchtet, welche Auswirkungen gesellschaftliche Veränderungen haben. Anstatt Täterperspektiven von Rechtsextremisten in den Mittelpunkt zu stellen, müssen Medienvertreter Betroffenen zuhören, ihnen ein Gesicht geben und ihre Perspektiven abbilden. Medien haben eine Verantwortung für die Demokratie und dafür, demokratischen Stimmen eine Plattform zu bieten.

Die *Neuen Deutschen Medienmacher*innen* arbeiten viel zu diskriminierungskritischer Berichterstattung und haben hilfreiche Empfehlungen dazu parat.[28]

3. Resistent werden gegen rechte Medienkampagnen

Rechte Hetzkampagnen folgen häufig denselben Mustern: Sie werden aus dem neurechten Umfeld lanciert, greifen auf Mainstream-Medien über und werden durch einen gewaltbereiten Mob angeheizt. Es liegt in der Verantwortung von Chefredakteur*innen, diese Mechanismen zu erkennen, sich vor Betroffene zu stellen, für psychologische Unterstützungsstrukturen zu sorgen und auch rechtlich gegen Anfeindungen vorzugehen.

4. Keine unkritische Meldung von Forderungen

Der Forderungsjournalismus muss weg. Forderungen von Politikern sind meistens keine eigene Meldung wert. Wenn sie vermeldet werden, müssen sie kontextualisiert werden. Ansonsten reproduziert man lediglich die Narrative von Politikern und stellt sich ihnen als unreflektierte Plattform zur Verfügung.

Dazu gehört auch, journalistische Formate wie Sommerinterviews zu überdenken, die lediglich dazu dienen, Politikern Möglichkeiten zur unkritischen Selbstdarstellung zu ermöglichen. Wenn es nicht anders geht, muss Fact-Checking mindestens live passieren, nicht erst im Nachhinein.

5. Demokratie-Flatrate statt Paywall

Ich würde ein Soli-Abo bei der *ZEIT*, dem *Spiegel* und der *Süddeutschen* abschließen, damit alle Recherchen zur AfD frei verfügbar für alle sind. Wo kann ich unterschreiben?

6. Depublizierungspflicht abschaffen

Nicht-fiktionale Inhalte der ARD, also beispielsweise Investigativ-Recherchen zur AfD auf *tagesschau.de,* müssen in der Regel nach zwei Jahren gelöscht werden. Ein demokratisches Eigentor. Die Depublizierungspflicht muss weg! Wenn das nicht klappt, ist der beste Weg, um öffentlich-rechtliche Bildungsinhalte dauerhaft zur Verfügung zu stellen, freie, Wikipedia-kompatible Lizenzen für die Inhalte anzubieten. Dann bleiben sie zumindest online, wenn auch nicht in der Mediathek.

Damit Veränderungsprozesse angestoßen werden können – Digitalisierung, Innovation, bessere Korruptionsprävention –, braucht der Rundfunk keine nutzlosen Debatten um den Rundfunkbeitrag, die nur der AfD nutzen, sondern demokratischen Rückhalt und kritische Begleitung.

7. Journalismus unterstützen

Guter Journalismus muss finanziert werden. Wer es sich leisten kann, sollte Abos abschließen oder an gemeinnützigen Journalismus spenden, gerade auf lokaler Ebene.

8. AfD nicht einladen

Wann hat es mal einen echten Erkenntnisgewinn gegeben, als ein AfD-Politiker in einer Talkshow zu Gast war? Mit Rechtsextremisten redet man nicht freiwillig, sondern nur, wenn es sein muss. Vor Gericht zum Beispiel. Talkshows würden auch keine radikalen Islamisten einladen, weil sie sich außerhalb des Werterahmens bewegen, der für eine gemeinsame Diskussion notwendig ist. Aber haben AfD und Islamisten nicht bei vielen Themen durchaus Schnittpunkte, etwa in der Beurteilung von Schwangerschaftsabbrüchen?

9. Kein Panel mit der AfD, keine Interviews für *nius*

Wenn Talkshows AfD-Politiker trotzdem einladen, müssen die übrigen Talkgäste ihre Teilnahme gemeinsam und öffentlichkeitswirksam absagen. Das gilt auch andersherum: Rechten Kampagnen-Blogs wie *nius* darf keine Demokratin ein Interview geben, ohne sich mitschuldig zu machen an den Hetzinhalten der Website.

10. Medien kritisieren

Es lohnt sich, Leserbriefe zu schreiben und sachliche Online-Kommentare zu verfassen. Gerade im öffentlich-rechtlichen Rundfunk bemühen sich die Mitarbeiter*innen, zu antworten. Rechte Briefkampagnen haben dazu geführt, dass unverhältnismäßig viel rechtsextreme Post bei den Öffentlich-Rechtlichen ankommt. Das verzerrt die Wahrnehmung der gesellschaftlichen Verhältnisse.

Nur Lügen aufdecken alleine reicht nicht. Medien bieten die Grundlagen für Diskursräume. Wie sie danach genutzt werden, liegt an der Zivilgesellschaft. Aber was ist, wenn Forderungen der Rechtsextremisten auf einmal aus der Mitte kommen?

9.
DIE BRANDMAUER

An einem sonnigen Samstag Mitte Oktober 2018 säumen überall in der Berliner Innenstadt Menschen die Straßen. Über 200 000 Menschen sind dem Aufruf des *Unteilbar*-Bündnisses gefolgt, halten am Brandenburger Tor kreative Plakate gegen die AfD hoch und rufen gemeinsam Protest-Parolen. Dem Bündnis ist nach langer Zeit gelungen, was viele Aktivist*innen zuvor noch erfolglos versucht hatten. Sie schafften es, mehr als 4000 Organisationen und Initiativen unter einem gemeinsamen Motto zu versammeln: »Für eine offene und freie Gesellschaft – Solidarität statt Ausgrenzung!«

Die verschiedenen Blöcke im Demonstrationszug zeigen die Vielfalt des Bündnisses: Fußballclubs neben Parteien, Gewerkschaften und Graswurzelbewegungen. Die sonst bei Protesten in Berlin so präsente Polizei ist auf den Straßen kaum zu sehen. Sie hält sich bei der fröhlichen Demonstration dezent im Hintergrund. Mit einer Ausnahme: Rund um einen kleinen Demoblock bestehend aus schwarz angezogenen jungen Leuten mit Antifa-Flaggen gruppieren sich in Zweierreihen Polizisten in voller Montur. Während alle Blöcke des Demozugs frei gen Bühne laufen, wird dieser kleine Block eng von der Polizei umzingelt. Ein seltsames Bild, für das es vordergründig keine Erklärung gibt. Weder war eine Person in der Gruppe gewalttätig, noch ist sie vermummt oder verstößt gegen die geltenden Auflagen. Es ist lediglich deutlich, dass sie »der Antifa« zuzuordnen ist. Warum behandelt die Polizei diese Gruppe also so anders als den Rest der Demonstrierenden?

Offensichtlich geht es der Polizei bei ihrem Vorgehen weniger um die kleine Antifa-Gruppe selbst als vielmehr um ein Signal an die übrigen Demoteilnehmer*innen: Diese Gruppe gehört nicht zu euch, sie ist eine Außenseiterin. Die Teilnahme an der Demo ist okay und wird nicht misstrauisch beäugt, solange man nicht so aussieht wie die Antifa.

Eine effektive Ausgrenzungsstrategie – von der wir lernen können. So wie die Polizei in Berlin unliebsame Gruppen markiert, sollten auch die AfD und ihre Inhalte markiert, isoliert und ausgegrenzt werden. Eine Einstufung als rechtsextremistisch durch die Geheimdienste reicht dafür nicht aus. Viel wirksamer wären handfeste Maßnahmen, ein Entzug der Parteienfinanzierung, aber vor allem ein AfD-Verbot.

Das Verbot der rechtsextremistischen Partei hätte eine enorme Signalwirkung, aber auch handfeste Auswirkungen, etwa auf ihre Finanzierung. Beamte, die Mitglieder der AfD sind, müssten die nun verbotene Partei verlassen. Waffenerlaubnisse für AfD-Mitglieder müssten überprüft werden. Einladungen von AfD-Politikern in Talkshows wären noch schwerer zu begründen, die Reichweite der Partei würde medial begrenzt. Die Öffentlichkeit würde im Verbotsprozess intensiv über rechtsextremistische Bestrebungen in Deutschland aufgeklärt, die Größe des Problems würde intensiver wahrgenommen. Zudem dürfte ein Verfahren für Richtungskämpfe innerhalb der AfD sorgen und wichtige Ressourcen binden.

Trotzdem weigern sich viele Politiker ein AfD-Verbotsverfahren mitzutragen. Zentral ist dabei die Rolle der Union. Würden CDU und CSU ein AfD-Verbot befürworten, käme das Verfahren zustande. Allerdings geht es bei einem Verbotsverfahren nicht nur um die AfD, es geht vor allem um die Beziehung der Union zur AfD.

Unionspolitiker begründen ihre Ablehnung eines AfD-Verbots oft damit, dass die Rechtsextremisten »politisch gestellt« werden müssten. Das ist aber nur die halbe Wahrheit. Der

Überlegung liegt in der Regel wohl vielmehr eine wahlpolitische Strategie zugrunde: Gibt es ein AfD-Verbotsverfahren, kann die Union unmöglich mit der AfD koalieren. Denn auch wenn bei vielen Rechtsaußen in der Union schon lange die Brandmauern eingerissen sind, gibt es trotzdem noch einen internen Konsens: CDU und CSU sind Verfassungsfreunde und keine Verfassungsfeinde. Die Konservativen sehen sich als Hüter des Grundgesetzes (auch wenn Jens Spahn das gern ändern will). Gäbe es tatsächlich ein Verfahren gegen die AfD wegen ihrer Verfassungsfeindlichkeit, wäre die Partei zumindest während der Jahre des Verfahrens markiert und damit untragbar für eine Koalition.

Das bedeutet im Umkehrschluss: Gibt es ein AfD-Verbotsverfahren, entfällt die AfD für die Union als Machtoption. Und damit auch als Druckmittel in Koalitionsverhandlungen mit anderen Parteien, die durch die Androhung einer AfD-Koalition in die Ecke gedrängt werden.

Offenbar fühlen sich manche Unionspolitiker bei der Diskussion um ein AfD-Verbotsverfahren (möglicherweise auch nicht zu Unrecht) mitgemeint. Bezeichnend ist in diesem Zusammenhang Friedrich Merz' Reaktion auf AfD-Verbotsforderungen der SPD-Parteivorsitzenden Saskia Esken. In einem Interview fragte er rhetorisch: »Will Frau Esken dann auch noch die Union verbieten, wenn wir auf die Probleme hinweisen, die der SPD nicht so angenehm sind?«[1]

Tatsächlich sind sich einige Unions- und AfD-Politiker nicht nur politisch, sondern auch historisch nahe. Viele AfD-Politiker wie Alexander Gauland, Stephan Brandner und Maximilian Krah waren früher in der CDU und der Jungen Union, aus dieser Zeit kennen sie auch viele CDU-Politiker gut. Dass beim »Geheimtreffen« von Potsdam auch CDU-Politiker*innen anwesend waren, ist kein Zufall. Der Berliner Ex-Finanzsenator Peter Kurth von der CDU spendete jüngst 120 000 Euro für ein rechtsextremistisches Hausprojekt und feierte eine Party mit AfD-Politikern.[2] Und im Bundestag munkeln viele Abgeordnete schon lange, dass sich einige CDU-Politiker auf parlamentarischen Auslandsreisen schon mal mit ihren Kollegen von der AfD bei einem Bier verbrüdern.

BRANDMAUER IN FLAMMEN

Das Verhältnis der Union zur AfD ist zur wichtigsten strategischen Frage der Christdemokraten in Deutschland geworden. An ihr entscheidet sich nicht nur, welchen politischen Weg CDU und CSU in den kommenden Jahren beschreiten werden, sondern auch, wie sich die Demokratie in Deutschland entwickeln wird. Bleibt die CDU Teil der Diskursverschiebung nach rechts außen, oder stoppt sie sie?

Sinnbild für die Abgrenzung der Union von der AfD ist bisher ein Satz, den Friedrich Merz im Juli 2023 gegenüber der Presse äußerte. Er bezeichnete die Union als »eine Alternative für Deutschland mit Substanz«. Damit grenzte er sich nur leidlich von der AfD als Partei ab. Vielmehr erklärte er die Inhalte der AfD als akzeptabel, indem er die CDU in Beziehung dazu setzte.

Vor allem auf Ebene der Bundesländer erscheint es möglich, dass die CDU mit der AfD zusammenarbeitet. Dafür gibt es historische Vorbilder: Die Kooperation konservativer Kräfte mit der NSDAP begann nicht erst 1933 mit der Machtübernahme der Nationalsozialisten. 1924 ließen sich in Thüringen erstmals liberale und konservative Parteien in der Regierung von einer rechtsextremen Partei tolerieren. 1930 wurde die NSDAP Teil der Thüringer Regierung.[3]

Eine Kooperation der CDU mit der AfD auf Landesebene würde für die Christdemokraten zu einer Zerreißprobe werden. Die Partei könnte Wähler der Mitte endgültig verlieren.

Aus dem Vergleich zu den Schwesterparteien der Union im europäischen Ausland lässt sich ablesen, welche Entwicklungen das CDU-AfD-Verhältnis grundsätzlich nehmen kann. Gehen wir die verschiedenen Szenarien einmal durch:

1. Kooperation

Viele christdemokratische Parteien in Europa regieren mit rechtsextremistischen Parteien an ihrer Seite oder haben dies vor. Dazu zählt etwa die *Partido Popular* (PP) in Spanien, die auf regionaler Ebene bereits mit der rechtsextremistischen Vox-Partei zusammenarbeitet, einer Abspaltung der PP. Auch auf nationaler Ebene ist eine Koalition denkbar. Die christdemokratische ÖVP in Österreich koalierte auf Bundesebene schon 2000 erstmals mit der rechtsextremen FPÖ. Die zweite schwarz-blaue Koalition dauerte von 2017 bis 2019. Durch die Koalition rückte die ÖVP selbst noch weiter nach rechts.[4]

Eine Koalition mit der AfD hat die Union zwar bisher immer offiziell ausgeschlossen. Insbesondere in Krisensituationen erscheint sie aber trotzdem möglich – etwa wenn die Mehrheitsverhältnisse nach einer Landtagswahl andere Koalitionen erschweren und rechte Kräfte in der Union an die Parteispitze appellieren, ihre »staatspolitische Verantwortung wahrzunehmen« und »Chaos zu vermeiden«. Eine derartige scheinbar alternativlose Situation wird insbesondere dadurch wahrscheinlicher, dass die Union eine Zusammenarbeit mit der Linkspartei bisher kategorisch ausschließt. Immer wieder kooperierte die Union in Bundesländern wie Thüringen im Rahmen von Abstimmungen mit der AfD. Und in Sachsen-Anhalt schlugen schon 2019 stellvertretende CDU-Fraktionsvorsitzende vor, eine Koalition mit der AfD zu ermöglichen und »das Soziale mit dem Nationalen zu verbinden«.[5]

In einer Koalition mit rechts außen würde die CDU zum Steigbügelhalter für die Rechtsextremisten werden. Die Inhalte und Forderungen der AfD würden weiter normalisiert, sie würden mehrheitsfähig und könnten tatsächlich umgesetzt werden. Das würde auch die Union noch weiter nach rechts rücken. Dass viele in der Union eine Koalition mit der AfD mittragen würden, wurde auch an der Wahl des FDP-Politikers Thomas Kemmerich in Thüringen deutlich. Kemmerich wurde im Februar 2020 mit Unterstützung von Union und AfD Ministerpräsident in Thüringen. Während es in der Öffentlichkeit angesichts dieses Tabubruchs massive Kritik gab, gratulierten prominente FDP- und Unionspolitiker wie Wolfgang Kubicki und Dorothee Bär dem frisch gewählten Ministerpräsidenten zunächst. Bär entschuldigte sich nach Protesten allerdings dafür. Analysiert man das Chaos in den Tagen nach Kemmerichs Wahl, muss man attestieren: Wäre die Wahl professionell vorbereitet gewesen, hätte Kemmerich Ministerpräsident bleiben können.

Inhaltliche Schnittpunkte zwischen Union und AfD dürfte es vor allem bei der Migrations- und Sozialpolitik sowie bei Themen rund um Kulturkampf und Leitkultur geben. In Bezug auf Asyl werden die Grundsatzprogramme von AfD und CDU immer ähnlicher. Der neue CDU-Entwurf für das Grundsatzprogramm sieht nämlich vor, der AfD nachzueifern und ebenfalls zu fordern, das individuelle Recht auf Asyl vollständig abzuschaffen. Der einzige Unterschied: Die CDU geht in ihrem Programm sogar noch weiter als die AfD und fordert, dass Schutzsuchende in keinem Fall mehr sicher nach Deutschland einreisen dürfen.[6] Richtig gelesen: Die CDU fordert ein noch schärferes Asylrecht als die AfD.

Und auch die Änderung des Staatsangehörigkeitsrechts dürfte eines der Hauptziele beider Parteien sein. Nachdem die Ampel-Koalition Anfang 2024 eine Änderung des Staatsangehörigkeitsgesetzes verabschiedete, durch das Einbürgerungen für manche Personengruppen innerhalb eines kürzeren Zeitraums als bisher möglich sein sollen, erklärte die stellvertretende Vorsitzende der Unionsfraktion, Andrea Lindholz: »Im Falle eines Regierungswechsels würde ich im Bereich der Migrationspolitik als Erstes das Ampel-Gesetz zur Änderung des Staatsangehörigkeitsrechts rückgängig machen.«[7] Die Richtung von Union und AfD ist klar: Sie haben noch das alte Staatsangehörigkeitsrecht im Kopf, das etwa doppelte Staatsbürgerschaften unterband. Wenn die Union jetzt fordert, deutschen Staatsbürgern mit einem Doppelpass die deutsche Staatsbürgerschaft zu entziehen, wenn sie aufgrund einer antisemitischen Straftat verurteilt wurden, schlägt das genau in diese Kerbe.

In den vergangenen Jahren haben CDU und CSU einen beachtlichen Drall nach rechts erfahren. Insbesondere nach 2015 haben sich die Positionen in der Union radikalisiert. Nachdem Friedrich Merz den CDU-Parteivorsitz übernahm, wendete die CDU sich noch stärker AfD-Positionen zu. Ziel scheint inzwischen weniger eine Abgrenzung von der AfD zu sein als eine Rückeroberung von Stimmen ehemaliger CDU-Wähler*innen, die zur AfD abgewandert sind.

Derartige Forderungen sind in der Union immer populärer und werden auch damit begründet, dass man die AfD auf diese Weise kleinhalten könne. Nehmen wir einmal an, das würde stimmen und die AfD würde so stark eingehegt, dass sie keinerlei Machtoption mehr hat. Wer hält dann die Union davon ab, AfD-Politik zu machen?

2. Assimilation

Viele konservative Schwester-Parteien der Union sind dermaßen eklatant nach rechts gerutscht, dass sie von den Rechtsaußen-Parteien in anderen Ländern kaum zu unterscheiden sind. Die Tories in Großbritannien beispielsweise haben durch und seit dem Brexit eine weitere Radikalisierung erfahren. Die US-Republikaner handeln unter Donald Trump offen rechtsextrem. Die (vergleichsweise) Moderaten in der Partei kämpften lange dagegen an. Schritt für Schritt wurde ihre Partei aber über die vergangenen Jahre erst von der Tea-Party-Bewegung und dann durch Donald Trump radikalisiert. Sinnbildlich dafür ist ein Moment im US-Präsidentschaftswahlkampf 2008, als sich der republikanische Kandidat John McCain noch gegen die Behauptung wandte, sein Gegner Barack Obama sei kein US-Bürger – ein Verschwörungsmythos, den der spätere US-Präsident Donald Trump schon damals befeuert hatte.

Wenn die CDU in einem derartigen Radikalisierungsprozess AfD-Positionen übernimmt, ist das eine noch deutlich größere Gefahr für die Demokratie als die AfD-Politik selbst. Denn was bringt eine Brandmauer, wenn es auf beiden Seiten brennt?

Die große Herausforderung ist: Handelt die AfD verfassungsfeindlich, wird dies bisher auch so wahrgenommen. Handelt die CDU oder eine andere Partei innerhalb des akzeptierten Parteienspektrums verfassungsfeindlich, wird dies in der Regel nicht so wahrgenommen. Innerhalb des Spektrums von Grünen bis zur Union können Parteien nahezu alles fordern und durchsetzen, ohne dass dies sofort als verfassungsfeindlich erkannt und aufgedeckt wird. In der Öffentlichkeit ist dieses Merkmal nämlich stark von der Definition durch Geheimdienste wie den sogenannten Verfassungsschutz definiert, der natürlich den eigenen Vorgesetzten keine Probleme machen wird.

Insofern kann eine Brandmauer sogar als Rechtfertigung für menschenfeindliche Politik im eigenen Namen dienen. Ein Vorbild dafür ist der ungarische Ministerpräsident Viktor Orbán, der seit 2010 systematisch Menschenrechte in Ungarn einschränkt und den Staat autoritär umbaut. Lange konnte Orbán, dessen Regierungspartei Fidesz enge Verbindungen zu den Christdemokraten hatte, auf die rechte Opposition in Form der faschistischen Jobbik verweisen und sich von ihnen abgrenzen. Wie gut, dass Orbán die Menschenrechte abbaut, sonst würde es Jobbik tun! In der Zwischenzeit lenkte Orbán das Land allerdings so zielsicher in autoritäre Gefilde, dass irgendwann rechts von seiner Partei kein Platz mehr war. Jobbik musste sich neu erfinden und versuchte, sein Neonazi-Image abzustreifen. Inzwischen tritt sie als christdemokratische Partei zu den Wahlen an – also in ebenjenem gesellschaftlichen Segment, von dem aus Orbán als Ministerpräsident gestartet war.

Solange die AfD in großen Teilen der Gesellschaft nicht akzeptiert ist, ist das Szenario einer Union, die AfD-Politik macht, besonders beunruhigend. Ist die demokratische Gesellschaft schon angesichts der AfD weitgehend ratlos, ist sie für eine AfD-Politik der CDU erst recht nicht gewappnet.[8]

3. Verschwinden

Scheitert die Union mit ihrer Strategie gegenüber der AfD, ist es zwar grundsätzlich vorstellbar, aber äußerst unwahrscheinlich, dass sie zu einer unbedeutenden politischen Kraft in Deutschland werden würde. Dazu bräuchte es schon enorme Korruptionsskandale und eine CDU, die von der AfD nicht mehr zu unterscheiden ist. Eine so tiefe Verankerung in den Ländern und Strukturen Deutschlands wie die alte Volkspartei CDU und vor allem die CSU in Bayern wird so schnell nicht zu eliminieren sein.

Vollkommen ausgeschlossen werden kann dies allerdings nicht, wie ein Blick nach Frankreich und Italien zeigt: Die einst stolzen Républicains, die mit Jacques Chirac und Nicolas Sarkozy die Staatsoberhäupter Frankreichs von 1995 bis 2007 stellten, sind inzwischen auf dem Weg in die politische Bedeutungslosigkeit. Laut aktueller Umfragen ist die Partei nur noch ein Schatten ihrer selbst, der rechtsextreme Rassemblement National von Marine Le Pen hat die konservative Partei überholt. Die italienische Schwesterpartei der Union, die Democrazia Cristiana, wurde nach Korruptionsskandalen 1994 gar vollständig aufgelöst. Ihre politischen Nachfolger sind rechtspopulistische und rechtsextreme Parteien, darunter die Fratelli d'Italia der italienischen Ministerpräsidentin Giorgia Meloni.

Auch wenn es unwahrscheinlich erscheint: Eine untergehende Union wäre ganz im Sinne der AfD – ihr EU-Spitzenkandidat Maximilian Krah äußert in Interviews immer wieder die Intention, die CDU »zerstören« zu wollen.[9]

4. Abgrenzen

Die Union muss sich aber nicht zwischen AfD-Kooperation und Untergang entscheiden. Sie kann einen eigenständigen Weg finden, der sie von ihren Schwesterparteien in Europa unterscheidet. Entscheidend wird bei dieser Frage die Rolle des vormals starken sozialkonservativen Flügels der CDU, der die Wichtigkeit des Sozialstaats mit christlicher Nächstenliebe begründet und für den die Ablehnung der AfD selbstverständlich ist. Dazu gehört beispielsweise Armin Laschet, der – im Gegensatz zu anderen, skeptischen Teilen der Union – auch Teil der Demokratie-Proteste Anfang 2024 war.

Wichtige Figuren des sozialkonservativen Flügels der Union haben in den vergangenen Jahrzehnten das historische Grundgerüst der Demokratie in der Bundesrepublik aufgebaut. Derzeit ist offen, ob die Union diese Tradition fortführen will und damit Verantwortung für die Demokratie übernimmt oder ob sie mit AfD-Flirts ihre Geschichte über den Haufen wirft. Damit verbunden ist auch die Frage, um wessen Stimmen die Union wirbt – um die Stimmen der »Mitte« oder um die Zustimmung von Antidemokraten, die sie von der AfD zurückgewinnen will.

Geht es der Union um die »Mitte«, muss ihre Abgrenzung gegenüber der AfD mehr sein als nur rein performativ. Auch gegenüber den Inhalten und Forderungen der AfD muss sich die Union klar abgrenzen.

EINS PLUS MIT STERNCHEN

Das tut sie derzeit nicht. Im Gegenteil: In einem Bereich machen Union (und auch Teile der SPD) jetzt schon gemeinsame Sache mit der AfD, in Thüringen beispielsweise bei gemeinsamen Abstimmungen im Landtag. Dabei geht es um Gender-Verbote. Bevor ich Sie bei dem Thema direkt verliere: Mir geht es nicht um die Frage, ob man gendern sollte oder nicht. Wenn Sie gendern wollen, machen Sie das bitte. Wenn nicht, dann machen Sie es eben nicht. Zum Gendern ist in den vergangenen Jahren nun wirklich alles gesagt worden.[10]

Aber die Union hat in Sachsen, Sachsen-Anhalt, Hessen und Bayern unter dem Beifall der AfD Gender-Verbote für staatliche Institutionen durchgesetzt. An Schulen, teilweise auch an Hochschulen und in der Verwaltung ist es in den Ländern neuerdings verboten, zu gendern. Damit verleiht die Union einer Kampagne aus dem AfD-Umfeld eine staatliche Legitimität, die sie bis dato nie hatte. Der Staat entscheidet jetzt, wie zu gendern ist.

Klar, die deutschen Feuilletons laufen seit vielen Jahren heiß bei diesem Thema. Man könnte meinen, das halbe Geschäftsmodell der *Welt* basiere auf der Verächtlichmachung des Genderns und der Menschen, die sich dafür einsetzen. In den Feuilletons ist diese Debatte eigentlich auch richtig aufgehoben: Es geht schließlich um kulturelle Fragen des Zusammenlebens, um Ausdrücke des Miteinanders und Gegeneinanders, um hitzige intellektuelle Auseinandersetzungen und den praktischen Wandel einer atmenden Sprache und einer sich verändernden Gesellschaft. Ein passendes Thema für Bücher, für

Familienstreits unterm Weihnachtsbaum und für das Zerbrechen von Freundschaften (und hoffentlich auch für das Wiedervertragen).

Die AfD aber rief in diesem Zusammenhang in den vergangenen Jahren einen martialischen Kulturkampf aus, den die Union mit den Gender-Verboten auf die nächste Stufe hebt. Das Gendern steht aus Sicht der AfD als Sinnbild für den vermeintlichen gesellschaftlichen Verfall. Im Mittelpunkt des Hasses stehen alle Personen, die sich durch das Gendersternchen mitgemeint fühlen.

Es ist kein Wunder, dass die Übernahme des AfD-Narrativs durch die Union zuvorderst bei diesem Thema geschieht. Denn Antifeminismus und Anti-Gender-Politik ist eine Brückenideologie, die rechte Themen in der Mitte anschlussfähig macht – und dann in einem nächsten Schritt die Tür öffnet zu weiteren Kampagnen des rechten Spektrums.[11] Zunächst erklärt man nichtbinäre und Transpersonen für weniger wert, dann andere Personengruppen.

Das heißt natürlich überhaupt nicht, dass man automatisch AfD wählt, wenn man nicht gendern will. Die ursprüngliche Kampagne zum Gender-Verbot stammt allerdings von rechts außen und ist ein Mittel, um mehr Menschen für rechtes Gedankengut zu begeistern. Zu den Vorfeldorganisationen in diesem Bereich gehört auch der zunächst harmlos wirkende *Verein Deutsche Sprache*, der sich – hofiert von großen deutschen Medien – gegen das Gendern engagiert, dessen damaliges Vorstandsmitglied Silke Schröder aber auch am von *Correctiv* aufgedeckten »Geheimtreffen« teilnahm und dies anschließend verteidigte.[12]

Wer tatsächlich glaubt, dem *Verein Deutsche Sprache* ginge es tatsächlich um die deutsche Sprache und nicht um Hetzkampagnen, muss nur einmal auf die Website des Vereins schauen: Dort finden sich Sätze und Überschriften wie »Das g [ENDE] r naht« und »Gendern stellt eine Vergewaltigung der deutschen Sprache dar«.[13] Der Vereinsvorsitzende Walter Krämer sagte gegenüber dem rechtskatholischen Medium *corrigendum* Anfang 2024 als Reaktion auf die *Correctiv*-Recherchen: »Dass es sich bei *Correctiv* um einen fleißigen regierungstreuen Zuträger der linken Medienmafia und um alles andere als eine seriöse Informationsplattform handelt, ist aber nur ein Teil der Sache. Von solchen Leuten werde ich schon seit 40 Jahren attackiert, das geht mir sozusagen am A… vorbei.«[14] Wer solche kruden Sätze von sich gibt, kann die deutsche Sprache nicht lieben.

Die autoritäre Wende fängt nicht bei der Gesamtbevölkerung an, sondern zielt nach und nach auf verschiedene Gruppen ab, beginnend mit besonders vulnerablen Personen. Im Falle der Gender-Verbote geht es der AfD nur vordergründig um Sprache. Das eigentliche Thema ist die (Un-)Sichtbarmachung von Transpersonen, deren bloße Existenz den Rechten ein Dorn im Auge ist.

Wenn die Union Gender-Verbote einführt, reagiert sie damit auf die Klagen über ein vermeintlich linkes Sprechverbot aus der rechten Ecke. Im Gegensatz zum Mythos der linken Sprechverbote (»Nichts darf man mehr sagen!«) hat das Nicht-Befolgen der tatsächlichen Gender-Verbote konkrete Folgen. Wer bisher an sächsischen oder hessischen Schulen nicht gegendert hatte, genderte halt nicht. Wer künftig an sächsischen oder hessischen Schulen gendert, missachtet eine Weisung der Landesregierung und muss Konsequenzen befürchten. Wie stark diese Gender-Verbote inzwischen Union und AfD verbinden, trat am deutlichsten im Thüringer Landtag zutage, wo im Februar 2024 AfD, CDU und FDP gemeinsam für ein Gender-Verbot stimmten. Die Landesschülervertretung im Bundesland bezeichnete das Gender-Verbot als »sinnlos« und gab zu Protokoll: »Wir sind uns da einig, jeder sollte so reden, wie er will. Jeder soll sich wohlfühlen.«[15]

Die von AfD und Union vorgeschlagenen neuen Sprachregelungen zielen auf Bereiche, die durch die Wissenschafts- und insbesondere die Lehrfreiheit eigentlich besonders geschützt sind: Lehrende an Schulen und Hochschulen genießen eine besondere Autonomie, die der Staat zu beachten hat. Greift er in diese über Gebühr ein, ist das ein besonderes autoritäres Signal.

Gerade die Hochschulen sind als Teil des vorpolitischen Raums schon lange Ziel der Neuen Rechten, also der Rechtsintellektuellen im Umfeld der AfD. Der Versuch der AfD-nahen Desiderius-Erasmus-Stiftung und anderer AfD-Vorfeldorganisationen, über vorgeblich wissenschaftliche Diskurse die Deutungsmacht über politische Debatten für sich zu sichern, ist verbunden mit dem Versuch, illiberale Diskurse an Hochschulen zu verankern. Ein staatlicher Zugriff auf die eigentlich freien Institutionen hilft dabei.

So nachrangig die Frage des Genderns angesichts der anderen riesigen gesellschaftlichen Herausforderungen auch erscheinen mag – die staatlichen Verbote in Bezug auf das Gendern stellen gesellschaftliche Kipppunkte dar. Der Staat lässt seine liberale Zurückhaltung hinter sich und tauscht sie ein gegen ein autoritäres Gehabe, das von einem beträchtlichen Teil der Bevölkerung verlangt, sich konform mit der kulturellen Ansicht der Landesregierung zu verhalten. Das ist nicht nur politisch problematisch, es kann durchaus auch als verfassungswidrig eingestuft werden.[16]

Gender-Verbote sind zudem Einfallstore für weitere naheliegende autoritäre Maßnahmen. Denn wenn es bei den Gender-Verboten an Schulen darum gehen soll, Schüler*innen den »richtigen« Gebrauch der deutschen Sprache zu lehren, warum sollten dann nicht auch andere Institutionen auf diese Weise auf Linie gebracht werden? Schließlich bekommen junge Menschen auch über staatlich regulierte Medien und über Bibliotheken möglicherweise weiterhin gegenderte Inhalte präsentiert. Wer an Schulen das Gendern verbietet, ist nicht weit davon entfernt, im nächsten Schritt Bücher mit »Gender-Sprache« nicht nur in Schulen, sondern auch in Bibliotheken zu verbieten. Und gleich im nächsten Schritt wäre die Autonomie der öffentlich-rechtlichen Medien dran. Ungarn und die Trump-USA lassen grüßen. Das rechte Playbook des Kulturkampfs funktioniert inzwischen auch in Deutschland. Gender-Verbote sind nur der Anfang. Sie sind Wegbereiter des Autoritären.

HOLT DIE WÄSCHEKLAMMER RAUS

Dass es gegen die autoritären Fantasien der AfD einen starken gesamtgesellschaftlichen Widerstand gibt, haben die großen Mobilisierungswellen in den vergangenen Jahren gezeigt. Deutlich wurde die Kraft der Bewegungen zum Beispiel im Winter 2024 im thüringischen Saale-Orla-Kreis, bei dem eine Stichwahl zum Landrat zwischen einem AfD- und einem CDU-Kandidaten anstand. Im ersten Wahlgang hatte der AfD-Kandidat noch die meisten Stimmen im Landkreis erhalten, in der Stichwahl wollte die CDU ihn noch überholen.

Der AfD-Kandidat war zuvor vor allem dadurch bekannt geworden, dass er die Unterstützung des Faschisten Björn Höcke genoss und Verbindungen in die Reichsbürgerszene hatte. Sein CDU-Gegenkandidat, Christian Herrgott, entschied sich dafür, im Wahlkampf vor allem drei Forderungen in den Mittelpunkt zu stellen, die der Kontrahent von der AfD genau so auch hätte unterschreiben können.[17] Erstens: Das Bürgergeld abschaffen. Zweitens: Konsequent abschieben. Drittens: Windkraft im Wald verhindern.[18] Ein Wahlprogramm, das bei der linken Wählerschaft überhaupt nicht anschlussfähig ist. Und trotzdem gewann Herrgott die Stichwahl knapp, Höckes Kandidat verlor. Wie kommt's?

Wie das Institut für Demokratie und Zivilgesellschaft in einer Auswertung der Wahl deutlich machte, konnte der CDU-Kandidat keinerlei Stimmen von der AfD zurückholen. Die AfD erhielt im ersten Wahlgang etwa so viele Stimmen wie im zweiten. Sie war ausmobilisiert und behielt ihre Stimmenanzahl bei.[19] Zulegen konnte der CDU-Kandidat vor allem durch Stimmen von Wählern der SPD und Linken. Ihre Wähler bissen gemeinsam in den sauren Apfel, um die AfD zu verhindern. Unterstützt wurden sie dabei von der lokalen Bürgerinitiative »Dorfliebe für alle«, die dazu aufrief, demokratisch zu wählen.[20]

Dass die CDU diese Mobilisierung von links im Nachgang der Wahl öffentlich nicht anerkannte, ist ein Spiel mit dem Feuer. Kurz nach der Wahl verkündete Herrgott, dass er einen Ratsbeschluss umsetzen wollte, nach dem Asylbewerber zur Zwangsarbeit verpflichtet werden. Wer ein »Angebot« zur Arbeit mit einem Stundenlohn von 80 Cent ablehne, muss danach mit finanziellen Sanktionen rechnen. Ein Angebot, das man nicht ablehnen kann. Und eine Politik, durch die die Union Ablehnung ausgerechnet bei den Bevölkerungsteilen provoziert, die sie auf den Landratsposten gehoben hatten. Es ist zu erwarten, dass Herrgott bei der nächsten Wahl nicht mehr von einem breiten Bündnis unterstützt werden wird.

Sollten Kandidaten der CDU auch in Zukunft derart kompromisslos agieren, ist das ein Denkanstoß für die anderen demokratischen Parteien links der Union, zu entscheiden, ob sie in Zukunft bei derartigen Wahlen schon im ersten Wahlgang ein Wahlbündnis bilden, damit *sie* statt des CDU-Kandidaten in die Stichwahl gelangen.

Es ist abzusehen, dass ähnliche Konstellationen in Zukunft vor allem bei Kommunalwahlen noch häufiger auf uns zukommen werden. Entscheidend dürfte dabei das Engagement von Bürgerinitiativen sein und die Bereitschaft, auch ungeliebte Kandidat*innen zu wählen, solange sie nicht zur AfD gehören.

Das geht freilich nur, solange die Alternative zur AfD nicht selbst menschenfeindlich ist. Kündigt ein Kandidat der CDU etwa an, er wolle große Bevölkerungsteile abschieben, kann man von diesen nicht erwarten, ihn trotzdem zu wählen.

Orientieren können sich alle Demokrat*innen an den Menschen, die 2002 in Frankreich bei der Präsidentschaftswahl den konservativen Amtsinhaber Jacques Chirac wiederwählten. Chirac war in der Bevölkerung allgemein verhasst. Nachdem er in den sieben Jahren seiner Präsidentschaft viele Bevölkerungsteile gegen sich aufgebracht hatte, schaffte er es nach der ersten Runde der Wahlen auf Biegen und Brechen gerade noch so in die Stichwahl. Sein Kontrahent wurde der Rechtsradikale Jean-Marie Le Pen, der fast genauso viele Stimmen wie Chirac erhalten hatte.

Angesichts der möglichen autoritären Wende, die viele Menschen im Fall der Wahl von Le Pen befürchteten, mobilisierten in der Stichwahl auch die linken Parteien für Chirac, sodass die Wahlbeteiligung im zweiten Wahlgang von 71 auf 79 Prozent stieg. Fast alle Linken wählten Chirac – aber nicht, ohne ihr starkes Missfallen über diese für sie stinkende Notwendigkeit kundzutun. Sie klemmten sich vor der Wahlkabine demonstrativ Wäscheklammern auf die Nase und zogen sich Gummihandschuhe über die Hände, mit denen sie ihr Kreuz machten. Wie die damaligen Zeitungen gewissenhaft berichteten, dauert es mit Gartenhandschuhen etwas länger als sonst, einen Wahlzettel in einen Umschlag zu stecken. Und Wäscheklammern auf der Nase beginnen etwa nach einer Minute etwas wehzutun. Aber die Stimmen von links waren für Chirac genauso viel wert wie die seiner eigentlichen Anhänger: Hatte Chirac im ersten Wahlgang noch 5 Millionen Stimmen erzielt, bekam er im zweiten Wahlgang 25 Millionen. Le Pen konnte kaum Stimmen hinzugewinnen. 82 Prozent der Stimmen in der Stichwahl gingen an Chirac, Le Pen erhielt kümmerliche 18 Prozent.

Chiracs Wahlerfolg ist sowohl ein gutes Beispiel für die absurd anmutende, aber notwendige Mobilisierung angesichts der rechtsextremistischen Gefahr als auch dafür, wie man im Anschluss alles versemmeln kann. Sowohl Chirac als auch seine Nachfolger bis zum heutigen Amtsinhaber Emmanuel Macron verschärften die sozialen Spaltungen und rassistischen Maßnahmen im Land derart, dass Jean-Marie Le Pens Tochter Marine nun gute Chancen hat, den Albtraum einer rechtsextremistischen französischen Präsidentschaft bald doch wahr zu machen. Es ist zu bezweifeln, dass ein demokratischer Gegenkandidat heutzutage derart mobilisieren könnte wie vor über 20 Jahren noch Jacques Chirac. Zu normalisiert sind inzwischen Le Pens Positionen. Ein warnendes Beispiel auch für Deutschland.

RECHTES WAHLRECHT

Dabei profitiert Marine Le Pen zusätzlich davon, dass das französische System zur Wahl der Präsidenten eine Direkt- und Stichwahl vorsieht und keine Mehrheitswahl etwa durch das Parlament. Le Pen würde über die Parteien vermutlich nie die absolute Mehrheit erhalten, bei einer Direktwahl möglicherweise schon.

In den meisten Fällen der vergangenen Jahre, in denen Rechtsextremisten über demokratische Wahlen an die Macht kamen, wurden sie durch das Wahlsystem unfair begünstigt:

1. Der Republikaner Donald Trump wurde 2016 US-Präsident, obwohl er 3 Millionen Stimmen weniger erhielt als seine Gegenkandidatin Hillary Clinton. Auch sein Parteigenosse George W. Bush erhielt im Jahr 2000 weniger Stimmen als sein Kontrahent Al Gore, wurde aber trotzdem Präsident,

weil im kruden US-Wahlsystem Stimmen aus bevölkerungsarmen, eher den Republikanern zugeneigten Staaten bevorteilt werden.

2. Viktor Orbáns Partei Fidesz in Ungarn erhielt bei den Parlamentswahlen 2010 eine absolute Mehrheit mit 52 Prozent der Stimmen. Das resultierte in einer übergroßen Mehrheit der Sitze im Parlament, nämlich 68 Prozent. Mit dieser Zweidrittelmehrheit konnte Orbáns Partei die Verfassung neu schreiben und die Demokratie schrittweise abschaffen. Außerdem änderte er das Wahlsystem im Sinne seiner Partei, was ihm seitdem seine Wiederwahl sichert.
3. Die polnische PiS-Partei erhielt bei den Parlamentswahlen 2015 gerade einmal 37,6 Prozent der Stimmen, was allerdings in einer absoluten Mehrheit der Sitze in beiden Parlamentskammern resultierte. Die PiS konnte daraufhin in einer Alleinregierung viele demokratische Institutionen abschaffen, die nach ihrer Wahlniederlage 2023 nun unter großem Widerstand wiedererrichtet werden müssen.
4. Die AKP des türkischen Präsidenten Recep Tayyip Erdoğan erhält seit vielen Jahren auch deswegen regelmäßig die Mehrheit im Parlament, weil kleinere, linke und kurdische Parteien durch die hohe Zehnprozenthürde aus dem Parlament gehalten werden.
5. Die italienische Faschistin Giorgia Meloni plant eine Wahlrechtsänderung, nach der die stärkste Partei automatisch eine absolute Mehrheit im Parlament erreichen würde. Nach dem Vorbild von Ungarn und Polen könnte Melonis Partei sich auf diese Weise die dauerhafte Macht sichern, auch wenn sie gar nicht die dafür eigentlich notwendigen Stimmen hätte.

Auch Deutschland ist nicht davor gefeit, mit seinem Wahlsystem ähnliche Entwicklungen zu beschleunigen. So absurd es klingt: Gerade das derzeitige System, das eigentlich aus den

Lektionen der Weimarer Republik entstanden ist und einen Aufstieg rechtsextremistischer Bewegungen verhindern sollte, könnte stattdessen Rechten dazu verhelfen, an die Macht zu kommen.

Das liegt vor allem an der Fünfprozenthürde, die das deutsche Wahlsystem seit 1953 begleitet. Die Sperrklausel besagt, dass (von wenigen Ausnahmen abgesehen) in Bund und Ländern keine Parteien ins Parlament kommen können, die weniger als 5 Prozent der Stimmen erhalten. Das ist dem Grundsatz nach undemokratisch, führt es doch dazu, dass alle Stimmen für Parteien, die unter der Sperrklausel liegen, praktisch in den Mülleimer wandern. Gerechtfertigt wird dies in der Regel mit dem Gedanken, dass auf diese Weise eine »Zersplitterung« des Parlaments verhindert werden soll. In der Weimarer Republik habe das Fehlen einer Sperrklausel angeblich zur Instabilität des Systems beigetragen (auch wenn die entscheidenden Stimmen für das Ermächtigungsgesetz der NSDAP 1933 von den großen Parteien der Mitte wie der Zentrumspartei kamen).

Diese Fünfprozenthürde droht jetzt dazu zu führen, dass die AfD deutlich größere Anteile an Parlamentssitzen erhält, als ihr eigentlich nach dem Wähleranteil zustehen würde. Es ist nicht unwahrscheinlich, dass etwa bei einer Wahl in einem der Bundesländer, in denen die Umfragewerte der AfD besonders stark sind, SPD, Grüne, FDP und BSW jeweils 4 Prozent der Stimmen erhalten und damit den Einzug ins Landesparlament verpassen. In einem solchen Szenario wären damit 16 Prozent der Stimmen wertlos, also knapp jede sechste Stimme. Dies könnte dazu führen, dass die AfD schon mit 28 Prozent der Stimmen mehr als ein Drittel der Sitze und damit eine Sperrminorität erhielte, mit der sie etwa die Wahl von Verfassungsrichter*innen blockieren könnte.

Außerdem sind mittelfristig Konstellationen denkbar, in denen die AfD in manchen Bundesländern eine absolute Mehrheit der Sitze bekommen würde, ohne die absolute Mehrheit der Stimmen erhalten zu haben. Polen und Ungarn lassen grüßen.

Konsequent wäre es daher, die Sperrklausel einfach abzuschaffen. Das derzeitige Wahlsystem entstammt der Zeit der großen Volksparteien, in der Union und SPD untereinander ausmachten, wer die Regierung anführt. Diese Zeit ist vorbei. Ein zeitgemäßes Wahlsystem erkennt an, dass Interessen und ihre Vertretungen vielfältiger geworden sind. Eine »große Koalition« kann es mit Blick auf die heutigen Wahlergebnisse ohnehin nicht mehr geben, Mehrparteienkoalitionen sind zur neuen Normalität geworden. Eine gewisse Zersplitterung gibt es also sowieso. Dann kann die Sperrklausel auch gleich weg.

Das würde auch den demokratischen Diskurs beflügeln: Denn auf diese Weise könnten kleinere Bewegungen den etablierten und schwerfälligen Parteien Feuer unter dem Hintern machen und mit der besseren Repräsentation marginalisierter Gruppen ins Parlament einziehen. Die Wahlen zum Europäischen Parlament haben in den vergangenen Jahrzehnten immer wieder gezeigt, dass von kleineren Parteien wie Volt, den Piraten und der Tierschutzpartei durchaus ein frischer Wind wehen kann, der die öffentliche Debatte belebt.[21] Es ist deswegen ein viel zu wenig beachteter Skandal, dass die Ampel-Parteien 2023 einer Sperrklausel für die EU-Wahlen zugestimmt haben.

Wenn wir dann schon dabei sind, das Wahlrecht zu reformieren, sollten wir es auch gleich *wirklich* demokratisch machen. Denn auch wenn die Sperrklausel gestrichen werden würde, dürften riesige Personengruppen in Deutschland weiterhin nicht wählen. Tatsächlich wählten bei der Bundestagswahl 2021 nur 56 Prozent der Gesamtbevölkerung, 47 Millionen Menschen. 13 Millionen weitere Menschen waren zwar wahlberechtigt, aber gingen nicht zur Wahl. Noch mehr Menschen durften nicht wählen, obwohl sie in Deutschland leben: ganze 13,5 Millionen Minderjährige sowie 9,5 Millionen Menschen ohne deutschen Pass – also Menschen, die in Deutschland leben, möglicherweise schon ihr ganzes Leben, hier arbeiten und Steuern zahlen und trotzdem nicht mitentscheiden dürfen, wer das Land demokratisch vertritt.

Nicht zu wählen ist ein Recht in der Demokratie – aber dass 23 Millionen Menschen in Deutschland nicht wählen dürfen, weil sie zu jung sind oder keinen deutschen Pass haben, ist schlicht und einfach undemokratisch. Deswegen sollte eine große Reform des Wahlrechts endlich nicht nur die Sperrklausel abschaffen, sondern der gesamten Bevölkerung ein Wahlrecht verschaffen. Bei Kommunal- und EU-Wahlen dürfen bereits Menschen ab 16 sowie Menschen aus anderen EU-Staaten wählen, warum also nicht auch bei den Land- und Bundestagswahlen? Das würde nebenbei auch die AfD schwächen, denn junge Menschen und Menschen ohne deutschen Pass, aber mit Niederlassungstitel, würden ihre Stimme deutlich seltener an Rechtsextremisten geben.[22]

WAS TUN?

1. Nicht mit der AfD koalieren

Das erklärt sich von selbst.

2. Notfalls mit der Wäscheklammer wählen

Wenn eine Demokratin in einer Stichwahl gegen die AfD antritt, muss sie gewählt werden, notfalls mit Wäscheklammer auf der Nase. Das hat aber auch Grenzen. Wenn die CDU Positionen der AfD übernimmt, sodass die Parteien nicht mehr unterscheidbar sind, bringt auch eine Wäscheklammer nichts mehr.

Eine Alternative auf kommunaler Ebene: selbst zur Wahl antreten. Viele Parteien haben Schwierigkeiten, überhaupt Kandidat*innen zu finden. Vielleicht können Sie selbst es sich vorstellen, bei Kommunalwahlen zu kandidieren?

3. Gezielte Proteste

Sollte die CDU eine Koalition mit der AfD eingehen wollen, braucht es schnelle, effektive, bundesweite Proteste. Der Kipppunkt ist der wichtigste im Szenario einer möglichen AfD-Regierungsbeteiligung. Er muss unter allen Umständen verhindert werden.

4. Sie beim Wort nehmen

Was für die AfD gilt, gilt auch für Jens Spahn: Wir müssen Menschen beim Wort nehmen. Wenn sie antidemokratische Positionen vertreten, müssen wir das klar benennen und aussprechen. Das ist in Berlin-Kreuzberg einfacher als an Orten mit rechter Hegemonie. Umso wichtiger, es dort konsequent zu tun.

5. Vierter Weg

Was bringt eine Brandmauer gegen die AfD, wenn andere Parteien ihre Politik fortführen? Eine Brandmauer bedeutet, AfD-Inhalte nicht umzusetzen und genuine AfD-Inhalte zu ignorieren. Themen für demokratische Auseinandersetzungen gibt es genug, Rechtsextremisten sollte man kein zusätzliches Futter geben. Die AfD lässt sich nicht »inhaltlich stellen«. Sie muss konsequent aus Gremien, Partnerschaften und Medien herausgehalten werden. Für eine CDU, die mit sozialkonservativen Positionen und klarer Abgrenzung zur AfD punktet!

6. Das Wahlrecht ändern
Das Wahlrecht schließt Millionen Menschen in Deutschland aus. Zum einen durch die undemokratische Sperrklausel von 5 Prozent. Sie muss weg. Zum anderen durch die Einschränkung der Wahlberechtigung: Alleine 9,5 Millionen Menschen ohne deutschen Pass leben hierzulande und zahlen Steuern, dürfen aber nicht wählen. Das muss sich ändern.

7. Die AfD verbieten
Wenn die AfD jetzt nicht verboten wird, gibt es keinen einzigen sinnvollen Anwendungsfall für ein Parteienverbot. Jetzt oder nie!

Offenbar kann man sich auf die Parteien also nicht verlassen. Aber auf wen dann?

10.
PREPPING FOR FUTURE

Am Abend des 19. Februar 2020 ermordete ein Rechtsextremist in Hanau aus rassistischen Motiven neun Menschen: Ferhat Unvar, Sedat Gürbüz, Fatih Saraçoğlu, Kaloyan Velkov, Gökhan Gültekin, Said Nesar Hashemi, Mercedes Kierpacz, Hamza Kurtović und Vili Viorel Păun.

Der Täter hatte sich am Vorabend der Morde im Internet noch eine Rede des Faschisten und AfD-Politikers Björn Höcke angeschaut. Für seine Taten suchte er gezielt Orte auf, die die AfD Hessen im Rahmen von Online-Hetzkampagnen in den Wochen zuvor als Ursprung der »Ausländerkriminalität« markiert hatte: Shisha-Bars. Die Morde hatten damit automatisch eine zusätzliche Symbolkraft, denn diese Bars sind oft Zufluchtsorte, Rückzugsräume für junge migrantisierte Menschen, die in anderen Clubs oder Bars Diskriminierung erfahren. In Shisha-Bars gibt es keine Türsteher, die sie aufgrund ihres Aussehens abweisen, und kein Barpersonal, das sie später bedient als alle anderen.

Diese sicheren Räume wurden ihnen mit dem Anschlag genommen. Und der Staat machte in der Tatnacht und an den darauffolgenden Tagen deutlich, dass sich auch die Angehörigen der Ermordeten nicht auf ihn verlassen können. Sie wurden zum Teil von Polizisten rassistisch beleidigt, während die Beamten für Notrufe nicht erreichbar waren. Gegenüber der Öffentlichkeit beteuerte die hessische Politik lange, die Polizei habe in der Tatnacht nichts falsch gemacht. Ein von *FragDenStaat* veröffentlichter interner Behördenbericht zeigt jedoch, dass es auch intern heftige Kritik am Polizeiversagen gab.[1]

Dass die Öffentlichkeit die Namen der Anschlagsopfer in Erinnerung behält, verdanken wir zu großen Teilen der *Initiative 19. Februar Hanau*. Die Gruppe formte sich als sicherer Raum für die Hinterbliebenen der Anschläge, in erster Linie, um die Trauerarbeit für die Angehörigen zu organisieren und Betroffene direkt unterstützen zu können. Schon direkt im Anschluss an die Tat mussten sie die Erfahrung machen, dass ein Umgang und eine Aufarbeitung ohne gegenseitige Unterstützung nicht gelingen würde, zu sehr wurden sie von Polizei und Politik im Stich gelassen.

Aus dieser Trauerarbeit heraus erarbeitete sich die Gruppe in den Monaten und Jahren nach dem Anschlag eine eigene Rechtsberatung, sorgte für gegenseitigen psychologischen Beistand und finanzielle Hilfe. Doch ihre Mitglieder stärkten nicht nur konsequent einander den Rücken, sondern sie erkämpften sich vor allem Sichtbarkeit und einen Platz im öffentlichen Diskurs – und das mit beeindruckender Beharrlichkeit. Sie leisten seit Jahren Aufklärungsarbeit, stellen das offizielle Narrativ infrage, decken Lügen der Polizei auf und stellen eigene Recherchen zum Tathergang an. Finanziert wird ihre Arbeit durch Spenden, nicht durch eine staatliche Förderung, die gewisse Abhängigkeiten mit sich bringen würde.

Der solidarische Raum der Hanau-Initiative besteht nicht nur virtuell, sondern physisch: Die Initiative hat ein zuvor leeres Ladengeschäft in der Hanauer Innenstadt gemietet und bietet damit nicht nur eine direkte Anlaufstelle, sondern setzt auch ein sichtbares Zeichen: Wir sind da und gehen nicht weg. Den Raum, der uns genommen wurde, nehmen wir uns wieder. Serpil Temiz Unvar, die Mutter des getöteten Ferhat Unvar, sagte bei einer Gedenkveranstaltung im Februar 2024: »Hanau ist ein Ort des Widerstands. Hanau ist ein Ort, an dem wir für unsere Existenz, Freiheit und Frieden kämpfen müssen.«[2]

Hanau ist kein Einzelfall. Mehr als 200 Menschen wurden in Deutschland seit 1990 durch rechte Gewalt getötet.[3] Die rechtsextreme NSU-Terrorgruppe ermordete zwischen 2000 und 2007 zehn Menschen und wurde dabei von einem großen Unterstützungsnetzwerk getragen, darunter auch Mitarbeiter des Verfassungsschutzes. Beim rechtsradikal motivierten Anschlag von München erschoss ein 18-Jähriger 2016 neun Menschen. An Jom Kippur 2019 versuchte ein Attentäter in Halle, einen Massenmord an Juden zu begehen, und tötete dabei zwei Menschen. Im selben Jahr erschoss ein Rechtsextremist den CDU-Politiker Walter Lübcke.

Viele weitere rechtsextreme Anschlagspläne scheiterten zumindest teilweise. Die rechtsterroristische *Gruppe Freital* verübte 2015 fünf Sprengstoffanschläge, unter anderem auf Asylunterkünfte und einen Politiker der Linkspartei. Ein Rechtsextremist stach im Oktober 2015 die Kölner Oberbürgermeisterin Henriette Reker nieder. Die rechtsextreme Preppergruppe *Nordkreuz* bereitete sich bis zu ihrer Aufdeckung 2017 auf einen »Tag X« vor, an dem sie Massentötungen von politischen Gegnern planten. Dazu hortete die Gruppe unter anderem Munition, Schusswaffen und Leichensäcke. Die rechtsterroristische Gruppe *Revolution Chemnitz* plante 2018, mit Angriffen auf Ausländer bürgerkriegsähnliche Zustände zu provozieren. Die Ende 2022 aufgedeckte rechtsterroristische *Reuß-Gruppe* hatte einen Putsch geplant, bei dem die Gruppe unter anderem Regierungsmitglieder hinrichten, »Säuberungen« in Kommunen durchführen und Homosexuelle »vernichten« wollte. Zu dieser Gruppe gehörte auch eine Ex-Bundestagsabgeordnete der AfD, viele Beteiligte weiterer Anschläge und Anschlagsversuche hatten ebenfalls Verbindungen zur Partei.

Die Polizei registrierte im Jahr 2023 insgesamt 2.378 politisch motivierte Angriffe auf Geflüchtete, fast doppelt so viele wie im Jahr zuvor.[4] Diese Zahl bildet nur einen Teil der Gewalttaten ab, die tatsächliche Anzahl liegt deutlich höher, denn viele Fälle rechter Gewalt werden nicht erfasst, zum Beispiel weil Betroffene sich nicht trauen, die Polizei zu informieren.[5] Aktivisten in Orten wie Sonneberg, wo die AfD zum ersten Mal eine Landratswahl gewinnen konnte, berichten von Angriffen auf Bewohner*innen von Unterkünften für Geflüchtete, die ohne Folge blieben. In einem Podcast von *NSU Watch* und dem *Verband der Beratungsstellen für Betroffene rechter, rassistischer und antisemitischer Gewalt* (VBRG) berichten sie: »Wir fühlen uns allein gelassen, weil die Zivilgesellschaft sich nichts traut.«[6]

Gewalt geht nicht nur vom Umfeld der AfD aus, sondern auch von AfD-Politikern selbst. Folgende Überschriften von Meldungen hat der VBRG zwischen Mai 2022 und März 2023 gesammelt:[7]

- »AfD-Kommunalpolitiker sprüht Reizgas auf Ersthelfer« (Mai 2022)
- »Ex-AfD-Landesvorstandsmitglied wegen gefährlicher Körperverletzung verurteilt« (Juni 2022)
- »AfD-Ratsherr verletzt Linken-Bundestagskandidatin« (November 2022)
- »AfD-Kreistagsabgeordneter greift Studenten mit Reizgas an« (Dezember 2022)
- »AfD-Kommunalpolitiker sticht Ersthelfer nieder« (Dezember 2022)
- »AfD-Kreistagsabgeordneter wegen Freiheitsberaubung verurteilt« (Dezember 2022)
- »AfD-Bezirksverordneter beißt Schwarze Musikjournalistin« (Februar 2023)
- »AfD-Kreistagsabgeordneter tritt junger Frau in den Bauch« (März 2023)

Den Sicherheitsbehörden gelingt es oft nicht, Gewalttaten zu verhindern. Schlimmer noch: Viele Drahtzieher hinter rechtsterroristischen Anschlagsplänen sind selbst mit Polizei und Bundeswehr verbandelt, haben also qua Beruf Zugang zu Waffen und Munition. Und sie sind im Umgang mit ihnen geschult, können sie effektiv und präzise einsetzen. Wenn diese Menschen, die eigentlich für den Schutz der Bevölkerung verantwortlich sind, eine immanente Bedrohung darstellen für ebenjene Menschen, die sie schützen sollen – wie kann man sich dann überhaupt sicher fühlen?

TAG X, Y, Z

Die Gewalt hat konkrete Auswirkungen. Viele von Rassismus betroffene Menschen haben in den vergangenen Jahren darüber nachgedacht, ob sie Deutschland verlassen sollen. »Nazis raus« wird nichts, also sollte man möglicherweise stattdessen selbst auswandern? Hätte man ihnen zugehört, anstatt sie nicht ernst zu nehmen, wäre der öffentliche Diskurs in Bezug auf die AfD jetzt ein anderer. Ihre Geschichten gingen in den »Meisternarrativen« unter. So bezeichnet Gilda Sahebi die Perspektiven und Geschichten der Nicht-Betroffenheit und des ruhigen Abwartens der weißen Mehrheitsgesellschaft, die den Ernst der Lage nicht erkennen will.[8]

In Ruhe abwarten zu können, was sich aus öffentlichen Forderungen von Politikern entwickelt, im »großen Stil« abzuschieben, ist ein Privileg, das viele nicht haben. Deswegen bieten Menschen wie der Karateprofi Arif Abdullah Haidary Migrant*innen kostenlos Selbstverteidigungskurse an. Im Interview mit *ze.tt* sagt Haidary: »Ich vergleiche Selbstverteidigung gerne mit Erster Hilfe. Du brauchst sie selten, aber wenn die Gefahr da ist, muss alles wie automatisch funktionieren.

Und die empfinde ich in der jetzigen Zeit für Migrant:innen sehr hoch. Die Zahl der Angriffe steigt immer weiter, Rechtsextremisten greifen wieder Geflüchtetenheime an.«[9]

In den USA gehen ähnliche Planungen schon deutlich weiter. Nachdem ein Attentäter Ende November 2022 in einer Schwulenbar im US-Staat Colorado mit einem Gewehr fünf Menschen tötete und weitere 19 Menschen teils schwer verletzte, sendete das Schockwellen durch das ganze Land und darüber hinaus. Der queerfeindliche Amoklauf im *Club Q* führte unter anderem dazu, dass sich im ganzen Land neue, explizit queere Schießclubs gründeten. Die Clubs mit Namen wie *Pink Pistols* und *Blazing Sword* haben das Ziel, Mitglieder der queeren Community im Umgang mit Schusswaffen und in der Selbstverteidigung zu schulen. Weiteren Amokläufen wollen ihre Mitglieder nicht schutzlos ausgeliefert sein.

Auch hierzulande gibt es erste derartige Schießclubs, z. B. mit dem Namen *Queerschläger*. Wer sich in Initiativen umhört, die täglich mit der Gewalt von rechts leben müssen, wird immer häufiger hören, dass sich ihre Mitglieder überlegen, Schießtrainings zu machen, möglicherweise einen Jagdschein machen, um Waffen besitzen zu können. Wer weiß, was passiert, wenn die AfD erst Teil der Regierung ist.

Merkmal einer demokratischen Gesellschaft ist in der Theorie, dass ein friedliches Zusammenleben möglich ist, weil der Staat das Gewaltmonopol hat. Aber wenn große Teile der Bevölkerung im Angesicht von rechter Gewalt nicht sicher sind, wenn Verwaltungen, Gewerkschaften, Justiz, Unternehmen und Medien nicht für sie da sind, müssen sie dann nicht ihre eigene Verteidigung organisieren und sich auf Krisen vorbereiten – also … preppen?

In Deutschland gibt es eigentlich viel Wissen darüber, wie Systemstürze passieren und Demokratisierungen funktionieren. Dieses Wissen besitzen zum einen viele Menschen in Ostdeutschland, die keine westdeutsche Stabilitätserfahrung machen konnten, sondern den Fall der Mauer miterlebt oder sogar mitverursacht haben. Und zum anderen teilen viele Menschen dieses Wissen, die derartige Prozesse in anderen Ländern erlebt haben: im Iran, in Ungarn, der Türkei, in Israel.

Die Vorbereitung auf Systemstürze, das sogenannte Prepping, hat in Deutschland einen schlechten Ruf. Nicht ganz zu Unrecht: Wer hierzulande an Prepper denkt, hat bestenfalls einen Keller voll Klopapier im Kopf, aber vermutlich auch rechtsextreme Gruppierungen wie die eingangs erwähnte *Nordkreuz*-Gruppe. Kauft man beim Onlineversandhändler *Amazon* Artikel, die möglicherweise auch für Prepper interessant sein könnten, also etwa Outdoor-Ausrüstung, schlägt die Plattform einem des Öfteren gleich noch die passenden Reichsflaggen und Reichsbürgertassen vor. Sie möchten Dosen-Ravioli kaufen? Kunden, die sich dafür interessieren, kauften auch: Hitlers *Mein Kampf*.

Tatsächlich sind die Formen des Preppings, die hierzulande gepflegt werden, in der Regel egoistisch motiviert. Der typische Prepper bereitet sich auf Notfälle vor, legt Vorräte an, ist möglicherweise Verschwörungsmythen zugeneigt. Stereotype Prepper überlegen, wie sie selbst – gegebenenfalls mit der eigenen Familie – in einem Kampf von allen gegen alle überleben können. Und er plant möglicherweise, wie er politische Gegner ausschalten kann.

Diese Form des individualistischen Preppings kann natürlich nicht als Vorbild dienen. Die Motivation hinter dem Prepping ist allerdings durchaus eine Überlegung wert, wenn es darum geht, sich auf eine Krise vorzubereiten. Denn was passiert, wenn die demokratische staatliche Ordnung zusammenbricht und die staatliche Infrastruktur nicht mehr dafür sorgt, dass grundlegende Bedürfnisse wie Sicherheit oder die Strom-, Lebensmittel-, Wasser- oder Krankenversorgung gewährleistet sind? Angesichts von Lieferengpässen und Verwaltungskrisen im Rahmen der Corona-Pandemie sind diese Themen für viele

Menschen greifbarer geworden. Das Bundesamt für Bevölkerungsschutz und Katastrophenschutz berät in Broschüren nicht nur dazu, welche Lebensmittel man bevorraten sollte, sondern hat auch Tipps zu Verhaltensweisen im Angebot. Dort heißt es: »Notfallvorsorge ist eine sehr individuelle Angelegenheit.«[10]

Was wäre, wenn wir Prepping aber nicht individualistisch, sondern kollektiv gestalten, als Selbstermächtigung der Zivilgesellschaft angesichts eines Staats, auf den man sich nicht verlassen kann? Diesen Ansatz, der beinhaltet, Gesellschaft vor allem lokal zu organisieren, Politik von unten zu machen, gemeinsame Infrastruktur zu schaffen und sich auf einen »Tag Y« vorzubereiten, kann man »Prepping For Future« nennen: ein zukunftsfähiges und solidarisches Prepping.

Die *Initiative 19. Februar* in Hanau zeigt, wie es geht. Um ein gemeinsames Bedürfnis herum – hier Trauerarbeit und gegenseitiger Rückhalt – formiert sich eine lokale Gruppe, sammelt gemeinsam Stärke und Widerstandskraft, allerdings nicht, um sich zu isolieren und zu verstecken, sondern um in die Gesellschaft hineinzuwirken.

Es gibt bereits Infrastrukturen, die in der Regel nicht als Prepping verstanden werden, die jedoch schon seit Jahren insbesondere von Non-Profit-Initiativen aufgebaut und genutzt werden. Die spontane zivilgesellschaftliche Nachbarschaftshilfe im Sommer der Migration 2015, die gemeinhin »Willkommenskultur« genannt wird, ist beispielsweise ein sehr gutes Beispiel für die positiven Konsequenzen von zukunftsfähigem Prepping. Millionen Menschen in Deutschland organisierten sich angesichts einer Verwaltungskrise, um neu im Land angekommene Menschen zu versorgen und sie zu integrieren. Viele der damals entstandenen Initiativen wirken noch heute in diesen Nachbarschaften fort, einige wurden 2022 schnell reaktiviert, als ukrainische Geflüchtete auf ihre Hilfe angewiesen waren.

Im Ausland gibt es derartige Gruppen schon länger. Aus Schweden berichten der Journalist Niklas Franzen und der Aktivist Tadzio Müller von der Gruppe *Gatans Förband,* die angesichts der ausufernden Schusswaffenkriminalität in den Großstädten des Landes Workshops zur Versorgung von Schusswunden anbietet. Das Grundbedürfnis der Gruppenmitglieder ist eindeutig: Niemand soll in der Folge von Schießereien verbluten, Erste Hilfe muss schnell funktionieren. Die Angebote der Prepping-Gruppe richten sich an ganze Nachbarschaften und vermitteln nicht nur unmittelbare medizinische Kenntnisse, die Leben retten können. Sie bilden und stärken über ihre Herangehensweise auch lokale Netzwerke, vermitteln ein Gefühl von Verlässlichkeit, Nähe und Solidarität.[11]

Die Grundbedürfnisse von Menschen sind häufig ähnlich, dabei aber oft nicht genau deckungsgleich. Die einen brauchen vielleicht spezielle Medikamente, die anderen sind weniger mobil. Sich um diese Bedürfnisse zu versammeln, um für die Zukunft zu preppen, bedeutet, sich innerhalb einer Gemeinschaft Fähigkeiten anzueignen, auf die wir in einer hochgradig arbeitsteiligen modernen Gesellschaft eigentlich nicht mehr angewiesen sind und die wir auch jetzt noch nicht unmittelbar brauchen. Je nachdem, von welcher Zukunft wir ausgehen, kann zukunftsfähiges Prepping bedeuten: Wir lernen, Wasser zu fördern und zu schöpfen, Gemüse anzubauen und uns selbst zu verteidigen. Beim zukunftsfähigen Prepping werden wie beim individualistischen Prepping Vorräte angelegt, hier allerdings gemeinsam. Diese Vorräte bestehen nicht nur aus Ressourcen wie Medikamenten, Lebensmitteln, Garten- und Kochequipment oder medizinischen Kenntnissen. Sie können auch aus »radikaler Zärtlichkeit« (Şeyda Kurt) bestehen, aus Kunst, aus langfristig haltbaren Strukturen, aus dem Kampf *für* die Demokratie, nicht *gegen alle anderen*. Diese Vorräte bestehen aus Solidarität, gegenseitiger Unterstützung und Liebe.[12] [13]

Mitglieder dieser »Prepping For Future«-Gruppen können

nicht nur ihre unterschiedlichen Fähigkeiten und Ressourcen miteinander teilen, sondern auch ihre Privilegien. Etwa mit Schutzehen, dem wirksamsten Mittel, um das Privileg, einen deutschen Pass zu besitzen und sich damit frei in der Welt bewegen zu können, mit einer anderen Person zu teilen.[14] Daraus kann sich möglicherweise auch eine Gruppenidentität bilden, die aber nicht Voraussetzung ist, um Mitglied der Gruppe zu werden.

Im Kampf gegen den Rechtsextremismus treten unweigerlich Gemeinsamkeiten zum Kampf gegen den Klimakollaps zutage: Die meisten Menschen verdrängen dystopische Zukunftsszenarien, in denen das Klimasystem kollabiert ist und die Bevölkerung in einer rechtsextremistischen Diktatur lebt. Zukunftsfähiges Prepping bereitet auf beides vor. Kipppunkte gibt es sowohl bei dem einen wie dem anderen Phänomen, beim Rechtsextremismus sind es soziale Kipppunkte, bei der Klimakatastrophe klimatische. Mit einem Unterschied: Die sozialen Kipppunkte auf dem Weg zur Abschaffung der Demokratie – wie etwa rassistische Hetzkampagnen und die Einschränkung von Bürgerrechten – können einfacher rückgängig gemacht werden als planetare Kipppunkte.

Das alles klingt ziemlich anstrengend. Aber Netzwerke, die im Rahmen eines zukunftsfähigen Preppings entstehen, können die Basis bilden für Selbstvertrauen und das Vertrauen in die selbst geschaffenen Institutionen und die eigene politische Selbstwirksamkeit, aus der demokratische Prozesse entstehen. Daraus kann ein Zugehörigkeitsgefühl entstehen und Zusammenhalt.

Besonders wichtig für diese Form des Preppings sind sichere Räume. Vor allem stabile, physische Orte, in denen Menschen sich geschützt fühlen können. Diesem Gedanken entspringen auch Autonome Zentren, die vor allem in den 80er- und 90er-Jahren populär waren und die oft auch subkulturelle Orte waren, an denen Musik, Theater, bildende Kunst entstand.

Die aus diesen Zentren hervorgegangenen Kulturinstitutionen nehmen noch heute eine wichtige Rolle bei Demokratiebildung und Protesten gegen Rechtsextremismus ein. Aus vielen Platzbesetzungen sind politische Bewegungen entstanden.[15]

Aber auch digitale Räume gehören zum »Prepping For Future«. Für wirksame Vernetzung ist es heutzutage unerlässlich, dass sich Menschen online und offline sicher treffen können, ohne befürchten zu müssen, dass sie dabei von Staaten oder Konzernen auf Schritt und Tritt verfolgt und überwacht werden. Leider ist es inzwischen eine Seltenheit, dass soziale Netzwerke die Attribute sinnvoll, viel genutzt, gemeinnützig und nicht profitorientiert für sich beanspruchen können (eine Ausnahme bildet *Mastodon*). Wohin das führt, zeigt der elendige Niedergang von *Twitter* bzw. *X*. Über die Jahre war *Twitter* mehr oder weniger zu einem öffentlichen Forum geworden und konnte an vielerlei Orten als quasi demokratischer digitaler Raum fungieren. Letztendlich ist *X* aber – ebenso wie *Facebook* und *Instagram* – nur eine Shopping Mall. Der Dienst steht zwar grundsätzlich allen offen, man kann sich die Zeit vertreiben und Bekannte treffen. Gerade an Orten ohne Versammlungs- oder Meinungsfreiheit kann das ein wahrer Nutzen sein. Am Ende des Tages bestehen all diese Angebote aber eben nur, um Geld zu machen. Gerät das Profitstreben (oder das Ego des Besitzers der Shopping Mall) mit dem Gemeinwohl in Konflikt, gewinnen am Ende Geld und Ego.

Umso wichtiger ist es, auch online neue gemeinnützige, kommerzfreie Räume zu schaffen und bestehende (wie *Wikipedia* oder *FragDenStaat*) viel zu nutzen. Gerade *Wikipedia* wird im Kampf gegen Rechtsextremismus und für Demokratie oft unterschätzt. Dabei erreichen die dort verfügbaren Informationen in Windeseile direkt enorm viele Menschen und werden auch in den Medien rezipiert. Die bisherige *Wikipedia*-Community ist leider nicht besonders divers – deswegen ist es wichtig, an den Inhalten der Enzyklopädie mitzuarbeiten, gerade in Bezug auf Themen, die mit demokratischen Strukturen zu tun haben.

NACH DEN PROTESTEN

»Prepping For Future« schließt freilich nicht aus, trotzdem demonstrieren zu gehen und von der Politik einzufordern, dass die Praxis der Solidarität aus der kleinen Gruppe institutionell bestätigt und verrechtlicht wird. Tatsächlich funktioniert das Prepping nur, wenn sich ihre Gruppen nicht isolieren. Man kann die eigene Gruppe so liebevoll gestalten, wie man möchte – außerhalb dieses sicheren Raumes kann es trotzdem extrem gewaltvoll zugehen. Aus der eigenen Gruppe zu versuchen, in die Gesellschaft hineinzuwirken und Menschen zu erreichen, die man nicht kennt, ist eine große Herausforderung. Aber wenn die Politik nicht liefert, macht man die Politik in den eigenen Kontexten notfalls eben selbst.

Es gibt viele Beispiele für Initiativen, die Veränderungen von der Politik einfordern, aber nicht einfach darauf warten, dass diese umgesetzt werden, sondern diese Ideen schon innerhalb der eigenen Strukturen aktiv umsetzt. Die Seenotrettungsorganisation *Sea-Watch* ist ein solches Beispiel. Weil sich der Staat weigert, dem Sterben im Mittelmeer ein Ende zu setzen, hat *Sea-Watch* die Dinge selbst in die Hand genommen und mithilfe eines breiten Netzwerks von Seenotrettungsorganisationen bereits Zehntausende Menschen vor dem Ertrinken bewahrt. Ein anderes Beispiel ist der Verein *Sanktionsfrei,* der sich für eine würdevolle Grundsicherung einsetzt und selbst mit einem »Solidartopf« Menschen unterstützt, die Repressionen vom Jobcenter erfahren.

Und auch der von mir gegründete *Freiheitsfonds* passt in diese Kategorie. Gemeinsam mit Freund*innen setzen wir uns mit der Organisation dafür ein, dass das Fahren ohne Ticket in Bus und Bahn entkriminalisiert wird. Seit 1935 ist es in Deutschland eine Straftat, ohne einen Fahrschein öffentliche Verkehrsmittel zu nutzen. Wer von einem Verkehrsbetrieb dafür angezeigt wird, muss in der Regel eine Geldstrafe zahlen. Davon sind vor allem Menschen betroffen, die sich kein Ticket leisten können, auch nicht das erhöhte Beförderungsentgelt von 60 Euro geschweige denn die zusätzliche Geldstrafe, die Gerichte den Betroffenen aufbrummen. Die Regel besagt: Wer nach einer Straftat seine Geldstrafe nicht zahlt, muss in Deutschland ins Gefängnis. So kommt es, dass bundesweit jedes Jahr rund 7000 Menschen hinter Gitter müssen, weil sie ein paar Mal ohne Ticket gefahren sind. Ein Schaden von zusammen vielleicht 10 Euro kann dazu führen, dass man letztlich wochen- oder sogar monatelang in den Knast muss. Diese ungerechte und vollkommen unverhältnismäßige Bestrafung führt dazu, dass arme Menschen im Justizsystem besonders hart bestraft werden.

Der Freiheitsfonds wird durch Spenden finanziert, übernimmt die Geldstrafen der Betroffenen und befreit sie so aus dem Gefängnis. Mehr als 950 Menschen konnten auf diese Weise schon befreit werden. Inzwischen kommt ein Großteil der Anfragen sogar von den Gefängnissen selbst. Einerseits erschafft der Staat also ein ungerechtes System, aufgrund dessen reihenweise Menschen eine Freiheitsstrafe absitzen müssen – und auf der anderen Seite bittet der Staat durch die Gefängnisinstitutionen eine zivilgesellschaftliche Initiative darum, das von ihnen geschaffene Problem zu lösen.

Als Reaktion auf unsere Initiative kündigte das Bundesjustizministerium Ende 2023 an, den § 265a im Strafgesetzbuch, der das Fahren ohne Ticket kriminalisiert, abzuschaffen. Noch ist die Ankündigung nicht umgesetzt, aber der zivilgesellschaftliche Druck hat das Ministerium offenbar zum Handeln bewegt.

Die gesamtgesellschaftlichen Herausforderungen bleiben aber enorm. Der Diskurs der Entsolidarisierung, den die AfD in den vergangenen Jahren vorangetrieben hat, trägt Früchte: Eine unveröffentlichte Umfrage von *pollytix strategic research* von Anfang 2024 bildet ab, wie stark sich ausländerfeindliche Positionen in den vergangenen Jahren verbreitet haben. Im Juli 2022 waren 39 Prozent der Befragten der Ansicht, in Deutschland lebende Ausländer seien eine »Belastung für das soziale Netz«. Jetzt sind es 58 Prozent, das ist ein Anstieg von 19 Prozentpunkten in anderthalb Jahren. Im Oktober 2022 meinten 59 Prozent, der »Zuzug von Ausländern nach Deutschland« sollte stärker begrenzt werden. Im November 2023 waren es schon 74 Prozent. Mehr als drei Viertel der Befragten, 76 Prozent, stimmte der Aussage zu, zu viele Menschen in Deutschland profitierten vom Sozialstaat, »obwohl sie dazu nichts beitragen«.

Der Fokus der öffentlichen Debatten auf Migration und die Abwertung von armutsbetroffenen Menschen ist eine Niederlage für den demokratischen Diskurs. In den vergangenen Jahren wurde durchweg suggeriert, Migration und Integration seien Probleme für den deutschen Staat, die dringlicher wären als etwa die Wohnungs- oder Bildungskrise. Erinnern Sie sich an die medienwirksame Kampagne im Jahr 2023, die die Asylrechtsverschärfungen und neue Abschieberegeln begleitete? Fortwährend wurde behauptet, die Kommunen hätten durch die Migration ihr Belastungslimit erreicht und stünden kurz vor dem Zusammenbruch. Eindeutige Belege dafür gab es zwar nicht, es gab Gerüchte anstatt von Zahlen und Fakten. Stefan Willeke machte sich für die *ZEIT* auf die Suche nach Orten, an denen Kommunen tatsächlich überlastet waren – und fand keine. Die Kommunen winkten ab. Die viel beschworene Belastungsgrenze war ganz offenbar ein mediales Phänomen, herbeigeredet von rechts.[16]

Die sozioökonomischen Ursachen dafür, dass solche Kampagnen in der Bevölkerung verfangen, in Deutschland wie auch in allen anderen vergleichbaren Ländern, werden in der Regel vergessen oder verschwiegen. Das massive Sparprogramm in den Kommunen und im Sozialsystem hat zu den bereits bestehenden Verteilungskämpfen beigetragen. Hinzu kommt vor allem für Männer die narzisstische Kränkung durch den Feminismus, die eine gesellschaftliche Gegenbewegung wie die AfD befeuert hat. Wer gegen rechts ankämpfen will, muss sich auch dieser Themen annehmen.

Alle rechten Gesetzespakete, die Parteien der selbst ernannten Mitte in den vergangenen Jahren verabschiedet haben, wurden mit strategischen Erwägungen begründet, vor allem im Bereich der Migrationspolitik: Die Vorsitzende einer großen deutschen Partei erzählte mir 2023 im Gespräch, die Asylrechtsverschärfungen seien notwendig, weil »die Bevölkerung das eben so will«. Eine erstaunliche Aussage. Kein Wort der Parteivorsitzenden dazu, hier würde tatsächlich im Sinne des Gemeinwohls gehandelt werden.

Da ist es auch kein Wunder mehr, dass das Vertrauen in die Ampel-Koalition besonders gering ist, wenn sie vor allem darauf schaut, Menschen, die in den kommenden Wahlen für die AfD stimmen wollen, »zurückzugewinnen«, anstatt das zu tun, was sie selbst für richtig hält. Der Versuch, Wähler einer antidemokratischen Partei »zurückzugewinnen«, führt vor allem dazu, dass die Diskurse ebendieser Partei legitimiert werden. Zudem wird ohnehin lieber das Original gewählt, das ja auch am glaubwürdigsten mit den jeweils wichtigen Themen aufwartet und von dem man sich die größte Kompetenz bei der Problemlösung verspricht. »Issue ownership« heißt dieses Konzept in der Politikwissenschaft.[17]

Bisher hat die AfD in der öffentlichen politischen Debatte das Visionsmonopol. Sie zeigt klar auf, welche Gesellschaft sie sich vorstellt, eine Gesellschaft der Gewalt.

Wir brauchen eigene demokratische Erzählungen für eine bessere Gesellschaft, eigene Visionen. Es reicht mittelfristig nicht, nur aus dem Grund gegen die AfD zu mobilisieren, weil sie noch viel schlimmer wäre, als es jetzt schon ist. Wir brauchen etwas, wofür wir kämpfen können.

Verteidigen wir die Gesellschaft nur gegen Angriffe von rechts, ohne diesen Angriffen eigene Visionen entgegenzusetzen, gelingt es uns höchstens, den Status quo zu verteidigen. Daraus folgen keine positiven gesellschaftlichen und strukturellen Entwicklungen. Diskurse verändern wir, indem wir eigene Inhalte in den Fokus bringen: Denn gesellschaftliche Positionen und Perspektiven sind natürlich nicht statisch, sie verändern sich. Anstatt nur auf sie zu reagieren, müssen die Parteien auch versuchen, sie zu gestalten. Was ist sonst ihre Funktion?

Wir müssen für mehr Demokratie kämpfen, um sie zu verteidigen. Das bedeutet: Nicht nur *gegen* Asylrechtsverschärfungen zu kämpfen, sondern auch *für* offene Grenzen. Nicht nur *gegen* ungerechte Bürgergeldbestimmungen zu kämpfen, sondern *für* ein bedingungsloses Grundeinkommen. Nicht nur *gegen* den Abbau von Bürgerrechten zu kämpfen, sondern *für* mehr Bürgerrechte. Nicht nur *gegen* den Klimakollaps, sondern *für* lebenswerte Umwelten. Für eine Gesellschaft ohne Angst, mit einem zukunftsfähigen Gesundheitssystem und demokratischer Handlungsfähigkeit sowie einem nachhaltigen Umgang mit den Ressourcen.

Schlaue Pragmatiker mögen darauf entgegen, das könne doch alles nicht funktionieren. Offene Grenzen seien gar nicht möglich. Aber seien wir ehrlich: Geschlossene Grenzen funktionieren doch auch nicht, wie die mehr als 28000 im Mittelmeer ertrunkenen Menschen seit 2015 zeigen.[18] Wenn wir Visionen entwickeln, dürfen wir uns nicht dem Druck der Machbarkeit ergeben. Wir sollten Möglichkeitsräume entwerfen, die uns Freiheit zum Denken geben.

Viele Menschen fühlen sich durch die etablierten Parteien nicht länger repräsentiert. Was uns bisher vor einer AfD-Machtübernahme gerettet hat, waren auch nicht zuvorderst die Parteien, sondern die Zivilgesellschaft. Die Millionen Menschen, die im Sommer der Migration 2015 Geflüchtete in Deutschland willkommen geheißen haben, und die Millionen Menschen, die für die Demokratie auf die Straße gehen.

Dabei kann Deutschland von anderen Ländern lernen. Von Polen zum Beispiel, wo die autoritäre PiS-Regierung nach acht Jahren an der Regierung 2023 vor allem deswegen abgewählt wurde, weil eine feministische Kampagne für das Recht auf Abtreibung breit mobilisierte, anstatt auf einzelne Parteien zu setzen.[19] Von Österreich, wo die rechtsextreme FPÖ aus der Regierung flog, nachdem ihr mit dem »Ibiza-Video« eine elaborierte Falle gestellt wurde. Oder von Brasilien, wo die Justiz Widerstand gegen den rechtsextremen Präsidenten Jair Bolsonaro leistete und ihn inzwischen sogar von einer möglichen Wiederwahl ausschließen konnte.

Und gleichzeitig sollte klar sein: Seit 2020 haben wir alle eine globale Pandemie, Kriege und Krisen erlebt, viele Menschen sind zudem tagtäglich rassistischen, antisemitischen, rechtsextremistischen, behindertenfeindlichen, misogynen oder queerfeindlichen Attacken ausgesetzt. Wir müssen enorm viel schultern. Es ist okay, in einem solchen Kontext nicht »normal« zu funktionieren, was auch immer das sein soll.

Verzweifeln ist okay. Trauer, Angst, Wut und Verdrängung sind verständliche Reaktionen. Es ist vollkommen normal, angesichts des Aufstiegs der AfD hoffnungslos zu sein, den Glauben an die Menschheit zu verlieren und sich zu überlegen, in welches Exil man auswandern würde. Mir geht es auch so. Ich habe oft den Eindruck, alle Hoffnung verloren zu haben. Dann gibt es wieder einen politischen Skandal, und ich bin davon enttäuscht und merke: Offenbar hatte ich doch noch Hoffnung.

Der Kampf gegen Rechtsextremismus bleibt eine Lebensaufgabe. Selbst wenn die AfD einmal besiegt sein sollte, bleiben die internationalen Krisen, die Diskriminierung von Minderheiten, die Verteilungskämpfe, die Kriege, das Artensterben und die Klimakatastrophe. Wussten Sie, dass jeder einzelne Monat in der zweiten Jahreshälfte 2023 der wärmste seit Beginn der Aufzeichnungen war? Spätestens wenn es auch in Deutschland um die Verteilung von knappem Wasser geht, wird es eine große Herausforderung, die Demokratie aufrechtzuerhalten.

Das bedeutet auch, dass wir gemeinsam trauern müssen – um die Opfer rassistischer Gewalt, um den verlorenen Optimismus, wegen der Asylrechtsverschärfungen. Wir müssen diese Trauer zulassen und Wege finden, ihr Raum zu geben und sie so in unser Leben zu integrieren, dass wir weiterkämpfen können. Die gemeinsame Trauerarbeit kann Kraft zum gemeinsamen Kämpfen geben. Aus der Trauer und Hoffnungslosigkeit kann Hoffnung und Handlungsfähigkeit entstehen. So wie in Hanau.

Die Demokratie-Arbeit ist eine Sisyphos-Arbeit. Aber während Sisyphos seinen Job freudlos alleine machen musste, können wir aus der Isolation ausbrechen. Wir können den Stein gemeinsam den Berg hochwuchten. Das geht zum Beispiel auch mithilfe von Humor, beim Tanzen und Singen auf Demos und anderswo, beim Feiern und bei allem, was man noch so mag. Wir müssen das Leben leben, für das wir kämpfen. In den Worten des Philosophen Srećko Horvat: Ein anderes Ende der Welt ist möglich.

WAS TUN?

1. Zuhören und lernen

Hören Sie Betroffenen zu. Nehmen Sie sie ernst. Lesen Sie zum Beispiel die Bücher von Mely Kiyak, Tupoka Ogette, Max Czollek, Sasha Marianna Salzmann, Gilda Sahebi, Jasmina Kuhnke, Sibel Schick, Alice Hasters, Mohamed Amjahid, Josephine Apraku.

Und wenn Sie neue Fertigkeiten lernen möchten, überlegen Sie sich: Was brauchen Sie, um zukunftsfähig zu preppen? Was sind Ihre Grundbedürfnisse? Was sind die Grundbedürfnisse der Menschen in Ihrer Umgebung?

2. Vorräte an Liebe schaffen

Schaffen Sie Vorräte an Solidarität und organisieren Sie Liebe. Das braucht Raum. Wenn Sie die Möglichkeit dazu haben, schaffen Sie physische und digitale Räume, die frei von Profitdenken und Gewinnmaximierung sind, für sich und für andere. Erkundigen Sie sich im Falle eines AfD-Wahlsiegs bei Betroffenen, wie es ihnen geht, und bieten Sie Unterstützung an.

3. Augenkontakt herstellen, Nachbarn treffen

Prepping For Future beginnt in der eigenen Nachbarschaft. Lernen Sie die Kiosk-Besitzerin um die Ecke kennen und den Café-Besitzer. Fragen Sie nach ihren Bedürfnissen. Gehen Sie zu Community-Gärten, zu Tauschstationen, zur Nachbarschaftshilfe.

4. *Wikipedia* editieren

Ob Behörden, Medien, Justiz – alle nutzen *Wikipedia*. Umso wichtiger, dort für verlässliche, ausführliche Informationen zum Thema Demokratie und Rechtsextremismus zu sorgen. Auch wenn es manchmal nervt: Wir brauchen mehr Menschen, die *Wikipedia* editieren!

5. Schutzehen eingehen

Die einfachste Art, eigene Privilegien zu teilen, ist eine Schutzehe einzugehen: So ermöglicht man anderen Menschen, ebenfalls einen deutschen Pass zu erhalten. Was für ein Akt der Liebe!

6. Etwas riskieren

Der Kampf gegen Rechtsextremismus ist eine Lebensaufgabe. Wir müssen für ihn etwas riskieren. Sichtbar werden, Flagge zeigen, über Selbstverteidigung und Verteidigung vulnerabler Gruppen nachdenken.

11.
WIDERSTAND BEGINNT JETZT

Ich habe einen Traum: Alexander Gauland im *Dschungelcamp*. Nach Jahren der Hetze und Niedertracht ist der AfD-Ehrenvorsitzende bei RTL zur besten Sendezeit zu sehen, wie er gerade in seinem Zelt aufwacht. Als die verschlafenen Kandidaten zur Dschungelprüfung gerufen werden, machen sich alle auf den Weg. Nur Gauland bleibt mit angespanntem Gesicht sitzen. Denn es hat wieder jemand seine Badehose geklaut.

Unterdessen zieht der ehemalige AfD-Vorsitzende Tino Chrupalla bei *Promi Big Brother* in den Container. Er irritiert seine Mitbewohner*innen von Anfang an mit kruden Theorien zum »Bevölkerungsaustausch« und fällt mit rassistischen Aussagen auf. Chrupallas neue Fernseh-Karriere währt nur für eine einzige Sendung, dann hat das Publikum genug. Chrupalla wird aus dem *Big-Brother*-Container ausgewiesen.

Derweil wird Beatrix von Storchs neues Fernsehformat »Beatrix' House of Love« direkt nach der ersten Folge abgesetzt. Der Grund: Alle Kandidaten, die eigentlich um von Storchs Liebe kämpfen sollten, lernen die Ex-AfD-Politikerin persönlich kennen – und verlassen dann freiwillig das Haus. Von Storch bleibt bedröppelt zurück. Sie trägt eine Mütze mit der Aufschrift »Make Germany Great Again«.

* * *

Es ist noch ein langer Weg, bis die AfD dort ist, wo sie hingehört: im Trash-TV. Diesen peinlichen Pfad schlug schon die rechte Schill-Partei ein, deren Gründer Ronald Schill es Anfang der 2000er-Jahre zum Innensenator in Hamburg brachte und der jetzt durch Trash-TV-Sendungen tingelt. Bis es so weit ist, wird die AfD voraussichtlich noch deutlich stärker werden.

In den kommenden Jahren wird sie ihre Struktur im ländlichen Raum weiter festigen und in Regierungen eingebunden werden. Dadurch geraten Menschen in Gefahr. Es ist zu erwarten, dass die AfD-Wahlerfolge noch stärker von Gewalt begleitet werden. Ein Sieg der AfD ist zuallererst eine Katastrophe für diejenigen, die die AfD als ihre Feinde ausgemacht hat: Menschen, die sie nicht als deutsch ansieht; queere Menschen; Menschen, die von Armut betroffen sind; Menschen mit Behinderungen; Frauen; Grüne und Linke.

Aber auch wenn es gerade nicht so wirken mag: Rechtsextremisten können zu jedem Zeitpunkt gestoppt werden. Das wird allerdings schwieriger, wenn sie mitregiert. Die AfD wird zwar nicht in der Lage sein, direkt die Demokratie zu stürzen. Aber ihr Gift wird Schritt für Schritt weiter in die Gesellschaft einsickern, und sie wird versuchen, Schritt für Schritt demokratische Strukturen abzuschaffen.

Es reicht nicht, nur im Wahlkampf gegen die AfD zu gewinnen. Wir haben nicht gewonnen, nur weil sie nicht gewinnen. Die AfD hat einen langen Atem. Sie wartet auf ihre Chance und kann gelassen dabei zusehen, wie ihre menschenfeindlichen Positionen von demokratischen Parteien übernommen werden, vorgeblich um der AfD den Wind aus den Segeln zu nehmen. Das verschafft ihren Themen stattdessen aber nur dauerhaft Rückenwind. Es reicht nicht, der Partei Paroli zu bieten – auch ihre Inhalte müssen effektiv bekämpft werden.

Dazu muss sich die offene Gesellschaft mehr Räume erkämpfen und diejenigen unterstützen, die besonders unter Druck sind. Anstatt auf das Handeln der Politik zu warten, handeln wir gemeinsam und bereiten uns zusammen auf eine bessere Zukunft vor. Gesetzesreformen und ein besserer rechtlicher Schutz der Institutionen alleine werden uns nicht retten. Der Kampf um die Demokratie ist ein Kampf um öffentliche Räume. Demokratische Proteste auf der Straße machen sichtbar, dass viele Menschen bereit sind, Widerstand gegen Rechtsextremismus zu leisten. Wenn öffentliche Räume offen bleiben, gewinnt die Demokratie. Alle Menschen sind dafür verantwortlich. Beamte, Gewerkschaften, Richter*innen, Unternehmen, Medien, Zivilgesellschaft, die CDU, Kulturschaffende, Kirchen, Wissenschaft, Sport. Alle haben dazu unterschiedliche Werkzeuge zur Verfügung – Remonstrationen, Proteste am Wahlabend und darüber hinaus, Bummelstreiks, Geld, Gesetzesänderungen, Transparenzarbeit, Zeit, gegenseitige Anrufe, Selbstverteidigungskurse, Mut.

Wenn wir es schaffen, nicht nur offene, sondern sichere Räume zu schaffen, kann daraus etwas Neues entstehen. Wir können endlich darüber nachdenken, wie wir unsere Gesellschaft gestalten wollen, anstatt nur auf ein rechtes Agenda-Setting zu reagieren. Und wir können Spielräume vergrößern. Rechtsextremisten versuchen jeden Tag, die Handlungsräume der demokratischen Zivilgesellschaft einzuschränken. Der beste Weg, dagegen anzugehen, ist nicht Verteidigung, sondern Angriff: der Kampf für *mehr* Möglichkeitsräume. Um sie zu vergrößern, sollten wir uns vernetzen, uns unterstützen, gemeinsame Trauerarbeit machen, gemeinsam lachen und feiern.

DANK

Herzlichen Dank für Rat, Recherchen, Unterstützung und zukunftsfähiges Prepping an

Helena, Maria Kimmel, Matthias Jakubowski, Florian Fischer, Hannah Vos, Aiko Kempen, Melek Bazgan, Denis Witt, Vivian Kube, Luisa Izuzquiza, Sebastian Sudrow, Vera Deleja-Hotko, Sabrina Winter, das gesamte *FragDenStaat*-Team, Gila Keplin, Mely Kiyak, Heike Kleffner, Max Steinbeis und der *Verfassungsblog*, Bijan Moini, Julian Oliver, Bahar Aslan, Bianca Klose, Matthias Quent, David Begrich, Tadzio Müller, Niklas Franzen, Doro Schneider, Asha Hedayati, Felix Kolb, Christian Fuchs, Maximilian Pichl, Franziska Görlitz, Frank Rabe, Jean Peters, Elena Kountidou, Malte Engeler, Daniel Kubiak, Timo Reinfrank, Werner Schiffauer, Newroz Duman, Eva Berendsen, Ulli Jentsch, Clara Bünger, Philipp Thurn, Justus von Daniels, Karolin Schwarz, Annika Liebert, Markus Grill, Steffen Jost, Christina Lang, Grzegorz Rossoliński-Liebe, Olof Leps, Christoph Richter, Ute Lorenz, Miro Dittrich, Georg Prick, Fabian Virchow, Oliver von Dobrowolski, Fabian Schmid, Olaf Schwede, Dieter Gosewinkel, Leonhard Dobusch, Dirk Götting, Peer Stolle, Tobias Ginsburg, Jörg Brüggemann, Ralf Reuther, die Gesprächspartner*innen, die anonym bleiben möchten, die öffentlichen Bibliotheken, *Library Genesis* und *Sci-Hub*.

ANMERKUNGEN

1. Einleitung

1 Bundesrat: Reden des Bundesratspräsidenten. Zugriff am 15.03.2024, URL: https://www.bundestag.de/parlament/praesidium/reden/2013/006-25528.

2 Kiyak, M.: Werden sie uns mit FlixBus deportieren?, Carl Hanser, 2022.

3 Ach, und noch eine Anmerkung zum Gendern: Ich habe in diesem Buch versucht, in Bezug auf Politiker und Aktivisten im Umfeld der AfD nicht zu gendern, um deutlich zu machen, dass große Teile des Rechtsextremismus generisch männlich sind. Man möge es mir verzeihen.

2. »Nie wieder« war gestern

1 *Moment At:* Demokratie – Ist die FPÖ rechtsextrem? Zugriff am 15.03.2024, URL: https://www.moment.at/story/fpoe-rechtsextrem.

2 *Süddeutsche Zeitung:* Ibiza-Affäre. Zugriff am 15.03.2024, URL: https://www.sueddeutsche.de/thema/Ibiza-Aff%C3%A4re.

3 MDR: Oberbürgermeisterwahl in Pirna: AfD-Kandidat Lochner gewinnt. Zugriff am 15.03.2024, URL: https://www.mdr.de/nachrichten/sachsen/dresden/freital-pirna/wahl-oberbuergermeister-lochner-afd-ergebnis-100.html.

4 Das System der politischen Beamten hat in Deutschland eine lange Tradition, die bis ins Kaiserreich zurückreicht.

5 BR: Bayerischer Landtag wählt AfD-Kandidaten zu Verfassungsrichtern. Zugriff am 15.03.2024, URL: https://www.br.de/nachrichten/bayern/bayerischer-landtag-waehlt-afd-kandidaten-zu-verfassungsrichtern, U2Hc1dP?utm_source=dlvr.it&utm_medium=twitter.

6 *Abgeordneten Watch:* Wie ein FDP-Politiker eine Parteifreundin im Finanzministerium um einen Gefallen bat. Zugriff am 15.03.2024, URL: https://www.abgeordnetenwatch.de/recherchen/informationsfreiheit/wie-ein-fdp-politiker-eine-parteifreundin-im-finanzministerium-um-einen-gefallen-bat.

7 *Tagesspiegel:* »Operation Abendsonne« – Regierung schafft 71 neue hoch

bezahlte Stellen. Zugriff am 15.03.2024, URL: https://www.tagesspiegel.de/politik/operation-abendsonne--regierung-schafft-71-neue-hochbezahlte-stellen-4248625.html.

8 Ebd.

9 Thüringer Rechnungshof.de: Sonderbericht. Zugriff am 15.03.2024, URL: https://www.thueringer-rechnungshof.de/files/186E0098A99/Sonderbericht.pdf.

10 *Verfassungsblog*: Verlockung der Macht. Zugriff am 15.03.2024, URL: https://verfassungsblog.de/verlockung-der-macht/.

11 LVZ.de: AfD Sachsen sucht Personal für mögliche Ministerien. Zugriff am 15.03.2024, URL: https://www.lvz.de/mitteldeutschland/afd-sachsen-sucht-personal-fuer-moegliche-ministerien-MDDEFAERRFAQLOBIJZX76NIX3U.html.

12 Youtube: »Lage 2024« Podium mit Björn Höcke, Christoph Berndt, Erik Lehnert und Götz Kubitschek. Zugriff am 15.03.2024, URL: https://www.youtube.com/watch?v=_M8eWCfWeyI.

13 Das Problem hatte die NSDAP 1933 übrigens auch. Vgl. Lohalm, U.: … anständig und aufopferungsbereit: Öffentlicher Dienst und Nationalsozialismus in Hamburg 1933 bis 1945, Ergebnisse Verlag, 2001, S. 7.

14 *Süddeutsche Zeitung:* Datenschutz – Berliner Polizei erhob rechtswidrig Daten von Sinti und Roma. Zugriff am 15.03.2024, URL: https://www.sueddeutsche.de/panorama/sinti-und-roma-polizei-racial-profiling-berlin-1.5176954.

15 *Tagesschau:* Bürgergeld-Sanktionen: Geplante Verschärfung soll befristet werden. Zugriff am 15.03.2024, URL: https://www.tagesschau.de/inland/innenpolitik/buergergeld-sanktionen-102.html.

16 Ein Beispiel für Anfragen der AfD zu Organisationen, die sie als Feinde einstuft, gibt es hier: Zugriff am 15.03.2024, URL: https://dserver.bundestag.de/btd/20/035/2003541.pdf.

17 MDR: Keine Wunder in Sonneberg: AfD-Landrat Sesselmann seit 100 Tagen im Amt. Zugriff am 05.04.2024, URL: https://www.mdr.de/nachrichten/thueringen/sued-thueringen/sonneberg/sesselmann-afd-landrat-bilanz-cdu-linke-100.html#gescheitert.

18 *Spiegel:* »Dreiste Spezlwirtschaft«: FDP und SPD rechnen mit Verkehrsminister Scheuer ab. Zugriff am 05.04.2024, URL: https://www.spiegel.de/auto/andreas-scheuer-csu-verkehrsminister-lenkt-gelder-fuer-den-strassenbau-bevorzugt-in-seine-heimat-bayern-a-b0c6db65-7dad-4afe-981e-4dbc90b40d22.

19 *ZEIT:* AfD in Ostdeutschland – Die blaue Gefahr. Zugriff am 18.03.2024,

URL: https://www.zeit.de/2024/04/afd-ostdeutschland-landtagswahlen-regierung/komplettansicht.

20 Parität Berlin: Offener Brief – Kritik an geplanter Kürzung bei den Schwangerschaftsberatungsstellen. Zugriff am 05.04.2024, URL: https://www.paritaet-berlin.de/aktuelles/detail/offener-brief-wir-kritisieren-die-geplante-kuerzung-bei-den-schwangerschaftsberatungs stellen.

21 BR: Drag-Lesung für Kinder: 500 Menschen für ein buntes München. Zugriff am 05.04.2024, URL: https://www.br.de/nachrichten/bayern/drag-lesung-fuer-kinder-500-menschen-fuer-ein-buntes-muenchen, Th3oG7z.

22 *Saarbrücker Zeitung:* SPD-Lob rührt AfD in Friedrichsthal zu Tränen. Zugriff am 18.03.2024, URL: https://www.saarbruecker-zeitung.de/saarland/spd-lob-ruehrt-afd-in-friedrichsthal-zu-traenen-ich-bin-leider-gottes-nahe-am-wasser-gebaut_aid-103813905.

23 *Twitter:* Tweet von recherche-north. Zugriff am 05.04.2024, URL: https://twitter.com/recherchenorth/status/1730951217080123847.

24 *ZEIT:* Wo es bereits eine Zusammenarbeit mit der AfD gab. Zugriff am 18.03.2024, URL: https://www.zeit.de/politik/deutschland/2023-07/afd-zusammenarbeit-kommunaler-ebene-uebersicht#thueringen.

25 *Spiegel:* CDU stimmt mit AfD und Neonazi-Partei gegen Demokratieprojekt. Zugriff am 18.03.2024, URL: https://www.spiegel.de/politik/deutschland/plauen-cdu-streicht-geld-fuer-demokratieprojekt-mit-stimmen-von-afd-und-iii-weg-a-1c72fced-a212-4cb6-92f2-6c029c093ad4.

26 *Tagesschau:* Ungarns Regierungschef Orban: Zu Hause fest im Sattel. Zugriff am 18.03.2024, URL: https://www.tagesschau.de/ausland/orban-ungarn-eu-100.html.

27 *Verfassungsblog:* Ein Volkskanzler. Zugriff am 15.03.2024, URL: https://verfassungsblog.de/ein-volkskanzler/.

28 *Verfassungsblog:* Between Recalibration and Distortion. Zugriff am 18.03.2024, URL: https://verfassungsblog.de/between-recalibration-and-distortion/.

29 *taz*: Einsatzleiter beim G20-Gipfel. Zugriff am 18.03.2024, URL: https://taz.de/Einsatzleiter-beim-G20-Gipfel/!5853632/, *nd.Aktuell:* Rechte Beamte – Schills Schatten auf der Hamburger Polizei. Zugriff am 05.04.2024, URL: https://www.nd-aktuell.de/artikel/1156980.rechte-beamte-schills-schatten-auf-der-hamburger-polizei.html.

3. Ich wäre im Widerstand gewesen

1 *Twitter:* Tweet von Arne Semsrott. Zugriff am 18.03.2024, URL: https://twitter.com/arnesemsrott/status/1737746780995957108.

2 Deckert, R.: SteadyHQ Blog Post: Das Haus. Zugriff am 18.03.2024, URL: https://steadyhq.com/de/renatus-deckert/posts/b208523b-48a6-446e-95d0-1e4996739a1f.

3 *Spiegel:* Die Hakenkreuzjägerin. Zugriff am 05.03.2024, URL: https://www.spiegel.de/politik/deutschland/irmela-mensah-schramm-beseitigt-rassistische-graffiti-und-aufkleber-die-hakenkreuzjaegerin-a-00000000-0002-0001-0000-000174784623?context=issue.

4 *Deutschlandfunk:* Aktivistin Irmela Mensah-Schramm hält Aufrufe der Politik zu mehr Engagement gegen Rechtsextremismus für heuchlerisch. Zugriff am 05.03.2024. URL: https://www.deutschlandfunk.de/aktivistin-irmela-mensah-schramm-haelt-aufrufe-der-politik-zu-mehr-engagement-gegen-rechtsextremismu-106.html.

5 *Berliner Morgenpost:* »Der Buschfunk sagt – Rechte werden dort unterstützt«. Zugriff am 05.03.2024. URL: https://www.morgenpost.de/berlin/article241407182/Der-Buschfunk-sagt-Rechte-werden-dort-unterstuetzt.html.

6 MDR: Katholische Kirche und AfD streiten über »Wählbarkeit« der rechten Partei. Zugriff am 05.03.2024. URL: https://www.mdr.de/nachrichten/deutschland/politik/afd-streit-katholische-kirche-waehlbar-100.html.

7 *Wiley Online Library*: The Impact of Protest on Elections in the United States. Zugriff am 05.03.2024. URL: https://onlinelibrary.wiley.com/doi/abs/10.1111/ssqu.12527, *Twitter:* Tweet von Friedemann Karig. Zugriff am 05.03.2024. URL: https://twitter.com/f_karig/status/1749266212981485867, Karig, F.: Was ihr wollt. Wie Protest wirklich wirkt, Ullstein, 2024, *taz:* Protestwelle gegen rechts. Zugriff am 05.03.2024. URL: https://taz.de/Protestwelle-gegen-rechts/!5986801/.

8 TikTok: Video von SPDBT. Zugriff am 05.03.2024. URL: https://www.tiktok.com/@spdbt/video/7328486758285315360.

9 ZDF: Haldenwang: Demokratie »ernsthaft in Gefahr«. Zugriff am 05.03.2024. URL: https://www.zdf.de/nachrichten/politik/deutschland/haldenwang-afd-verfassungsschutz-demos-100.html.

10 *Twitter:* Tweet von BV Mobile Beratung. Zugriff am 05.03.2024. URL: https://twitter.com/MobileBeratung/status/1734988387386376669.

11 *ZEIT*: Proteste gegen Rechtsextremismus – »Der wichtigste Ort der Politik im Osten ist das Grillfest«. Zugriff am 05.04.2024. URL: https://www.zeit.de/gesellschaft/zeitgeschehen/2024-01/rechtsextremismus-proteste-ostdeutschland-afd-demokratie.

12 Ebd.

13 *Deutschlandfunk:* Denkfabrik 2023 – Der Verein *Augen auf* in Sachsen. Zugriff am 05.03.2024. URL: https://www.deutschlandfunk.de/denkfabrik-2023-der-verein-augen-auf-in-sachsen-dlf-60120ff0-100.html.

14 *Tagesspiegel:* Absage von FDP-Abgeordnetem: »Demokratiefördergesetz wird in dieser Form nicht kommen«. Zugriff am 05.04.2024. URL: https://www.tagesspiegel.de/politik/absage-von-fdp-abgeordnetem-an-paus-und-faeser-demokratiefordergesetz-wird-in-dieser-form-nicht-kommen-11202898.html.

15 Ebd.

16 *Verfassungsblog:* Weaponized Neutrality. Zugriff am 05.03.2024. URL: https://verfassungsblog.de/weaponized-neutrality/.

17 *ZEIT:* AfD Klage gegen Bezirksamtsleiter – Rechte und Pflichten. Zugriff am 05.03.2024. URL: https://www.zeit.de/hamburg/2024-02/afd-klage-bezirksamtleiter-hamburg-demokratie.

18 Auch der viel zitierte »Beutelsbacher Konsens« gilt nicht für außerschulische Organisationen. Er wurde vor knapp 50 Jahren für das System Schule erdacht und ist seitdem ganz schön in die Jahre gekommen. Quelle: https://www.institut-fuer-menschenrechte.de/themen/rassistische-diskriminierung/neutralitaetsgebot.

19 Die Fülle der sinnlosen AfD-Anfragen ist wirklich beeindruckend. Die Fraktion fragt regelmäßig nicht nur ab, ob die Bundesregierung »Korrekturbitten« an Redaktionen geschickt hat, sondern stellt für jede Bundesbehörde regelmäßig einzeln Anfragen. Und zwar für jede. So gibt es jetzt auch Anfragen dazu, ob etwa das Bundessortenamt »Korrekturbitten« verschickt hätte. Die Antwort ist wenig überraschend nein. Quelle: https://dip.bundestag.de/erweiterte-suche?term=korrekturbitten&f.typ=Vorgang&f.herausgeber_dokumentart=Bundestag-Drucksache&f.vorgangstyp_p=04Fragen%2FAnfragen&f.urheber_p=05BT-Fraktionen%2FGruppen&f.urheber_p=05BT-Fraktionen%2FGruppen~Fraktion%20der%20AfD&f.person_p=S&f.person_p=S~Seitz%2C%20Thomas&start=900&rows=25.

20 Bundestag: Pressemitteilung. Zugriff am 05.03.2024. URL: https://www.bundestag.de/presse/hib/853642-853642.

21 *Netzpolitik:* 10 Beispiele, warum Auskunftssperren kein Luxus für wenige sein dürfen. Zugriff am 05.03.2024, URL: https://netzpolitik.org/2019/10-beispiele-warum-auskunftssperren-kein-luxus-fuer-wenige-sein-duerfen/.

22 Verband BRG: Verbandsseite. Zugriff am 05.03.2024, URL: https://verband-brg.de/, Bundesverband Mobile Beratung: Verbandsseite. Zugriff am 05.04.2024, URL: https://bundesverband-mobile-beratung.de/.

23 *DaMost:* Über Uns – Struktur und Vorstand. Zugriff am 05.03.2024, URL: https://www.damost.de/ueber-uns/struktur-und-vorstand/.

24 *Netzpolitik:* Gesetzesvorschlag. Mehr Daten für das Ausländerzentralregister. Zugriff am 05.03.2024, URL: https://netzpolitik.org/2023/gesetzesvorschlag-mehr-daten-fuer-das-auslaenderzentralregister/.

4. Netter Chef

1 *Wikipedia:* Geschichte eines Deutschen. Zugriff am 05.03.2024, URL: https://de.wikipedia.org/wiki/Geschichte_eines_Deutschen, *Internet Archive*: Geschichte eines Deutschen. Die Erinnerungen 1914-1933, S. 105. Zugriff am 05.03.2024, URL: https://archive.org/details/isbn_9783423308489/page/n1/mode/2up.

2 Ebd., 106.

3 Ebd., 107.

4 Ebd., 109.

5 Ebd., 135.

6 Ebd., 135.

7 Youtube: 90 Jahre »Gesetz zur Wiederherstellung des Berufsbeamtentums vom 7. April 1933«. Zugriff am 05.04.2024, URL: https://www.youtube.com/watch?v=b7NNUa2Kj7g.

8 Dass das Gesetz der NSDAP nach seinem Titel das Berufsbeamtentum »wiederherstellen« sollte, verdeutlichte auch den Versuch, das konservative, antidemokratische Bürgertum auf ihre Seite zu ziehen: Es nahm den Mythos auf, dass Beamte in der Zeit der Weimarer Republik nur nach Parteibuch ausgewählt worden waren. Durch das Gesetz konnten diese Personen aus dem Staatsdienst entfernt werden – dafür wählten die Nazis das Wort »Säuberung« –, wodurch das Beamtentum »wiederhergestellt« werden sollte.

9 Gesetze im Internet: Bundesbeamtengesetz § 64. Zugriff am 05.04.2024, URL: https://www.gesetze-im-internet.de/bbg_2009/__64.html.

10 Gesetze im Internet: Deutsches Richtergesetz § 38. Zugriff am 05.04.2024, URL: https://www.gesetze-im-internet.de/drig/__38.html.

11 Gesetze im Internet: Soldatengesetz § 9. Zugriff am 05.04.2024, URL: https://www.gesetze-im-internet.de/sg/__9.html.

12 Wer sich über den aktuellen Stand der Regierungsvorhaben informieren will, findet Updates im Koalitionstracker: fragdenstaat.de/koalitionstracker.

13 *FragDenStaat:* Blogpost – Strafanzeige zu taz-Kolumne. Innenministerium wollte auch gegen Chefredaktion vorgehen.Zugriff am 05.04.2024, URL: https://fragdenstaat.de/blog/2020/09/25/strafanzeige-gegen-taz-seehofer-innenministerium/.

14 Ebd.

15 Ebd.

16 Ebd.

17 Ebd.

18 *ZEIT:* Sie schieben ab. Zugriff am 05.04.2024, URL: https://archive.is/8ES5s#selection-1583.0-1593.132.

19 Ebd.

20 *Deutschlandfunk Kultur:* Polizist Oliver von Dobrowolski – Von Kollegen gemobbt. Zugriff am 05.04.2024, URL: https://www.deutschlandfunkkultur.de/oliver-von-dobrowolski-polizei-mobbing-100.html.

21 *Berliner Zeitung:* »Brauner Dreck«: Tweet von Polizeihochschul-Dozentin sorgt für Eklat. Zugriff am 05.04.2024, URL: https://www.berliner-zeitung.de/news/brauner-dreck-shitstorm-polizei-hochschule-gelsenkirchen-entlaesst-dozentin-bahar-aslan-nach-umstrittenen-tweet-li.351386.

22 Behemoth, F. N.: Struktur und Praxis des Nationalsozialismus 1933–1944. S. Fischer, 1984.

23 Ebd., S. 433.

24 Ebd.

25 Andersherum stürzte der rechtsextreme Direktor der EU-Grenzpolizei Frontex im Jahr 2022 nicht über seine jahrelangen Verstrickungen in menschenrechtswidrige Push-Backs auf dem Mittelmeer. Er musste letztlich aus ganz profanen Gründen zurücktreten, weil er innerhalb der Behörde Management-Chaos hinterlassen hatte und die Arbeitsbedingungen so schlecht waren. Leggeri sitzt inzwischen für die rechtsextreme »Rassemblement National« im EU-Parlament.

26 *Verfassungsblog:* Das Ortskräfte-Debakel hat im Innenministerium seinen Ursprung. Zugriff am 05.04.2024, URL: https://verfassungsblog.de/das-ortskraefte-debakel-hat-im-innenministerium-seinen-ursprung/.

27 *Statista:* Umfrage in Deutschland zum Vertrauen in die Polizei. Zugriff am 05.04.2024, URL: https://de.statista.com/statistik/daten/studie/377233/umfrage/umfrage-in-deutschland-zum-vertrauen-in-die-polizei/.

28 *Tagesschau:* Hannah Arendt und der Gehorsam. Zugriff am 05.04.2024, URL: https://www.tagesschau.de/faktenfinder/arendt-zitat-gehorchen-101.html.

29 *Komma-Allianzen:* Webseite: https://komma-allianzen.de/.

30 WDR Audio Zeitzeichen: Audio-Aufnahme – Die Flick-Affäre, Das »Bonner Watergate«. Zugriff am 05.03.2024, URL: https://www1.wdr.de/mediathek/audio/zeitzeichen/audio-die-flick-affaere-das-bonner-watergate-100.html.

31 Die CDU-Fraktion Sachsen-Anhalt erklärte im Januar 2023, ein Whistleblowing-Gesetz sei nicht notwendig, es brauche keinen zusätzlichen Schutz für Flötenbläser. Quelle: *Twitter:* Post von Arne Semsrott. Zugriff am 18.03.2024, URL: https://twitter.com/arnesemsrott/status/1619294515315019777.

5. Die Welt steht still

1 LTO: Der »Bummelstreik« der Beamten. Zugriff am 05.03.2024, URL: https://www.lto.de/recht/feuilleton/f/streik-fluglotsen-bummelstreik-krankmeldung-gewerkschaftern-schadensersatz-strafrecht/.

2 ETUI: Strikes Map. Zugriff am 05.03.2024, URL: https://www.etui.org/strikes-map.

3 SWR Aktuell: Diskussion über Streikrecht. Zugriff am 05.03.2024, URL: https://www.swr.de/swraktuell/gdl-streik-streikrecht-100.html.

4 Hörspiel und Feature: Das paternalistische Arbeitsrecht des Hans Carl Nipperdey. Zugriff am 05.03.2024, URL: https://www.hoerspielundfeature.de/das-paternalistische-arbeitsrecht-des-hans-carl-nipperdey-100.html.

5 *bpb*: Ein bisschen verboten – Politischer Streik. Zugriff am 11.03.2024, URL: https://www.bpb.de/themen/medien-journalismus/netzdebatte/219308/ein-bisschen-verboten-politischer-streik/.

6 Tschenker, T.: Politischer Streik. Rechtsgeschichte und Dogmatik des Tarifbezugs und des Verbots des politischen Streiks. Duncker & Humblot, 2023.

7 Otto Brenner Stiftung: Arbeitswelt und Demokratie in Ostdeutschland. Zugriff am 11.03.2024, URL: https://www.otto-brenner-stiftung.de/arbeitswelt-und-demokratie-in-ostdeutschland/.

8 *Süddeutsche Zeitung:* DGB – Der Rechtsaußen-Gewerkschafter. Zugriff am 11.03.2024, URL: https://www.sueddeutsche.de/politik/gewerkschaften-afd-dgb-umgang-1.6375304.

9 *Handelsblatt:* Arbeitnehmervertretung – So halten es die Gewerkschaften mit der AfD. Zugriff am 11.03.2024, URL: https://www.handelsblatt.com/politik/deutschland/arbeitnehmervertretung-so-halten-es-die-gewerkschaften-mit-der-afd/29407952.html.

6. Im Namen des deutschen Volkes

1 *taz:* Hamburger Folteropfer Achidi John. Verdrängt und vergessen. Zugriff am 11.03.2024, URL: https://taz.de/Hamburger-Folteropfer-Achidi-John/!5797300/.

2 *Wahlrecht.de*: Umfragen Landtage Hamburg. Zugriff am 11.03.2024, URL: https://www.wahlrecht.de/umfragen/landtage/hamburg.htm.

3 *taz:* Schill für Giftgas-Einsatz. Zugriff am 11.03.2024, URL: https://taz.de/!1073735/.

4 NDR: Als Achidi John starb – Ein Brechmittel-Einsatz und seine Folgen. Zugriff am 11.03.2024, URL: https://www.ndr.de/geschichte/schauplaetze/Als-Achidi-John-starb-Ein-Brechmittel-Einsatz-und-seine-Folgen,brechmittel100.html.

5 *taz:* Die mildeste Folter. Zugriff am 11.03.2024, URL: https://taz.de/!1131974/.

6 *Cicero:* Das System Scholz – Skandale säumen seinen Weg. Zugriff am 11.03.2024, URL: https://www.cicero.de/innenpolitik/das-system-scholz-leichen-pflastern-seinen-weg.

7 *Verfassungsblog:* Wenn das Recht versagt. Zugriff am 11.03.2024, URL: https://verfassungsblog.de/wenn-das-recht-versagt/.

8 *Verfassungsblog:* Turning the Exception into the Rule. Zugriff am 11.03.2024, URL: https://verfassungsblog.de/turning-the-exception-into-the-rule/.

9 *ZEIT:* Entmachtung von Verfassungsgerichten. In schlechter Verfassung! Zugriff am 11.03.2024, URL: https://www.zeit.de/2023/48/entmachtung-verfassungsgerichte-demokratie-bundesverfassungsgericht.

10 Höcke, B.: Nie zweimal in denselben Fluss. Björn Höcke im Gespräch mit Sebastian Hennig. Politische Bühne. Originalton, 2018, S. 113 ff.

11 *ZEIT:* Entmachtung von Verfassungsgerichten. In schlechter Verfassung! Zugriff am 11.03.2024, URL: https://www.zeit.de/2023/48/entmachtung-verfassungsgerichte-demokratie-bundesverfassungsgericht.

12 Wagner, J.: Rechte Richter. AfD-Richter, -Staatsanwälte und -Schöffen: eine Gefahr für den Rechtsstaat? Berliner Wissenschafts-Verlag, 2021.

13 Besonders ironisch am Fall Malsack-Winkemann: In zahlreichen Analysen hatte es jahrelang geheißen, die Politikerin gelte als »gemäßigt«, während Malsack-Winkemann eigentlich dem Rechtsterrorismus zugeneigt war. »Gemäßigt« ist keine tragfähige Kategorie für AfD-Politiker. Malsack-Winkemann trat im Februar 2024 bei der Berliner Wahlwiederholung aus der U-Haft heraus an und konnte einen Stimmenzuwachs verzeichnen.

14 Austermann, N. et al.: Recht gegen rechts. Report 2024. S. Fischer, 2024, S. 49.

15 Ebd.

16 *taz:* Milde Strafen für Überfall in Ballstädt. Zugriff am 11.03.2024, URL: https://taz.de/Milde-Strafen-fuer-Ueberfall-in-Ballstaedt/!5784921/.

17 Beck.de: Rechtsextremer Rechtsreferendar: Wieviel Verfassungstreue darf der Staat verlangen? Zugriff am 11.03.2024, URL: https://rsw.beck.de/aktuell/daily/meldung/detail/bverwg-2-B-17-23-rechtsextremer-rechtsreferendar--wieviel-verfassungstreue-darf-der-staat-verlangen, LTO: Referendariat in Sachsen – Ein sicherer Hafen für Rechtsextremisten? Zugriff am 11.03.2024, URL: https://www.lto.de/recht/justiz/j/sachsen-verfassungsgerichtshof-rechtsextremer-referendar-justiz-verwaltungsgericht-zulassung/.

18 Björn Höcke, Faschist und führender AfD-Politiker, ist übrigens immer noch Beamter. Sein Arbeitgeber, das Hessische Kultusministerium, teilt auf Anfrage mit, dass es bisher noch kein Disziplinarverfahren gegen Höcke gegeben habe. Grund dafür sei, dass er derzeit beurlaubt sei und damit dem Zugriff der Behörden entzogen – eine rechtlich umstrittene Haltung. Offenbar hat die Hessische Politik keine Lust auf einen Konflikt mit Höcke.

19 LTO: Transparenz der Justiz. Stagnation seit 50 Jahren. Zugriff am 11.03.2024, URL: https://www.lto.de/recht/justiz/j/studie-veroeffentlichung-gerichtsentscheidungen-deutschland-transparenz-justiz/.

7. Kapital und national

1 *ProPublica:* How McKinsey helped the Trump administration implement its immigration policies. Zugriff am 11.03.2024, URL: https://www.propublica.org/article/how-mckinsey-helped-the-trump-administration-implement-its-immigration-policies.

2 *Reuters:* In-house counsel on the move: Biden taps former McKinsey, Facebook lawyer for senior staff role. Zugriff am 11.03.2024, URL: https://www.reuters.com/article/idUSL1N2I621B/.

3 *FragDenStaat:* Blogpost – Klage gewonnen gegen BAMF. Hier ist der McKinsey-Report zu Abschiebungen. Zugriff am 11.03.2024, URL: https://fragdenstaat.de/blog/2019/07/22/klage-gewonnen-gegen-bamf-hier-ist-der-mckinsey-report-zu-abschiebungen/.

4 *FragDenStaat:* Blogpost – Internes Konzept des Innenministeriums. Abschiebekampagne zielte auf Politiker. Zugriff am 11.03.2024, URL: https://fragdenstaat.de/blog/2019/11/11/dein-land-deine-zukunft-jetzt-interne-dokumente-zielgruppe/.

5 *Capital:* Das sind Deutschlands größte Arbeitgeber. Zugriff am 11.03.2024, URL: https://www.capital.de/wirtschaft-politik/das-sind-deutschlands-groesste-arbeitgeber.

6 *ZEIT:* Alternative für Deutschland – Mein rechter, rechter Platz ist leer. Zugriff am 11.03.2024, URL: https://www.zeit.de/2024/08/alternative-fuer-deutschland-einfluss-aufsichtsorgane-sparkasse-stadtwerke/komplettansicht.

7 *ZEIT:* Tino Chrupalla und das Geheimtreffen der Rechtsextremen. Zugriff am 11.03.2024, URL: https://www.zeit.de/politik/deutschland/2024-01/afd-rechtsextremismus-tino-chrupalla-duesseldorfer-runde.

8 *FragDenStaat:* »Sie versuchen, uns damit zu lähmen«. Zugriff am 11.03.2024, URL: https://fragdenstaat.de/dokumente/238504-sie-versuchen-uns-damit-zu-laehmen/.

9 *Hochbahn:* Tweet von Hochbahn. Zugriff am 11.03.2024, URL: https://twitter.com/hochbahn/status/1748269852257616047.

10 *n-tv*: Wirtschaftsverbände warnen vor großem Schaden durch AfD-Erfolge. Zugriff am 11.03.2024, URL: https://www.n-tv.de/politik/Wirtschaftsverbaende-warnen-vor-grossem-Schaden-durch-AfD-Erfolge-article24630861.html; ZDF: Parteiübergreifender Aufruf: Unternehmer sollen sich von AfD distanzieren. Zugriff am 11.03.2024, URL: https://www.zdf.de/nachrichten/politik/deutschland/afd-unternehmen-aufruf-100.html#xtor=CS5-62.

8. Staatsfunk

1 DWDL: Kritische Fragen, die die Medienpolitik nicht beantworten will. Zugriff am 11.03.2024, URL: https://www.dwdl.de/meinungen/95762/kritische_fragen_die_die_medienpolitik_nicht_beantworten_will/.

2 *Tagesschau:* Öffentlich-rechtlicher Rundfunk: Zukunftsrat empiehlt umfassende Reformen. Zugriff am 11.03.2024, URL: https://www.tagesschau.de/inland/gesellschaft/oeffentlicherrundfunk-zukunftsrat-reformen-100.html.

3 In der Aufarbeitung des Skandals ließ sich Schlesinger übrigens von der Kanzlei Höcker vertreten, bekannt aus Kapitel 7.

4 Medienvertrauen Uni Mainz: Forschungsergebnisse der Welle 2022. Zugriff am 11.03.2024, URL: https://medienvertrauen.uni-mainz.de/forschungsergebnisse-der-welle-2022/.

5 MDR: Der Telemedienauftrag. URL: https://www.mdr.de/medien360g/medienpolitik/telemedien-auftrag-100.html.

6 *Verfassungsblog:* Aufgelöste Vielfalt. URL: https://verfassungsblog.de/aufgeloste-vielfalt/.

7 *Süddeutsche Zeitung:* Extremismus: Die AfD hat TikTok kapiert und erobert. URL: https://www.sueddeutsche.de/meinung/afd-tiktok-radikalisierung-algorithmen-kommentar-1.6346644.

8 IG Metall: Rede von Mely Kiyak, Otto Brenner Preis. Zugriff am 11.03.2024, URL: https://www.igmetall.de/download/20161222_Rede_Mely_Kiyak_Otto_Brenner_Preis_rz_zur_Ansicht_2503f9c9848e13ee96d3dd0b9438521fa6f6e3cb.pdf.

9 *ZEIT:* Rainer Meyer – Markierte Zielpersonen. Zugriff am 11.03.2024, URL: https://www.zeit.de/2021/06/rainer-meyer-don-alphonso-blog-rechte-gewalt-rechtsextremismus/komplettansicht.

10 *Netzwerk Recherche:* Helpline. Zugriff am 11.03.2024, URL: https://netzwerkrecherche.org/helpline/.

11 *Spiegel:* Darum nehmen so viele Bahnhofsbuchhandlungen die rechtsextreme Zeitschrift »Compact« aus den Regalen. Zugriff am 11.03.2024, URL: https://www.spiegel.de/kultur/compact-magazin-darum-nehmen-so-viele-bahnhofsbuchhandlungen-die-rechtsextreme-zeitschrift-aus-den-regalen-a-c7ce7ba3-29ee-4a44-8329-d2481bbc2aee.

12 *FragDenStaat:* Blogpost – Alle Protokolle der Verhandlungen aus 22 Jahren. Zugriff am 11.03.2024, URL: https://fragdenstaat.de/blog/2023/06/27/vermittlungsausschuss-protokolle-oeffentlich/.

13 *FragDenStaat:* Blogpost – Bundeszentrale für politische Bildung. Demontage in 6 Schritten. Zugriff am 11.03.2024, URL: https://fragdenstaat.de/blog/2021/06/15/bpb-bmi-linksextremismus-bild-zeitung/.

14 *ZEIT:* Die blaue Gefahr. Zugriff am 11.03.2024, URL: https://www.zeit.de/2024/04/afd-ostdeutschland-landtagswahlen-regierung/.

15 YouTube: Björn Höcke bricht ZDF-Interview ab und droht. URL: https://www.youtube.com/watch?v=YfTo4jgPveE.

16 WZB: Die Normalisierung der extremen Rechten. Zugriff am 02.04.2024, URL: https://www.wzb.eu/de/news/die-normalisierung-der-extremen-rechten.

17 *Good Impact:* Medien und der Rechtsruck in Belgien und Luxemburg. URL: https://goodimpact.eu/recherche/fokusthema/medien-rechtsruck-belgien-luxemburg.

18 Ich habe einen eigenen Bot auf der Plattform Mastodon eingerichtet, dem Sie folgen können. Er informiert Sie tagesaktuell über die neuesten Forderungen von Jens Spahn. Schauen Sie mal vorbei: https://mastodon.social/@jensspahnfordert.

19 ZDF: Spahn für »Gewalt« bei irregulärer Migration. Zugriff am 11.03.2024, URL: https://www.zdf.de/nachrichten/politik/deutschland/medien-spahn-migration-gewalt-100.html.

20 Ebd.

21 RBB24: *Correctiv*-Recherche – AfD-Politiker sollen in Potsdam mit Identitären über Ausweisungen beraten haben. Zugriff am 11.03.2024, URL: https://www.rbb24.de/politik/beitrag/2024/01/potsdam-treffen-afd-rechtsextreme-identitaere-masterplan-correct.html.

22 *Tagesschau:* 10.01.2024. Zugriff am 18.03.2024, URL: https://www.ardmediathek.de/video/Y3JpZDovL3RhZ2Vzc2NoYXUuZGUvMmVhZmE1ZTYtNmVjOS00MzZhLThhY2YtY2FkZmE3ZTc1MzM3X2dhbnplU2VuZHVuZw.

23 *Tagesschau:* Nach Machtwechsel in Polen – Duda warnt vor »Terror der Rechtsstaatlichkeit«. Zugriff am 11.03.2024, URL: https://www.tagesschau.de/ausland/europa/regierungswechsel-polen-duda-100.html.

24 *Hessenschau:* Antifa veröffentlicht Privatadressen von AfD-Landtagskandidaten in Hessen. Zugriff am 11.03.2024, URL: https://www.hessenschau.de/politik/das-leben-zur-hoelle-machen-antifa-veroeffentlicht-privatadressen-von-afd-landtagskandidaten-in-hessen-v1,afd-antifa-100.html.

25 *GitHub:* Kontext-Browser-Extension. Zugriff am 11.03.2024, URL: https://github.com/moklick/kontext-browser-extension.

26 Open Parliament TV: Suchergebnisse für »Remigration«. Zugriff am 11.03.2024, URL: https://de.openparliament.tv/search?q=remigration.

27 *The Pulitzer Prizes:* Rebuilding local journalism, essential democratic force. Zugriff am 11.03.2024, URL: https://www.pulitzer.org/article/rebuilding-local-journalism-essential-democratic-force.

28 *Neue Medienmacher:* Rechtsextreme sind keine guten Interviewpartnerinnen. Zugriff am 11.03.2024, URL: https://neuemedienmacher.de/aktuelles/beitrag/rechtsextreme-sind-keine-guten-interviewpartnerinnen/.

9. Die Brandmauer

1 *Merkur:* CDU-Chef Merz im Interview: »Will Frau Esken auch noch die Union verbieten?« Zugriff am 11.03.2024, URL: https://www.merkur.de/politik/merz-interview-cdu-union-kanzler-soeder-esken-afd-interview-ampel-regierung-92759733.html.

2 *Tagesschau:* Ex-CDU-Politiker finanzierte »Identitäre Bewegung«. Zugriff am 11.03.2024, URL: https://www.tagesschau.de/investigativ/monitor/peter-kurth-cdu-identitare-bewegung-rechtsextremismus-afd-100.html.

3 *Twitter:* Tweet von Benjamin Hoff. Zugriff am 11.03.2024, URL: https://twitter.com/BenjaminHoff/status/1756011380644172064.

4 Österreich ist tatsächlich noch spezieller, koalierte hier doch auch die sozialdemokratische SPÖ schon mit der FPÖ.

5 *Süddeutsche Zeitung:* Debatte in der CDU: »Das Soziale mit dem Nationalen versöhnen«. Zugriff am 11.03.2024, URL: https://www.sueddeutsche.de/politik/das-soziale-mit-dem-nationalen-versoehnen-cdu-afd-koalition-sachsen-anhalt-1.4492528.

6 *Twitter:* Tweet von Arne Semsrott. Zugriff am 11.03.2024, URL: https://twitter.com/arnesemsrott/status/1747952704666616038.

7 *Tagesschau:* Bundesrat Doppelpass. Zugriff am 11.03.2024, URL: https://www.tagesschau.de/bundesrat-doppelpass-100.html.

8 Wolkenstein, F.: Die dunkle Seite der Christdemokratie. Geschichte einer autoritären Versuchung. C.H.Beck, 2022.

9 KStA: Krah hofft auf Zerfall der Union. AfD-Spitzenkandidat nennt

»Implosion der CDU« als Ziel. Zugriff am 11.03.2024, URL: https://www.ksta.de/politik/afd-spitzenkandidat-maximilian-krah-zerstoerung-cdu-csu-union-implosion-634456.

10 Wobei ich bei meiner Arbeit zu keinem Thema mehr und längere Leserbriefe bekomme als zu diesem. Würde ich für jeden Vorwurf, ich würde »die deutsche Sprache vergewaltigen«, einen Euro bekommen, hätte ich inzwischen sicherlich mindestens 10 Euro. Das sind 20 D-Mark!

11 Friedrich-Ebert-Stiftung.: Die distanzierte Mitte. Rechtesextreme und Demokratiegefährdende Einstellungen in Deutschland 2022/2023. Zugriff am 11.03.2024, URL: https://www.fes.de/index.php?eID=dumpFile&t=f&f=91776&token=3821fe2a05aff649791e9e7ebdb18eabdae3e0fd.

12 *Correctiv:* Neue Rechte – Geheimplan gegen Deutschland. Zugriff am 11.03.2024, URL: https://correctiv.org/aktuelles/neue-rechte/2024/01/10/geheimplan-remigration-vertreibung-afd-rechtsextreme-november-treffen/, NDR: Initiative gegen Gendersprache wegen Aussagen in der Kritik. Zugriff am 11.03.2024, URL: https://www.ndr.de/nachrichten/hamburg/Initiative-gegen-Gendersprache-wegen-Aussagen-in-der-Kritik,gendern134.html.

13 VDS: Webseite des Vereins für deutsche Sprache. Zugriff am 11.03.2024, URL: https://vds-ev.de/.

14 *Corrigenda:* VdS-Chef Walter Krämer – »Wir spalten nicht, wir vereinen im Bemühen um ein Großes«. Zugriff am 11.03.2024, URL: https://www.corrigenda.online/kultur/vds-chef-walter-kraemer-wir-spalten-nicht-wir-vereinen-im-bemuehen-um-ein-grosses.

15 MDR: Genderverbot an Schulen in Thüringen vorerst gescheitert. Zugriff am 11.03.2024, URL: https://www.mdr.de/nachrichten/thueringen/genderverbot-schule-landtag-cdu-afd-100.html.

16 *Verfassungsblog:* Kulturkampf macht Schule. Zugriff am 11.03.2024, URL: https://verfassungsblog.de/kulturkampf-macht-schule/, *Verfassungsblog:* Verfassungswidrige Sprachverbote. Zugriff am 11.03.2024, URL: https://verfassungsblog.de/verfassungswidrige-sprachverbote/.

17 *Twitter:* Tweet von Katharina König-Preuss. Zugriff am 11.03.2024, URL: https://twitter.com/KatharinaKoenig/status/1746605555068576110.

18 *taz:* AfD-Kandidat in Thüringer Landratswahl. Hergott noch mal gegen Thrum. Zugriff am 11.03.2024, URL: https://taz.de/AfD-Kandidat-in-Thueringer-Landratswahl/!5984752/.

19 IDZ Kurzanalyse: Kein blauer Start ins Thüringer Wahljahr. Zugriff am 11.03.2024, URL: https://www.idz-jena.de/fileadmin/user_upload/Publikationen/Kurzanalyse_SOK_Wahl_2024.pdf.

20 Ebd.

21 Transparenzhinweis: Mein Bruder Nico war für *Die Partei* fünf Jahre lang im

EU-Parlament, deswegen bin ich in dieser Sache sicher nicht objektiv. Ich hätte auf diesen Aspekt in meinem Leben aber gerne verzichtet, aus der Nähe ist EU-Politik nämlich noch gruseliger als aus der Ferne. Ich würde es gut finden, wenn noch vielfältigere Parteien daran verzweifeln würden.

22 *Twitter:* Tweet von Arne Semsrott. Zugriff am 11.03.2024, URL: https://twitter.com/arnesemsrott/status/1442185050095767554.

10. Prepping For Future

1 *FragDenStaat:* Blogpost – Interner Bericht der Polizei Südosthessen: »Diese zehn Toten sollten etwas ändern«. Zugriff am 11.03.2024, URL: https://fragdenstaat.de/blog/2023/05/30/anschlag-hanau-hessische-polizei-interner-bericht-fehler/.

2 *Twitter:* Tweet von Bildungsinitiative Ferhat Unvar. Zugriff am 11.03.2024, URL: https://twitter.com/BI_FerhatUnvar/status/1758922807780475048.

3 Amadeu Antonio Stiftung: Todesopfer rechter Gewalt. Zugriff am 13.03.2024, URL: https://www.amadeu-antonio-stiftung.de/todesopfer-rechter-gewalt/.

4 *ZEIT:* Zahl der registrierten Angriffe auf Geflüchtete 2023 verdoppelt. Zugriff am 13.03.2024, URL: https://www.zeit.de/gesellschaft/zeitgeschehen/2024–02/angriffe-gefluechtete-fluechtlingsunterkuenfte-migration.

5 Verband BRG: Gewaltopferberatungsstellen: Unentbehrlich und doch strukturell schlecht ausgestattet. Zugriff am 13.03.2024, URL: https://verband-brg.de/gewaltopferberatungsstellen-unentbehrlich/.

6 Verband BRG: Podcastfolge 44: Gefährliche Normalität – Rechte und queerfeindliche Gewalt. Zugriff am 13.03.2024, URL: https://verband-brg.de/neue-podcastfolge-44-gefaehrliche-normalitaet-rechte-und-queerfeindliche-gewalt/.

7 Verband BRG: Analyse: Zunehmende Gewaltbereitschaft bei Funktionär*innen der AfD. Zugriff am 13.03.2024, URL: https://verband-brg.de/analyse-zunehmende-gewaltbereitschaft-bei-funktionaerinnen-der-afd/.

8 Sahebi, G.: Wie wir uns Rassismus beibringen. Eine Analyse deutscher Debatten. S. Fischer, 2024.

9 *ZEIT:* Selbstverteidigung: In zwei Jahren wird Deutschland für Geflüchtete eine Hölle sein. Zugriff am 13.03.2024, URL: https://www.zeit.de/zett/politik/2024-02/selbstverteidigung-gefluechtete-rassismus-karate.

10 BBK: Ratgeber für Notfallvorsorge und richtiges Handeln in Notsituationen. Zugriff am 13.03.2024, URL: https://www.bbk.bund.de/DE/Warnung-Vorsorge/Vorsorge/Ratgeber-Checkliste/ratgeber-checkliste_node.html.

11 *Spiegel:* Gang-Gewalt in Europa – Wie ausgerechnet Schweden zum

Schauplatz blutiger Bandenkriege wurde. Zugriff am 13.03.2024, URL: https://www.spiegel.de/ausland/schweden-wie-das-land-zum-schauplatz-blutiger-bandenkriege-wurde-a-84b95cc3-cb58-4d93-8e6e-4ef5292aa705, *Analyse und Kritik*: »Die Idee des individualistischen Preppens ist eine Schimäre«. Zugriff am 13.03.2024, URL: https://www.akweb.de/bewegung/preppa-tillsammans-aus-schweden-die-idee-des-individualistischen-preppens-ist-eine-schimaere/, *Friedliche Sabotage*: Notes from the Future III. Zugriff am 13.03.2024, URL: https://steadyhq.com/de/friedlichesabotage/posts/2ec83e20-3840-4d84-9698-4c301e4f03b2.

12 *Analyse und Kritik:* Eichelkaffee und Apokalypse. Zugriff am 13.03.2024, https://www.akweb.de/ausgaben/675/postkapitalistische-mensch-natur-verhaeltnisse-die-kontroverse-zwischen-donna-haraway-und-sophie-lewis/.

13 Redecker, E. v.: Bleibefreiheit. S. Fischer, 2023.

14 Mehr Infos dazu unter: schutzehe.com.

15 In Spanien etwa wurde aus der studentischen Besetzerszene heraus die Linkspartei *Podemos* gegründet.

16 *ZEIT:* Migration in Kommunen: »Am Limit«. Zugriff am 13.03.2024, URL: https://www.zeit.de/zeit-magazin/2023/51/migration-kommunen-limit-belastung.

17 *American Journal of Political Science* 1996–08: Vol 40 Iss 3. Zugriff am 13.03.2024, URL: https://archive.org/details/sim_american-journal-of-political-science_1996-08_40_3/page/825.

18 UNHCR Data: Mediterranean Situation. Zugriff am 13.03.2024, URL: https://data.unhcr.org/en/situations/mediterranean.

19 *Deutschlandfunk:* Was folgt auf die Euphorie? Zugriff am 13.03.2024, URL: https://www.deutschlandfunk.de/was-folgt-auf-die-euphorie-polinnen-nach-der-wahl-dlf-7c7d76cd-100.html.

FRANZISKA SCHUTZBACH

DIE ERSCHÖPFUNG DER FRAUEN

Wider die weibliche Verfügbarkeit

Frauen haben heute angeblich so viele Möglichkeiten wie nie zuvor. Gleichzeitig sind sie so erschöpft wie nie zuvor. Nach wie vor wird von Frauen verlangt, permanent verfügbar zu sein – familiär, beruflich, sexuell, gesellschaftlich. Die Geschlechterforscherin Franziska Schutzbach legt den Finger in die Wunde eines Systems, das von Frauen alles erwartet, aber nichts zurückgibt. Und sie erklärt, wie Frauen sich dagegen auflehnen und damit alles verändern: ihr Leben und die Gesellschaft.

»Die Soziologin Franziska Schutzbach hat ein eindrucksvolles Buch über die heimliche Grundlage unseres Kapitalismus geschrieben: die gewissenlose Ausbeutung weiblicher Ressourcen.«
Süddeutsche Zeitung